트랜스휴먼 시대의 사회과학 시리즈 3

복합위기 시대의 국가전략

트랜스휴먼 시대의 사회과학 시리즈 **3**

복합위기 시대의 국가전략

김태효 | 김영한 | 홍경준 | 이진형 | 조민효·양윤주·유정호 | 김광수

성균관대학교
출 판 부

'트랜스휴먼 시대의 사회과학' 시리즈

바야흐로 대격변의 시대다. 문명과 사회 변동의 속도가 어지러울 정도로 빠르고 그 깊이는 가늠하기 어려울 정도다. 정치, 경제, 사회, 국방, 외교, 문화, 교육, 의료 등 분야를 가릴 것 없이 급격한 변화의 소용돌이에 휩쓸리고 있으며, 개인, 기업, 국가를 막론하고 변화에 적응·대처하느라 여념이 없다.

이런 발전의 근저에는 과학기술의 기하급수적인 발전이 있다. (수퍼)AI, 바이오테크놀러지, 나노테크놀러지, 데이터사이언스, 로봇, 블록체인, 암호화폐 등 새로운 기술이 낡은 기술과 제도를 급속히 대체하고 있다. 인류가 소통하고 이동하는 방식은 물론 생산·소비·거래·경영하는 방식이 근본적으로 변하고 있다. 가상·증강현실 기술과 메타버스 기술을 활용한 새로운 교육방식과 문화현상이 급부상하고 있다. 자본과 첨단기술을 장악한 소수의 개인들이 자신을 업그레이드시킬 개연성이 높아짐에 따라 평등한 자유 원칙에 기초한 자유민주주의적 헌법질서도 흔들리고 있다. 좋든 나쁘든 좋아하건 싫어하건 이런 변화는 거스를 수 없는 숙명이 되어 우리 현대인들의 삶을 틀 짓기 시작했다.

현대의 과학기술체계에는 트랜스휴머니즘(transhumanism)이라는 질서의 비전이 깔려 있다. 트랜스휴머니즘은 첨단 과학기술을 통해 이 지상에서 천년왕국을 건설하겠다는 의사(擬似)종교적 비전이다. 인류가 오랫동안 꿈꿔왔던 강인한 신체, 비범한 지능, 장수와 영생, 완벽한 삶을 실현하려는 운동이자 그렇게 할 수 있다고 믿는 세속화된 종교적 열망이다. 이런 꿈을 거부하는 태도를 미몽으로 치부하고 첨단 과학기술체계가 이런 미몽을 흩어버릴 것이라 확신한다.

트랜스휴먼 시대의 대격변에 직면하여 사회과학은 무엇을 어떻게 연구해야 하는가? 전통적인 연구방법을 고수하며 익숙한 이슈들만을 탐구해야 하는가? 아니면 새로운 이슈를 발굴하고 새로운 연구방법을 창안해야 하는가? 과학기술의 발전이 추동하는 심대한 사회변동의 본질을 외면한 채 과거의 문제의식과 방법만을 고수한다면 사회과학의 미래는 어두울 것이다. 트랜스휴먼 시대는 새로운 상상력과 연구방법을 요구하며, 오래된 이슈들에 덧붙여 새로운 이슈들을 다루도록 압박한다. '트랜스휴먼 시대의 사회과학 시리즈'는 이런 문제의식을 토대로 새로운 사회 연구방법과 이슈를 발굴한다.

트랜스휴먼 시대의 사회과학은 대격변에 수반하는 위기에도 주목할 필요가 있다. 대격변이 야기하는 위기의 본질과 양상을 해명하고 그에 대한 대응책을 제시하지 못할 경우 사회과학은 과학기술적 사회공학에 그 자리를 내주고 말 것이다. 특히 첨단 디지털 기술이 모든 것을 연결시키고 있는 초연결시대의 위기는 복합적이고 중층적이어서 융복합적으로 접근할 필요가 있다. 사회과학의 다양한 분과들은 서로 긴밀히 소통할 필요가 있으며, 자연과학의 다양한 분과들과도 적극적으로 교류·협력해야 한다. 이 책의 집필진은 이런 문제의식에 깊이 공감하며 융복합연구의 첫발을 내디뎠다. 다소 어설프고 미약한 시작이지만 대격변 시대의 연구를 주도하는 지적인 흐름을 형성할 것으로 기대한다.

사회과학연구원이 이 기획을 주도할 수 있도록 물심양면으로 지원해주신 신동렬 총장님, 조준모 부총장님, 이준영 기획조정처장님, 그리고 '트랜스휴먼 시대의 사회과학 시리즈' 각 권을 편집해주신 최훈석 교수님, 최인수 교수님, 김태효 교수님께 깊은 감사를 드린다. 아울러 사회과학대학, 경제대학, 그리고 의과대학 및 소프트웨어대학의 집필진께도 본 기획에 적극적으로 참여해주신 데 대해 깊이 감사드린다. 마지막으로 어려운 여건 속에서도 학문과 문화 진흥의 큰 뜻을 품고 이 시리즈의 출판을 선뜻 허락해주신 성균관대학교출판부 관계자들께도 심심한 감사의 마음을 전한다.

성균관대학교 사회과학대학장
사회과학연구원장
김비환

CONTENTS

CONTENTS

CONTENTS

제4장

보건의료 시스템의 위기요인 진단과
처방전략 · 이진형(경제학과 교수) **165**

제5장

청년의 니즈와 정책 정합성에 관한
고찰과 대응전략 · 조민효(행정학과 교수),
                   양윤주(동아시아 공존협력 연구센터 연구원),
                   유정호(국정평가연구소 연구원) **203**

CONTENTS

제6장

정보통신 환경의 구조적 변화와
한국의 소프트웨어 전략 · 김광수(소프트웨어학과 교수)   **249**

복합위기 시대의
국가전략

김태효 정치외교학과 교수

성균관대학교 사회과학대학은 2021-2022년 '사회변동과 미래전략'에 관한 3권의 저술 출간을 기획하였다. 급변하는 국내외 질서가 야기하는 변화의 코드를 이해하고 이것이 사회과학 연구에 제기하는 도전 요인을 식별함으로써 우리 사회의 위기 요인을 극복·해결하는 정책 대안을 모색하기 위해서이다.

제3권 〈복합위기 시대의 국가전략〉에서는 국가와 사회가 당면한 복합적 위기의 제반 요인을 국제정치, 국제경제, 사회복지, 보건의료, 청년, 정보통신의 여섯 개 분야별로 살피고 적실한 정책수립 방안을 도출한다.

제1장 [권력과 규범의 글로벌 거버넌스 위기와 한국의 대외전략]에서 김태효 교수(정치외교학과)는 '미-중 신냉전 체제'가 야기하는 글로벌 차원의 권력과 규범의 충돌 양상을 살핀 뒤, 이러한 국제환경 변화가 한국에 어떤 도전과 과제를 제기하는지 검토한다. 필자에 따르면, 국제질서의 틀을 주도하는 수단은 힘과 규범 두 가지다. 미국은 중국의 도전을 제어하기 위해 동맹을 규합하고 네트워크를

확장해 힘의 거버넌스를 구축한다. 또한 자유민주주의 가치와 이념을 표방하는 세력과 연대해 민주주의 규범의 거버넌스를 구축한다. 중국은 중국대로 미국의 지도력과 가치규범에 반기를 들면서 중국 특색의 일대일로(一帶一路) 질서를 모색한다.

권력과 규범의 글로벌 거버넌스 위기는 한국을 포함한 국제사회 모든 구성원에게 전략적 고민을 안긴다. 그물망처럼 얽힌 복합 상호의존 시대에 미국과 중국 사이에서 어느 한쪽을 택하고 다른 한쪽을 배제하는 것은 가능하지도 않고 바람직하지도 않다. 필자는 그럼에도 불구하고 한국 외교가 분명한 원칙과 일관성을 구비해야만 한국의 국익과 전략구도에 부합하는 한·미, 한·중 관계를 만들 수 있다고 본다. 그러기 위해서는 한반도의 안보와 평화를 보장하는 한미동맹의 역할을 중국의 간섭으로부터 배제해야 한다. 한국이 중국 주도의 다자협력 구상에 반대하지 않고 무역과 통상 분야에서 적극 협력하는 것처럼, 중국도 한국이 참여하는 우방 협력체제에 무조건 반대하기보다 이를 수용할 수 있도록 만들어야 한다는 것이다.

필자는 한국 외교에 주어진 최우선적인 과제가 가치와 규범에 관한 입장을 분명히 하는 것이라고 본다. 이제까지 한국이 이룩한 민주주의와 경제발전의 열쇠가 자유민주주의와 시장경제 가치에서 비롯되었기 때문이다. 미국이 새롭게 구축하는 〈인도태평양경제프레임워크(IPEF)〉는 경제 공급망, 디지털 경제, 탈탄소 청정에너지 등에 관한 민주주의 나라끼리의 경제연대를 뜻한다. 〈D10 전략포럼(D10 Strategy Forum)〉이라는 세계 10대 선진자유민주국가 그룹에 속한 한국이 가치와 규범을 공유하는 나라와 긴밀히 협력할 때,

중국과의 협력관계도 주도적으로 만들 수 있다는 설명이다.

　김태효 교수는 한국이 주안점을 둬야 할 정책 고려 사항 두 가지를 주문한다. 첫째, 한국이 특장을 지닌 분야에 초점을 둔 외교를 전개하라는 것이다. 한국은 반세기 만에 최빈국에서 10대 경제 강국으로 변신한 나라다. 선진국 어느 누구도 대신 알려줄 수 없는 한국의 성공 스토리는 민주주의와 경제발전을 동시에 달성하고자 하는 지구상의 많은 개발도상국을 한국의 전략적 파트너로 삼게 해주는 지렛대가 될 것이다. 원자력발전 인프라와 정보통신기술(ICT)도 한국이 세계적인 경쟁력을 갖춘 분야다. 원자력의 비교우위를 저탄소 에너지 안보 포트폴리오 구축에 적극 활용하고, ICT 경쟁력을 국제사이버안보 협력의 촉매제로 활용할 수 있을 것이다. 둘째, 국민여론과 국가이익을 수렴하는 정부 리더십을 구축하라는 것이다. 특히 국민을 가진 자와 덜 가진 자로 편 가르고 한일관계를 과거사에 묶어두면서 배타적 민족주의를 자극하는 포퓰리즘(인기영합주의)의 위기에서 한시바삐 탈출할 것을 주문한다.

　제2장 [미국과 중국의 경제 헤게모니 쟁탈전과 한국의 통상전략]의 모두(冒頭)에서 김영한 교수(경제학과)는 미-중 경제패권 경쟁이 글로벌 경제 거버넌스에 미치는 영향을 분석한다. 필자는 2018년 이후 미국으로부터 촉발된 미-중 간 관세 부과 갈등이 미국이 당초 기대한 만큼의 무역적자 개선이나 일자리 창출 효과를 가져오지 못한 대신, 미국 자신이 구축한 세계 자유무역질서를 위협한다고 본다. 합의된 규칙이 작동하는 다자주의가 퇴조하고 오직 힘의 논리가 지배하는 양자주의 경제체제가 도래했다는 것이다. 국가 간

보호무역주의가 득세하고, 경제적 효율성에 따른 글로벌 가치사슬(Global Value Chain: GVC) 전략이 아니라 지정학적 위험을 최소화하기 위해 자국 내 혹은 인접 최종시장 근처에 생산 공정을 집중하는 지역 가치사슬(Regional Value Chain: RVC) 전략이 채택된다.

미-중 경제패권 경쟁이 격화하는 일차적 원인은 미국이 중국에 의해 도전받는 정치경제 패권을 지키고자 공세적인 대응을 펴기 때문일 것이다. 필자는 이에 더하여 미·중 양국이 각자 직면한 국내 문제를 감추기 위한 방편으로 서로 상대방을 탓하는 비난 게임(blame game)을 벌임으로써 양국 간 경제 갈등이 더욱 고조된다고 본다. 미국은 부의 양극화를 비롯해 취약한 사회안전망과 세계화에 대한 반발 등 다양한 국내 갈등 요인을 외부로 투사하려 한다는 것이다. 중국 역시 빈부격차 문제와 공산당 권위주의 체제에 누적된 인민의 불만을 무마하고자 반미 노선을 강조한다는 것이다.

미-중 무역 전쟁이 장기화하면서 전 지구적으로 소득과 기술의 불균형이 심화된다. 각국의 빈부 격차와 사회 양극화 역시 악화될 뿐이다. 중국의 대미(對美) 수출이 위축되면서 중국에 인접한 한국의 대중(對中) 수출도 감소 추세다. 시장지배력을 갖춘 기업을 갖지 못한 나라는 글로벌 시장에서 퇴출될 것이다. 김영한 교수가 제시하는 한국 경제의 생존전략은 두 가지로 요약된다. 우선 고부가가치 기술집약적 산업에서 미국과 중국에 대해 비교우위를 가지는 기술경쟁력을 확보해야 한다. 또한 개발도상국에 대한 공적개발원조(ODA)를 확대하고 개방적이고 포용적인 통상정책을 폄으로써 글로벌 다자무역질서에서 중견국으로서의 존재감과 위상을 확보해야 한다는 것이다.

제3장 [한국 소득보장 체계의 혁신전략]에서 홍경준 교수(사회복지학과)는 한국의 소득보장 체계가 혁신하지 않으면 안 될 위기를 맞이했으며, 이러한 과도기를 기회로 활용해 '대안적 소득보장 체계'를 마련해야 한다고 강조한다. 1990년대 초까지 한국의 소득보장 체계는 개발국가형 생활보장 체제였다. 국가 에너지를 경제성장에 집중하고 소외 계층에 대한 지원은 최소 수준에 머문 모델이다. 1997년 외환위기 이후 김대중, 노무현, 이명박, 박근혜, 문재인 정부를 거치면서 다양한 종류의 공공복지 프로그램이 신설·확대되었고 한국은 외형상 명실상부한 복지국가가 되었다.

하지만 고용불안이 장기화하고 소득분배의 불평등이 심화되면서 사회의 양극화는 확대되었다. 이에 더하여, 코로나-19 사태가 디지털 경제를 확산시키면서 노동시장의 변화가 가속화된다. 산업과 직업 구조가 원격 근무·플랫폼 노동과 같은 비대면 산업 일자리 위주로 재편된다. 이러한 변화는 서비스업과 판매직 등 대면업무 비중이 높은 일자리를 위협할 뿐 아니라, 저학력층·여성·소상공인의 경제활동을 위축시킨다. 기업의 신규 채용과 투자마저 저조해진다.

사회구조의 복합성과 재정자원의 한계에 비추어 완벽한 소득보장 체계를 갖추는 것이 불가능하다는 것은 어느 국가의 경우나 마찬가지일 것이다. 그럼에도 필자는 현행 소득보장 프로그램의 내용을 개혁하고 이에 대한 거버넌스를 새롭게 구축함으로써 한국 복지 현실에 부합하는 '대안적 소득보장 체계'가 마련될 수 있다고 본다. 홍경준 교수는 소득보장 체계 개혁의 성공 요건으로 다섯 가지 원칙을 제시한다.

첫째, 노동시장의 공정성을 확보해야 한다. 동일가치 노동에 대한 동일임금 원칙을 적용해 기존 호봉급을 폐지하거나 축소하고 임금체계의 직무급화를 꾀하는 것이다. 둘째, 사회보험 적용 대상을 보편화한다. 대기업·공공부문 중심의 취업자 위주 생활보장체제를 모든 취업자에게 적용하도록 개선한다. 필자는 이를 위해 자격 중심의 현행 사회보험을 소득 중심으로 전환하고, 사회보험 적용대상 제외규정을 폐지하는 대신 사회보험료 원천징수를 추진할 것을 권고한다. 셋째, 소득보장 체계가 대응하는 사회위험의 범주를 디지털 경제 시대를 감안하여 정비하고 확장한다. 넷째, 사회보험료 부담 재정원칙을 현재의 취업자-사업자 2자부담 방식에서 취업자-사업자-중앙정부의 3자부담 방식으로 전환한다. 마지막으로, '대안적 소득보장 체계'의 재원을 조세-복지 패러다임의 전환에 기초해 확보한다. 즉, 개인을 수급 대상으로 하는 소득보장 프로그램의 재원을 '모든' 현금 급여에 과세(현재는 공적연금 급여에 대해서만 과세)하여 마련함으로써 보편/선별을 넘어선 분별 복지를 달성하는 것이다.

제4장 [보건의료 시스템의 위기요인 진단과 처방전략]에서 이진형 교수(경제학과)는 한국 건강보험과 의료전달 체계의 현황과 문제점을 분석한다. 특히 코로나-19 사태로 야기된 국민의 의료이용 패턴 변화가 어떤 정책과제를 던지는지 살핀다.

필자는 먼저 우리나라 의료자원 배분의 불균형 문제를 지적한다. 한국은 의료 이용이 가장 많은 나라 중 하나이면서도, 의료 인력과 병상자원 수급이 합리적으로 작동하지 않는 구조적 문제를 벗어나지 못하고 있다는 것이다. 국민 1인당 외래진료 횟수가 연간 17.2회로 OECD 평균인 6.8회보다 3배 가까이 많은데도 의료인력 숫자는 인구 천 명당 임상의사가 2.5명, 간호사가 7.9명으로 OECD 평균(각각 3.6명, 9.4명)에 크게 못 미친다고 지적한다. 또, 1차 의료기관(보건소, 의원급 의료기관)이 약 7만 개로 전체 의료전달 체계의 95%를 차지하지만 2차(병원, 종합병원)와 3차(상급종합병원) 의료기관 이용률이 가파르게 증가하고 있어 수급 불균형을 이룬다. 특히 수도권 소재 상급병원으로 경증 환자까지 몰리면서 1차 의료가 점점 설자리를 잃고 있다. 이에 대한 대책으로 필자는 의료기관 간 협력연계 시스템을 확충하고 이에 대한 보상과 유인책을 구체적으로 제공해야 한다고 지적한다. 특히, 공공—민간, 지역 간 의료서비스 연계가 시급하다고 본다.

건강보험제도의 재정건전성 문제도 간과할 수 없다. 건강보험 재정규모가 30년 이내에 500조 원을 상회할 것으로 보는 가운데, 건강보험이 매년 당기수지 적자를 기록하여 2022년 현재 누적적립금이 12조 원에 불과한 실정이다. 경제성장률은 지속적으로 정체돼 의료비 증가속도가 국민의 부담능력을 넘어설 것이다. 아무리 체계적인 정책방안도 재정이 확보되지 않으면 정책의 안정성과 지속성을 보장할 수 없다. 누군가 더 부담하게 만드는 정책을 도입하는 것은 정치의 영역에 속하지만, 역대 모든 정부는 논쟁과 비판을 회피하고자 악화일로의 재정건전성을 방치해 왔다.

끝으로 이진형 교수는 코로나—19 사태를 계기로 의료체계 패러다임 변환에 대비할 것을 충고한다. 원격의료 수요가 급증하는 만큼, 기존 의료기관의 역할과 충돌하지 않는 선에서 이를 활성화하고 관련 법규와 정책을 선제적으로 개선해야 할 것이다. 선진 의료체계는 질병의 치료보다 사전예방을 지향한다. 이를 위해 정보기술(IT)을 의료체계에 적극 융합해 생활·식이·운동 습관은 물론 유전적 위험요소까지 고려하는 맞춤형 프로그램이 개발되어야 할 것이다.

제5장 [청년의 니즈와 정책 정합성에 관한 고찰과 대응전략]에서 조민효 교수(행정학과), 양윤주 연구원(동아시아공존협력연구센터), 유정호 연구원(국정평가연구소)은 정부가 실시하는 청년정책과 청년이 실제로 원하는 '니즈' 간의 격차를 분석함으로써 청년정책의 개선방안을 모색한다. 정부의 청년 정책에 대한 열의가 유아·청소년·노인층에 기울이는 관심에 비해 뒤처지는 것은 사실이지만 청년 정책을 규모와 예산만으로 평가할 수 없다. 2021년 정부가 추진한 청년정책 규모는 270개 과제, 22조 원 예산에 달한다. 그럼에도 불구하고 여러 정책이 부처·기관마다 분절적으로 운영되고 있고 청년의 니즈가 제대로 반영되는지에 대한 정책 모니터링이 취약하다.

필자들이 청년의 니즈를 파악하고자 활용한 1차 자료는 한국보건사회연구원의 '청년층 생활실태 및 복지욕구 조사'(청년 3,018명 대상)에 관한 분석이다. 도출된 첫 번째 연구결과는 청년들이 정부의 청년 지원 정책을 제대로 인지하지 못하고 있다는 것이다. 응답자의 1/4이 전혀 모르고 있고 절반이 들어보았으나 정확한 내용을 모르고 있어, 정책 대상자 사이에 수혜의 격차가 크게 발생한다. 정책 시행 초기단계에 정책 홍보가 필수적으로 연계돼야 함을 시사한다.

두 번째로, 청년의 취업·창업 정책이 청년의 가장 큰 관심사이자 정부 청년정책의 중점 사업임에도 불구하고 정책 효과가 충분히 나타나지 못하고 있다는 점이다. 청년 니즈와 청년 정책 간 정합성 문제다. 연구결과는 중앙정부와 서울시 모두 취업·창업 정책에 많은 예산을 투여하고 있으나 단기 일자리 지원이나 청년고용 기업에 대한 단순 지원금 제공이 예산 지출의 대부분을 차지하고 있음을 지적한다. 창업 지원도 청년의 실제 창업 업종과 정부의 지원 업종 간 불일치 현상이 발견되었다. 취업 지원 정책은 지속가능하고 성과가 축적되는 방향으로, 창업 정책은 청년의 창업 트렌드 변화를 기민하게 반영하는 방향으로 입안되어야 할 것이다.

코로나-19 시대에 청년의 '고독'과 경제난이 가중되고 있다. 결혼 적령기인 30대의 미혼율이 42.5%에 달한다. 청년가구의 1/3이 주거기준을 충족하지 못하는 주거빈곤가구이다. 부채부담을 떠안은 청년 비율이 1/4을 상회한다. 나라의 미래를 짊어질 청년에 대한 관심은 단지 교육과 사회진출 분야에 국한될 수 없다. 이 글은 급변하는 시대에 청년이 처한 환경과 그들의 관심을 정확하게 읽어내고 이에 따른 적실성 있는 청년정책을 마련하는 것이 왜 중요한지 일깨운다.

제6장 [정보통신 환경의 구조적 변화와 한국의 소프트웨어 전략]에서 김광수 교수(소프트웨어학과)는 미-중 기술패권 경쟁과 코로나-19 사태가 4차 산업혁명 시대의 불확실성을 가중시킨다고 본다. 다만, 정보통신기술(ICT)은 한국이 세계 최고 수준의 역량을 갖춘 분야이기에 이제까지의 성공 요인을 참고하여 앞으로 다가올 도

전에 적절히 대처할 것을 주문한다.

ICT 산업은 한국 신성장 동력의 견인차 역할을 해 왔다. ICT 산업이 한국 수출의 40%에 육박하며 GDP의 약 12%를 차지한다. 인터넷 보급률을 비롯한 ICT 보급 지표와 전자정부 운영평가도 세계 최고 수준이다. 필자는 한국 ICT 산업의 약진 비결을 세 가지로 요약한다. 우선, 선택과 집중에 따라 핵심장비의 국산화와 이를 활용한 인프라 구축이 효과적으로 이루어졌다. 또, ICT 인프라 발전과 관련 수요 증가가 맞물려 수요와 공급의 국내 선순환 구조가 형성되었다. 아울러 선도적 연구개발(R&D) 투자가 사업화로 연결되는 창업 생태계가 조성되었다. 하지만 한국은 기술과 과학 인프라 경쟁력이 높은 반면, 정부와 기업의 효율성이 상대적으로 취약하다고 지적한다.

한국 ICT 산업의 미래는 4차 산업혁명 시대를 주도하느냐의 여부에 달렸다. 1차 산업혁명(기계화)과 2차 산업혁명(전기화) 시기에 까마득한 후발주자였던 한국이 ICT 경쟁력을 바탕으로 3차 산업혁명(정보화) 시대의 주축세력이 되었다. 글로벌 사회가 새로 진입한 4차 산업혁명(지능화) 무대는 빅데이터(big data)와 소프트웨어 기술로 장착한 인공지능(AI)의 경연장이 될 것이다. 대규모 자본과 기술보다는 데이터 확보 능력이 경제력의 관건이 된다. 해외 기업의 투자와 생산기지를 유치하는 경쟁력은 값싼 노동력과 생산비용이 아니라 고속이동통신망과 소수정예 고급인력의 보유에서 비롯될 것이다.

여기에 미—중 경쟁은 각 나라들이 ICT 산업의 협력 파트너를 택하는 데 있어 정치적 판단을 압박할 것이다. 코로나—19 사태는 고용 형태의 변화를 가속화하여 평생직장 개념은 쇠퇴하고 원하는 시기에 원하는 형태로 일하는 '비전형적 고용'이 일반화될 것이다. 인공지능 환경은 인류의 생활환경을 더욱 편리하고 안락하게 만들어 주는 동시에 다양한 갈등요인을 노정한다. 개인 정보와 사생활의 유출, 해킹에 의한 정보와 기술의 탈취, 국가 간 사이버 공격 등이 그것이다. 기업 간, 국가 간 승자독식 구조와 양극화 현상도 보다 심화될 것이다.

김광수 교수는 한국에 필요한 세 가지 고려사항을 제시한다. 첫째, 4차 산업혁명 시대 트렌드 변화가 어느 때보다 빠르다는 것을 감안, 필요한 연구개발(R&D) 투자계획을 선제적으로 수립한다. 일단 방향이 정해지면 국가의 간섭을 최대한 줄이고 원천기술 연구자가 소규모 연구조직에서 연구에 집중하도록 지원한다. 둘째, 빅데이터를 분야별 전문지식(domain knowledge)을 갖춘 사람이 구축하도록 하여 인공지능(AI)의 실용성과 경쟁력을 제고한다. 마지막으로, 디지털 사회의 안전망 구축을 위해 각별히 노력한다. 창의적 직무는 늘고 단순반복 업무 수요는 줄어들 것이다. ICT 시대에 적합한 지식과 기술을 갖추지 못한 사람의 사회경제적 소외를 최소화하는 방안이 적극 검토돼야 한다.

이상 복합위기 시대의 국가전략을 외교안보, 경제통상, 사회복지, 보건의료, 청년정책, 정보통신기술(ICT) 분야로 대별해 논의하였다. 이 시대가 당면한 복합위기의 본질은 국내외 질서변화의 변화무쌍함이 잉태하는 거버넌스의 위기다. 국가 간 무한경쟁에서 규칙을 부여하고 갈등을 통제할 권위체가 존재하지 않는다. 앞으로도 장기간 지속될 미−중 갈등과 코로나−19 사태의 여파가 글로벌 거버넌스의 위기를 가중시킨다.

모든 나라가 그러하듯, 한국도 이러한 불확정성의 시대에 우리가 처한 국제환경과 국내 사정에 비추어 최적의 국가발전 전략을 수립하고 이행해야 한다. 이 책에 담긴 분야별 진단과 처방은 해당 주제에 정통하고 현장경험을 두루 겸비한 최고의 전문가들에 의해 집필되었다. 제시된 해결책을 얼마나 잘 이행하는지는 정부와 정치가의 몫이다. 독자들이 필자들의 학문적 열정과 고민에 공감하면서 우리 사회의 지성과 지혜를 모으는 데 동참해 주시길 갈망한다.

2022년 2월 집필진을 대표하여

송현(松玄) 김태효

이 글은 필자가 쓴 아래 논문들의 일부 내용을 가져다 쓰면서 새 글의 논점에 맞게 확대·재구성하여 집필한 것이다.

"신아시아 안보질서 2030: 패러다임 변화와 한국의 과제,"「신아세아」, 26권 3호 (2019년 가을); "중국 다자외교와 아태지역 미·중 갈등관계의 고찰,"「성균차이나브리프」, 8권 1호 (2019년 12월); "COVID-19 시대 미-중 신냉전 질서와 한국,"「신아세아」, 27권 3호 (2020년 가을); "미국 바이든 행정부 출범에 즈음한 한국의 외교과제,"「신아세아」, 27권 4호 (2020년 겨울); "미-중 신냉전 시대 한국의 국가전략,"「신아세아」, 28권 2호 (2021년 여름).

제1장

권력과 규범의
글로벌 거버넌스 위기와
한국의 대외전략

김태효 정치외교학과 교수

I
서론

1989년 미국-소련 사이의 냉전이 끝나고 33년이 흘렀다. 구(舊)소련의 붕괴와 연방 분할로 귀결된 냉전 종식은 미-소 체제 대결에서 미국이 완승을 거두었음을 의미한다. 이것은 미국의 소련에 대한 패권경쟁의 승리이자 규범경쟁의 승리를 뜻한다. 탈냉전 시대 진입 이후 지금까지의 33년을 11년씩 쪼개어 보면 미국 대외정책의 초점이 어떻게 변화해 왔는지 쉽게 이해할 수 있다.

1990~2000년의 첫 11년은 '미국 독주체제', 2001~2011년의 두 번째 11년은 '테러와의 전쟁시대', 2012~2022년의 세 번째 11년은 '미-중 신냉전 체제'로 규정할 수 있다. 탈냉전 1기는 소련이라는 경쟁자가 사라진 후 이념대결이 종식됐다고 보고 미국이 국제적 자유주의(liberal internationalism)를 거침없이 확장해 나간 기간이다. 탈냉전 2기는 9/11 테러를 당한 미국이 아프가니스탄 전쟁(2001), 이라크 전쟁(2002)을 치르면서 중동질서 변환을 꾀한 시기다. 탈냉전 3기는 중국의 부상(浮上)을 의식하기 시작한 미국이 2012년에 '아시아로의 귀환(Pivot to Asia)'을 선언한 이후 줄곧 미-중 패권경쟁이

고조되는 기간이다.

이 글은 탈냉전 3기 이후 앞으로 더욱 격화될 미-중 갈등관계를 글로벌 거버넌스 관점에서 조명한다. 분쟁의 성격으로 보아 21세기의 미-중 대결이 20세기의 미-소 대결보다 포괄적이고 격렬하다. 소련은 미국에 주로 군사적 위협을 가했지만 중국은 경제와 군사가 어우러진 종합적인 힘을 키우며 미국에 도전한다. 나아가 중국은 미-소 냉전체제 붕괴로 종식된 듯했던 세계 이념경쟁의 불씨를 되살리려 하고 있다. 미국이 구축한 자유민주주의 질서에 맞서 중국식 사회주의 체제의 덕목을 정당화한다. 권위주의 리더십을 지향하는 러시아와 공조하면서 "미국 패권"에 대한 공동대응전선을 구축한다. 결국, 우리 앞에 펼쳐지는 글로벌 질서는 미국과 중국이 벌이는 상호 권력과 규범의 대결로 압축된다.

국제사회를 서로 자신의 편으로 끌어들이려는 미국과 중국 사이의 경쟁이 치열해질 것이다. 국제질서의 틀을 주도하는 수단은 힘과 규범 두 가지다. 동맹을 규합하고 네트워크를 확장해 힘의 거버넌스를 구축한다. 또한 같은 가치와 이념을 표방하는 세력끼리 연합하여 규범의 거버넌스를 구축한다. 이러한 권력과 규범의 글로벌 거버넌스 경쟁은 한국을 포함한 국제사회 모든 구성원에게 전략적 고민을 안긴다. 그물망처럼 얽힌 복합 상호의존의 시대에 미국과 중국 사이에서 어느 한쪽을 온전히 택하고 다른 한쪽을 배제하는 것은 가능하지도 않고 바람직하지도 않기 때문이다.

이 글은 다음과 같은 순서로 진행된다. II장은 '미-중 신냉전 체제'의 전개 양상을 살핀다. 미국의 인도태평양 질서와 중국의 일대일로 질서가 충돌하면서 나타나는 글로벌 안보 거버넌스의 위기 요인을 분석한다. Ⅲ장은 미-중 규범경쟁의 전개 양상을 살핀다. 자유주의 국제질서에 대한 중국식 사회주의의 저항이 가져오는 글로벌 규범 거버넌스의 위기 요인을 분석한다. 특히, 권위주의에서 민주주의로의 이행이 왜 지체되는지, 세계적으로 인기영합주의(포퓰리즘)가 왜 확산일로에 있는지 사례를 짚어가며 그 이유를 살펴본다. 이어서 Ⅳ장은 한국의 대응방향을 논한다. 복합위기의 시대에 한국이 표방해야 할 국가전략의 비전과 외교정책을 제시한다.

II
미-중 신냉전 질서의 권력정치 지형

1. 미국의 인도태평양 질서

　세계 주요 지역에서 압도적인 역내 패권국이 등장하지 못하도록 미국 우위의 세력균형을 도모하는 것이 미국 역대 행정부가 일관되게 꾀한 전략노선이었다. 미국의 결정적인 이익이 걸린 주요 지역이라고 하면 유럽, 중동, 아시아 이렇게 세 지역을 꼽을 수 있다. 소련과 대치한 냉전기에는 유럽 우방세력을 보호하는 것이 급선무였고, 2001년 9/11 테러 이후에는 반(反)테러 전쟁과 중동질서의 재구축이 미국 세계전략의 1차 목표였다. 2012년부터 오바마(Barack Obama) 행정부가 '아시아로 귀환(pivot to Asia)'하여 추진한 '재균형(rebalanc-ing)' 정책은 아시아 역내에서 잠재적 패권 세력으로 부상하는 중국을 견제하는 동맹 네트워크의 강화를 의미한다.

　1979년 중국과 수교한 이후 미국이 중국의 경제발전을 지원하고 우호적인 협력을 꾀한 것은 궁극적으로 중국 체제가 개방되고 다원화될 것이라는 기대에 따른 것이었다. 그러나 40여 년간 중국을 지켜본 결과 미국이 내린 결론은 중국 공산당이 스스로 변화할 의사가 전혀 없으며 오히려 중국 사회를 철저히 통제하면서 국제사회에서 법치국가들의 개방성을 악용하여 자신의 영향력을 확대해 왔다는 것이다. 더욱이 2013년 시진핑(習近平) 체제의 등장 이후 마오쩌둥(毛澤東) 시대에 견줄 만한 권위주의 통치가 이루어지자 중국 정치체제의 점진적 변화에 대한 미국의 기대와 인내심이 고갈되었다. 중국이 이렇게 하여 축적한 경제력과 정치력을 활용해 주변국을 자신의 영향력에 복속시키고자 하는 움직임은 미국의 입장에서 보아 자신의 이익과 국제 네트워크를 잠식하는 결과로 이어진다고 본 것이다. 중국 정부가 자유시장질서의 개방성을 역이용해 부당한 방법으로 지식과 이익을 편취한다는 인식[1]이 보편화하면서 대중(對中) 정책에 대한 전면적인 재검토가 이루어졌다.

트럼프(Donald Trump) 행정부 이후 본격화된 중국에 대한 압박외교 기조는 안보, 경제통상, 규범질서를 망라한 전면적 체제경쟁의 선포를 의미한다. 취임 첫해인 2017년 12월 출간된 미국의 「국가안보전략지침서(National Security Strategy of the United States of America)」는

---

1) *United States Strategic Approach to the PRC* (미국의 중국에 대한 전략적 접근) (White House 2020, p. 7). 이 보고서는 미국인이 중국 민간인과 교류하는 것은 중국 인민해방군에 기술을 건네주는 꼴이라고 경고한다. 중국이 구사하는 민군융합(military-civil fusion: MCF) 전략은 중국의 민간주체가 미국의 기업, 대학, 연구기관과 협업하는 과정에 고급 '이중용도 기술(dual-use technologies)'을 취득하도록 유도하는 것이라고 본다. 같은 맥락에서 화웨이(華為: HUAWEI), ZTE와 같은 중국의 통신장비 회사가 제공하는 장비, 부품, 서비스를 이용하는 외국의 정부와 기업은 보안문제의 취약성을 걱정해야 한다는 것이다.

한마디로 압축해 '미국 우선주의(America First)'를 대내외에 천명한 문서다(The White House 2017, pp. 1-55). 여기서 미국이 우선시하는 이익이란 경제 이익, 안보 이익, 그리고 세계질서를 총괄하는 미국의 영향력을 뜻한다.

이 국가안보전략지침서의 핵심 화두는 중국이다. 기저에는 경제와 안보 양 측면에서 미국의 이익을 가장 크게 침해하는 세력이 바로 중국이며, 그러한 중국으로 인해 미국의 영향력 또한 도전받고 있다는 문제의식이 깔려 있다. 동 전략서는 중국의 행동과 책임을 거론하기에 앞서 미국이 중국에 줄곧 실시한 포용정책이 철저하게 실패했다는 자성(自省)으로부터 출발한다. 중국을 지원하고 중국과 협력하면 중국의 제도와 가치가 변화할 것이라는 믿음과 기대에 종지부를 찍은 것이다.

백악관이 2020년 5월 발표한 「미국의 중국에 대한 전략적 접근(United States Strategic Approach to the PRC)」은 앞서 2017년 발표한 국가안보전략지침서에 담긴 목표를 달성하기 위한 행동계획을 담은 문건이다(The White House 2020, pp. 1-16). 이 전략서는 미국이 직면한 중국 위협을 상술하고 앞으로 미국이 어떠한 중국 정책을 표방할 것인지 구체화한다. 중국과 협력 관계를 청산하고 중국의 의지와 행동을 봉쇄하기 위해 모든 수단을 동원하겠다는 선언서와 다름없다.

2020년 들어 촉발된 COVID-19 사태는 미국의 중국 정책이 한층 공세성을 띠도록 만드는 촉매제가 되었다. 바이러스의 발원지로 의심받는 중국이 감염경로와 확진 상황을 은폐하고 미국 백신기술 절취를 시도하는 등, 중국의 "불공정한" 기존 행태가 그대로 지속되고 있다는 것이 미국 정부의 시각이다. 미국 정부는 COVID-19 사태와 〈홍콩보안법〉 등장을 계기로 중국에 대한 인권외교 공세를 강화하면서 자유민주 세력의 반중(反中) 연대를 촉구하고 나섰다. 중국의 민주화에 대한 기대를 접고 중국 공산당이 굴복할 때까지 압박하겠다는 미국의 공세는 그 목표가 상당부분 달성될 때까지 지속될 것으로 예상된다.

바이든(Joseph Biden) 행정부는 전임 트럼프 행정부의 정책기조 전반을 폐기하면서도 중국 정책 기조만큼은 그대로 수용했다. 특히 미국 주도의 인도-태평양 질서를 새롭게 구축하기 위한 외교력 재건에 힘을 쏟고 있다. 트럼프 시기에 남용된 일방주의 노선이 미국의 기존 동맹관계를 약화시켰다는 판단하에 역내 우방국들과의 신뢰를 회복하고 중국을 배제한 협력 네트워크를 체계화·제도화하고자 한다.

미국이 최근 '아시아태평양지역(Asia-Pacific region)' 대신 '인도태평양지역(Indo-Pacific region)'이라는 용어를 강조하는 이유는 인도를 역내 대중(對中) 견제 네트워크에 참여시킬 필요가 있기 때문이다. 미국이 표방하는 '자유롭고 열린 인도-태평양(Free and Open Indo-Pacific, FOIP)' 질서는 사실상 자유민주주의 정치체제를 지니면서 미국과 안보와 경제 이익을 공유하는 국가군의 범주를 확대하려는 시도이다.

2020년 트럼프 행정부가 출범시킨 쿼드(Quad: Quadrilateral Security Dialogue)는 미국·일본·호주·인도 4개국이 결성한 안보대화체로 아시아판 나토(NATO)와 같은 결속력 있는 안보공동체를 구축하기 위한 것이었다. 2021년 바이든 대통령은 임기 첫해에 두 차례의 쿼드 정상회담을 개최하면서 쿼드의 위상과 역할을 강화하고자 했다. 그러나 중국이 주도하는 상하이협력기구(SCO)의 회원국이기도 한 인도는 쿼드 참여를 통해 미국과 중국 사이에서 이중적 '위험 분산(hedging)'을 꾀한다고 보는 것이 맞을 것이다. 미국도 이러한 점을 의식, 쿼드를 군사동맹체로 발전시키기보다는 백신, 첨단기술, 기후변화 협력을 도모하는 3개의 작업반(working groups)을 중심으로 운영하고 있다.

미국의 입장에서 보아 인도보다 확실하게 미국 편에서 세계경영을 도모할 수 있는 파트너는 영국, 일본, 호주, 캐나다, 뉴질랜드와 같은 전통적인 동맹일 것이다. 2021년 9월, 바이든 대통령은 영국, 호주와 함께 오커스(AUKUS) 창설을 발표했다. 이들 3국이 사이버안보(cyber security), 인공지능(AI), 양자기술, 수중방어능력, 장거리공격능력 분야에서 기술을 공유하고 협력을 강화하기로 한 것이다. 한편, 파이브 아이즈(Five Eyes)는 1941년부터 첩보동맹을 맺은 미국, 영국, 캐나다, 호주, 뉴질랜드 5개국을 이르는 말이다. 이들 국가는 영미법을 따르기 때문에 법률상 상호 공조가 용이하며, 미국과 영국이 생산하는 신호정보(signals intelligence)를 공유한다.

미국이 중국을 의식하면서 새롭게 구축하고자 하는 역내 질서는 군사동맹, 정보동맹, 가치동맹을 넘어 신경제동맹 네트워크까지 포함한다. 바이든 행정부의 대중(對中) 경제정책은 산업 분야를 막론하고 수천 개 품목에 대해 무차별 관세 보복을 가하던 트럼프식 접근보다는 반도체, 차세대 배터리, 정보통신(IT) 등 첨단기술 분야 전략물자의 글로벌 공급망에서 중국을 배제하는 전략적 디커플링(decoupling)

을 추진하고 있다. 바이든 행정부는 2021년 10월 〈인도태평양경제프
레임워크(IPEF: Indo-Pacific Economic Framework)〉 구상을 발표했다.
전임 트럼프 행정부가 〈경제번영네트워크(EPN: Economic Prosperity
Neetrwork)〉를 내세워 추진하던 역내 자유주의 세력 간 경제협력 구상
을 구체화한 것이다. 핵심 물자·부품의 공급망 안정화, 디지털 경제 구
축, 탈탄소 청정에너지 개발 등 폭넓은 분야에서 공동의 원칙과 기준을
설정해 참여국 간 호혜적인 경제협력 네트워크를 구축하는 것을 목표
로 한다.

〈표 1〉 미국의 중국정책 변화: 협력적 동반자 → 적대적 도전자

시기 정책분야	오바마 2기 (2013-17)	트럼프 행정부(2017- 2021)	바이든 행정부 (2021-현재)
군사안보	• 재균형 (rebalancing) • 아시아로의 귀환 (pivot to Asia)	• 동맹국 방위분담 압박 • 인도−태평양 공조 추진 (Indo−Pacific QUAD)	• 동맹국 공조 강화 • 사이버(cyber)안보 강화
경제통상	• 무역불균형/ 지재권 문제 우회제기	• 대중(對中) 무역 제재 • 지적재산권 정면 제기 • 경제번영네트워크 (EPN)	• 인도태평양경제 프레임위크(IPEF) • 대중 디커플링 추진
가치·인권	• 인권문제 우회 제기 • '하나의 중국' 기조 유지	• 임기 후반기부터 인권 문제 정면 제기 • 친(親) 대만 기조 강화	• 중국을 폐쇄적 전체 주의 체제로 규정 • 중국 정부/ 국민을 분리

이제까지 논의한 오바마 행정부 2기 이후부터 바이든 행정부까지의 중국 정책 변화 양상을 요약하면 위의 〈표 1〉과 같다. 미국의 중국 정책은 트럼프 행정부에 들어서면서 경쟁적 협력(competitive co-operation) 기조에서 대결적 봉쇄(confrontational containment) 기조로 전면 수정되었다. 특히, 코로나 정국은 미국의 중국 정책이 가치와 인권 문제를 지렛대로 중국의 전체주의 노선을 공격하는 촉매제가 되었다. 자유세계공동체(free world community)를 구축하려는 미국의 노력은 더욱 가속화될 것이며 아직 이러한 대열에 적극적으로 동참하지 않은 나라들의 전략적 고민은 점차 커질 것이다.

2. 중국 일대일로 질서의 도전

2012년 제18차 당 대회를 기점으로 중국은 대외관계의 확장에 더욱 큰 관심을 기울여왔다. 중국 외교의 대표적인 수단은 다자협력 기구이다. 중국은 아세안(ASEAN), 아프리카 연합(AU), 유럽 연합(EU), 아랍연맹(Arab League)과 동반자 관계를 맺고 있다. 중국은 특히 아시아 태평양과 인도태평양 지역의 다자외교에 공을 들이고 있다. 중국의 다자외교는 일대일로(一帶一路)라는 커다란 대외전략 기조의 실천방안이기도 하다.

중국은 미국이 주도적 역할을 행사하는 다자기구에도 적극 참여하고 있다. 동아시아정상회의(EAS)와 아세안지역안보포럼(ARF)의 참여국으로 활동한다든지, 제22차 아시아태평양경제협력정상회의(APEC)와 제11차 G20 정상회의를 각각 2014년과 2016년에 주최

한 것이 그 예다.

2017년 6월 카자흐스탄의 수도 아스타나에서 열린 제17차 상하이협력기구(SCO) 회원국 정상회의에서 중앙아시아 주둔 미군에 대한 철수 요구가 나오자 미국은 이를 자신이 아프가니스탄에서 추진하는 반테러 정책에 대한 견제로 받아들였고, 이러한 움직임이 중앙아시아·중동·남아시아 지역에 걸친 미국의 전략적 이익에 부정적 영향을 미칠 수 있다는 경각심을 가지게 되었다. 또한, 미국과 일본이 주도하는 아시아개발은행(ADB)이 있음에도 불구하고 중국이 아시아인프라투자은행(AIIB)을 설립한 것도 미국 중심의 경제체제에 대한 도전으로 간주되었다.

일대일로(Belt and Road Initiative)란 중국이 주도하는 '신(新) 실크로드 전략 구상'으로 내륙과 해상을 연결하는 거대 경제벨트 구축을 지향한다. 아시아, 아프리카, 유럽 대륙에 걸쳐 총 60여 개 국가를 포함하는 경제협력 벨트를 의미한다. 중국은 일대일로 경제벨트 구축을 통해 중국의 기술·지식 발전을 도모하고 공업화에에 필요한 자원을 얻을 수 있을 뿐만 아니라, 국내 과잉 생산능력을 외부로 분산시킬 수 있다. 일대일로는 중국 화폐의 사용 범위와 빈도를 확대시켜 위안화를 국제화하는 데에도 중요한 역할을 담당한다.

나아가 일대일로 전략은 중국을 아시아 태평양 지역의 주요 국가에서 글로벌 질서의 주요 국가로 발돋움시키는 매개수단이 된다. 국경의 서쪽 국가들과 협력을 강화하는 동시에 동아시아 지역을 넘어 보다 광범위한 해외 네트워크를 개척하는 효과도 달성할 수 있다. 중국 지도부는 지금까지 일대일로가 일차적 성공을 거두었다는 판단 하에, 이를 중국의 최고위 대외전략으로 삼고 있다.

중국이 아태 지역에서 주도하는 대표적인 다자외교 조직으로 4가지를 들 수 있다. 상하이협력기구(SCO), 아시아신뢰구축회의(CICA), 아시아인프라투자은행(AIIB), 그리고 역내포괄적경제동반자협정(RCEP)이 그것이다. AIIB와 RCEP은 경제 분야의 다자외교 조직이고, SCO와 CICA는 안보 분야의 다자외교 조직이다. 일대일로 전략은 경제와 외교 두 가지 분야를 총괄하는 중국 다자외교의 거시전략이라고 할 수 있다.

2001년 공식 출범한 SCO는 중국이 창설을 주도한 최초의 다자협력기구이다. 상하이협력기구는 중국이 러시아와 중앙아시아 지역 국가들과 군사안보 유대를 강화하기 위한 목적으로 시작하였다. 이 기구가 표방하는 전략적 목표는 세 가지로 요약할 수 있다. 첫째, 이웃 국가들과 공조하여 신장 지역의 분리주의 운동을 억지하고 중국의 지역 안정을 도모하는 것이다. 둘째, 역내 국가들 간에 평화적인 수단을 통해 분쟁해결 원칙을 천명하고 역내에서 중국의 정치안보적 영향력을 강화하는 것이다. 셋째, 미국의 영향력이 상대적으로 취약한 중앙아시아 지역의 안보 주도권을 확보하고 러시아와 연대하여 미일동맹 세력에 대한 세력균형을 꾀하는 것이다.

SCO 회원국들이 2002년에 대(對) 테러기구를 설립하고, 2003년에 회원국 간 포괄적 동반자 관계를 구축한 데 이어, 2007년에 '평화사명(平和使命)'이라는 합동군사훈련을 시행한 것은 이러한 세 가지 안보적 목표와 잘 들어맞는다. 하지만 중국과 러시아를 포함한 SCO 회원국들은 공식적으로 반미연대를 표방하지는 않는다. SCO

의 활동 반경은 2017년 인도와 파키스탄이 정식 회원국으로 가입함으로써 더욱 확대되었다.

2002년 첫 정상회의를 개최한 이래 매4년마다 정상회의와 외교장관회의를 여는 CICA는 중앙아시아뿐 아니라 중동, 서남아시아, 동남아시아를 포괄하는 27개 회원국으로 구성된다. CICA는 정례회의 때마다 테러리즘의 배격, 상호대화 촉진, 지역협력을 위한 신뢰 조성, 안보 협력방안 모색의 원칙을 확인한다. 중국은 2010년 정상회의까지는 총리급 이하의 인사가 참여하다가 2014년 5월 상하이에서 개최된 4차 CICA 본회의를 계기로 시진핑 국가주석이 직접 회의를 주관하면서 적극성을 띠기 시작했다. 동 회의에서 채택된 '상하이 선언'은 대화·신뢰·협력·평화·안전을 함께 건설하는 신아시아를 주창한다.

전통적인 안보 분야뿐 아니라 테러리즘, 난민, 환경, 에너지 등 비전통 안보 분야의 수요가 늘고 있는 상황에서 중국은 역내 갈등방지와 공동 관심사 해결이라는 명분을 내세우면서 CICA 내 리더십을 지속적으로 확대할 것으로 전망된다. 또한 중국은 CICA 회원국 다수를 차지하는 중앙아시아와 서아시아 지역 국가들을 자신의 경제 실크로드 구축 프로젝트에 가담시키려 할 것이다. 나아가 중동 지역의 대다수 국가들과 아프리카의 이집트까지 포괄하는 CICA의 지리적 범위는 중국 정치외교 네트워크의 외연을 확장하는 데 도움을 줄 것이다.

AIIB는 중국이 2013년에 설립을 제안하고, 2014년에 1차 구성원 21개국의 양해각서(MOU) 서명을 거쳐, 2015년 57개국이 서명함으로써 발족된 국제은행이다. 자본금 1,000억 달러 규모로 시작하여 설립 3년차인 2018년에 AIIB 참여국은 86개국으로 늘어났는데 여기에는 ASEAN 10개국, G7 국가 중 5개국, G20 국가 중 16개국, 유럽 14개국, 그리고 UN안전보장이사회 5개국 중 미국을 제외한 4개국이 참여함으로써 명실상부한 글로벌 금융기구로 발돋움했다. AIIB는 설립 1년 만에 총 17.3억 달러 규모에 달하는 9건의 대외자금 원조를 기록했다(AIIB 2016).

AIIB가 우선적으로 검토하는 금융지원 대상은 남아시아, 중앙아시아, 동남아시아의 개발도상국들로서, 이들 국가들이 적극 추진하는 인프라 건설에 대규모의 자금이 필요하기 때문이다. AIIB가 설립 초기에 투자한 8.29억 달러 중에 4억 달러는 중국-파키스탄 경제협력구역에 투입되었고, 1.85억 달러는 중국-인도-미얀마-방글라데시 경제협력구역의 인프라 프로그램에, 그리고 2,750만 달러는 경제실크로드 프로젝트에 투자되었다.

영국, 프랑스, 독일, 이탈리아 등 미국과 긴밀한 안보·경제 관계를 유지해 온 유럽 주요국과 중국을 포함한 BRICS 국가 전원(브라질, 러시아, 인도, 남아프리카공화국)이 AIIB에 가입한 것은 그만큼 중국이 세계 정치경제 질서에서 차지하는 위상이 신장되었음을 반증한다.

AIIB가 중국의 국제 금융 파워를 구축하는 주요 수단이라면, RCEP은 중국의 무역시장을 확장하는 매개체이다. 중국은 역내 국가들이 2011년부터 진행해 오던 기존 RCEP 논의에 동참하면서 역내 경제통합을 진전시켜 '지역경제 일체화'를 추진한다는 명분을 내걸었다. 2012년 11월 캄보디아 프놈펜에서 개최된 동아시아정상회의(EAS)에서 중국 정부는 한중일 FTA와 RCEP 협상 참여를 공식 선언했다.

RCEP 참여국은 중국을 포함하여 ASEAN 10개국, 한국, 일본, 호주, 뉴질랜드의 15개국으로(인도는 2019년 탈퇴 선언) 미국이 빠져 있다. 중국이 RCEP 논의에 뛰어들고 협상을 주도하게 된 배경에는 미국이 주도하는 환태평양경제동반자협정(TPP) 논의가 무르익어 세계 최대의 단일 자유무역공동체 출현이 임박한 데에 따른 경각심이 작용했다고 볼 수 있다. 2020년 11월 15일 타결된 RCEP 참여국들의 GDP 총합은 2021년 말 기준 26.2조 달러로(세계 GDP의 약 30% 차지) 17조 달러 규모의 유럽연합(EU)보다 크다.

TPP는 미국과 일본을 포함하여 캐나다, 오스트레일리아, 뉴질랜드, 칠레, 멕시코, 페루, 말레이시아, 베트남, 싱가포르, 브루나이의 12개국이 참여한 다자 FTA 협의체이다. 오바마 행정부의 적극적인 역할로 2015년 10월 5일 타결되었고 2016년 2월 4일 정식 서명되었다. 발효 시점인 2016년 기준으로 참여국 12개국의 국내총생산(GDP) 규모가 28조 달러로 전 세계 GDP의 38.2%를 차지하였다. 그러나 오바마의 후임 트럼프 대통령은 취임 사흘 만인 2017년 1월 23일 TPP 협정 탈퇴를 선언했다. 이후 TPP 진로 논의의 주도권을 일본이 행사하게 되었고 미국을 제외한 11개 국가들은 후속협의를 거쳐 2018년 3월 새로운 TPP 합의안에 공식 서명하고 같은 해 12월 30일 이를 발효시켰다. 명칭은 포괄적·점진적 환태평양경제동반자협정(CPTPP)으로 수정되었다.

CPTPP가 형성하는 역내 자유무역시장에 미국이 빠져 있기는 하지만 바이든 행정부가 추가협상을 통해 여기에 다시 참여할 가능성이 있다. CPTPP가 환태평양 역내 무역에서 자아내는 10조 달러 이상의 관세 절감 효과를 무시할 수 없을 뿐 아니라, 중국이 이끄는 RCEP의 영향력을 견제하기 위해 CPTPP를 활용할 필요성이 있기 때문이다. 다만, RCEP을 경제적으로 의미 있는 자유무역협정으로 볼 수 있을지는 미지수이다. 참여국들 간에 편차가 큰 경제발전 수준과 지적재산권, 서비스업, 제조업, 농수산업 등의 시장개방 폭에 대한 견해차로 인해 충분히 높은 수준의 시장개방이 이루어지지 않았기 때문이다.

미·중 양국간 금융·무역 분야에 걸친 다자기구 확대 경쟁은 일차적으로 아시아 경제 질서의 주도권과 운영규칙 재편을 놓고 벌이는 게임이라고 볼 수 있다. 중국이 공동발전 추구라는 명분 아래 AIIB와 RCEP을 자국 경제권의 대외적 팽창 수단으로 활용하는 가운데, 미국은 아시아 태평양 지역에서 중국을 배제한 〈인도태평양경제프레임워크(IPEF)〉 구상을 구체화하면서 CPTPP 참여 시점과 방법을 모색할 것으로 예상된다.

3. 글로벌 안보 거버넌스의 위기

미국의 입장에서 보아 중국의 일대일로 프로젝트는 미국 질서에 대한 중국의 도전이다. 대륙과 해양의 협력망을 연결하겠다는 '일대일로' 슬로건이 미국이 구축한 안보·경제 질서를 재편하려는 야망을 포장한 우산(umbrella)에 불과하다고 본다. 특히, 미국이 제공하고 지원한 국제질서에서 "불공정한" 방법으로 이익을 취하고 힘을 키워왔다는 점에 주목한다. 미국의 도움으로 중국이 2001년 세계무역기구(WTO)에 가입할 당시 약속한 '개방된 시장, 자유로운 경쟁'이 중국 정부의 지속적인 시장 관여로 인해 지켜지지 않았다고 보는 것이다. 미국은 기술과 정보의 불법적인 약탈 행위(predatory economic practices)에도 중국 정부가 직접적으로 개입돼 있다고 보고 있다. [2]

중국의 신장된 경제력은 군사력 강화와 안보 반경의 확장으로 이어진다. 한국의 서해, 동중국해, 대만해협, 남중국해로 이어지는 동아시아 해양질서가 미-중 갈등의 중심지가 되었다. 중국은 과거에 자신이 줄곧 주장해 온 세 가지 원칙, 즉 ①무력 사용 또는 이의 사용에 관한 위협금지 ②내정 불간섭 ③분쟁의 평화적 해결을 스스로 허무는 중이다. 안보 갈등에 경제 보복으로 대응해 경제를 안보의 무기로 사용하는 경우도 빈번해졌다. 한국의 사드(THAAD: 고고도미사일방어체계) 도입에 대한 보복 조치로 경제 제재를 가한다든지, 경제 지원을 조건으로 남중국해 해상분쟁에 대한 필리핀의 주장을 철회시킨 것이 대표적인 경제-안보 연계 사례다. 간접적으로 강압(coercion)과 내정간섭이 작용한 결과다.

---

2) 중국은 1980년대에 지적재산권 보호에 관한 각종 국제합의서에 서명했으나, 2020년 현재 세계에 유통되는 위조 상품의 63%가 중국산으로 파악된다. 2018년 미국을 포함한 25개국은 중국 국가안전부를 산업보안 정보의 컴퓨터 해킹 주체로 지목하고 관련 행위를 중지할 것을 촉구했다(The White House 2020, p. 3).

중국은 중국대로 미국에 대한 피해의식이 크다. 중국의 영향력이 커지니 미국이 태도를 바꾸어 자신을 압박하고 포위하려고 한다는 것이다. 미국이 유럽의 북대서양조약기구(NATO)를 재정비하고 아시아에서 인도태평양질서를 새롭게 구축하는 이면에는 중국 견제라는 공통목표가 자리 잡고 있다고 보는 것이다. 미국이 이야기하는 자유롭고 개방된 인도태평양(Free and Open Indo-Pacific, FOIP) 질서는 곧 아시아 역내 미국 동맹 네트워크의 강화로 간주된다.

그런 만큼, 중국은 미국의 압박공세를 막아내고 대응하는 데 총력을 기울일 것이다. 일대일로 연선(沿線) 국가들과 군사·경제 협력을 강화하는 가운데 아시아태평양 지역에 대한 미국의 개입과 관여를 차단하는 반접근·지역거부(A2AD: Anti-Acess Area Denial) 정책의 범주를 비 군사영역으로 확대할 것으로 예상된다. 하드파워의 대미(對美) 열세를 감안, 미국과 해양과 대륙에서 직접 충돌하기보다는 사안별로 우방국과 역내 반미 전선을 구축하고 미국의 지도력에 차질을 빚게 하거나 시간을 지체하는 등 '연성 세력균형(soft balancing)' 전략[3]을 구사할 것으로 관측된다.

미-중 신냉전은 이들 두 나라를 제외한 세계의 모든 나라에게 딜레마적 상황을 부여한다. 미국 편에 설 것이냐 중국 편에 설 것이냐

---

3) 일반적으로 널리 알려진 세력균형은 특정 국가가 자신의 국력을 키우거나 동맹국을 확보하여 위협국에 대응하는 '경성 세력균형(hard balancing)'을 뜻한다. 로버트 페이프 (Robert A. Pape) 교수가 착안한 '연성 세력균형(soft balancing)'은 도전세력이 기존 패권국에 물리력으로 직접 맞서기를 피하면서 경제, 정치, 외교적으로 괴롭히고 시간을 끌면서 패권국의 통치비용을 가중시키려는 전략을 뜻한다(Pape. 2005, p. 7-45).

의 양자택일 상황을 마주하면서도 미국과의 기존 협력 관계도, 점차 증가하는 중국과의 교류 규모도 무시할 수 없는 입장이다. 모든 분야에서 얽히고 섞인 복합 상호의존의 글로벌 질서에서 국가들은 미국과 중국 사이에서 어느 한쪽을 택하고 다른 쪽을 완전히 배제하는 것보다는 미·중 양국과 동시에 필요한 분야에서 협력을 병행하는 것이 실리적이라는 판단을 할 것이다.

하지만 아시아·태평양 역내 국가들이 처한 딜레마 상황은 남다르다. 중국과 인접한 나라들은 중국의 영향력이 부담스럽지만 대중(對中) 협력관계를 거부하기도 어렵다. 미국과 가까운 나라들과 연대하든지(연쇄가담: chain-ganging) 아니면 반중연대와 적당히 거리를 두면서 다른 나라들이 알아서 중국을 견제해 주도록 책임을 전가하든지(책임전가: buck-passing) 선택을 내려야 한다. 연쇄가담은 자신의 결정적 국익이 걸리지 않은 사안에도 미-중 갈등에 연루(entrapment)될 위험성을, 책임전가는 안보우산 제공자인 미국의 신뢰를 잃어 외교적 고립을(방기: abandonment) 자초할 위험을 내포한다.[4]

미-중 신(新)냉전 체제는 과거 미-소 냉전체제와 비교해 몇 가지 유사한 속성을 지닌다. 미국이 만든 자유주의 질서에 대한 이질적 이념 세력의 도전이라는 점에서 구(舊)소련과 중국의 행보가 유사

---

[4] 연쇄가담·책임전가 개념은 제1, 2차 세계대전 과정의 동맹 행태를 분석한 Christensen과 Snyder의 논문에서 체계화되었다(Christensen and Snyder 1990, pp. 137-168). 국제정치에서 연루 개념은 만델바움(Michael Mandelbaum)에 의해 처음으로 제기되었고(Mandelbaum 1981, p. 151), 글렌 스나이더가 이를 동맹관계의 연루-방기 대립개념으로 발전시켰다(Snyder 1984, pp. 461-495).

하다. 또, 미−소 냉전과 미−중 신냉전 체제 모두 경쟁 패권국들이 서로 자신의 진영으로 지지 세력을 끌어들이기 위해 경쟁한다는 공통점을 지닌다. 경쟁 당사국 모두 강력한 핵무기를 보유했지만 핵공격에 따른 공멸에 대한 두려움 때문에 전면전 충돌을 배제한 군사적 대치 국면이 장기화한 것도 서로 닮은 점이다.

그러나 지금은 20세기와 달리 모든 국가관계가 모든 분야에서 그 물망처럼 엮인 복합상호의존(complex interdependence) 시대다. 과거에 미국은 소련 주도의 공산세계와 이격(離隔)돼 있으면서 소련을 효과적으로 봉쇄(contain)했다. 현재 중국은 미국이 설계한 안보 네트워크와 시장질서에 깊숙이 침투해 있다. 특정 이슈에서 누가 누구를 완전히 배제하는 것이 불가능하다.

상대에게 제재를 가해도 나에게 부정적 파급효과로 돌아오는 경우가 다반사다. '핵 공포의 균형(balance of terror)' 때문에 누가 먼저 전쟁을 벌이기도 어렵다. 군사력에 의한 직접적 타격보다 경제제재, 정보전, 심리전 등 다양한 자원을 동원해 압박을 가하는 비정규 복합(hybrid) 전쟁의 시대에 돌입했다. 안보와 경제의 구분이 모호해지고 경제력을 안보문제에 동원하는 경제의 안보무기화 현상이 만연해졌다.

여기에 더해 사이버전이 치열해지고 있다. 정보통신 기술이 혁신적으로 발전하면서 사이버 공간이 확장됨에 따라 사이버 안전과 사이버 안보의 중요성이 커지고 있다. 군대가 직접 대면하는 접촉전쟁 대신 사이버상에서 상대방 지휘체계를 교란하고, 상대방의 군사·산업 정보를 탈취하고, 상대방 국내 여론을 교란하고 분열시키는 등 사이버 전장이 갈수록 치열해지고 있다. 사이버전을 비롯해 군사전, 안보전, 경제전을 부추기는 촉매제(매개변수: intervening variable)는 바로 미국과 중국 간 가치관의 차이다.

III
자유주의 국제질서의 위기와 도전요인

1. 중국식 사회주의의 저항

중국이 미국에 제기하는 도전은 물질적 차원에 그치지 않는다. 중국식 사회주의가 미국의 자유민주주의에 던지는 가치·이념의 도전이 미−중 갈등을 격화시킨다. 구(舊)소련은 강력한 군사력에 비해 경제력이 취약해 국제통상질서의 중심에 서지 못했다. 내외로부터 닥친 개혁개방의 물결을 이기지 못하고 정치체제마저 붕괴했다. 공산사회주의 노선이 경제와 정치 양면에서 경쟁력이 없다는 분석이 학계에 널리 퍼졌다. 국경의 장벽을 초월한 글로벌 시장경제가 도래할 것이며 민주적이고 개방된 선진국들이 그 주인공이 될 것이라는 견해가 지배적이었다(Gilpin 1975; Katzenstein 1978; Milner 1988). 2천 년에 걸친 세계사의 이념 경쟁이 자유주의 이념의 최종적 승리로 귀결되었다는 역사의 종언론(終焉論)이 공감대를 얻었다(Fukuyama 1992; Fukuyama 1989, pp. 3-18).

그러나 이러한 자유민주주의와 시장경제의 '승리'에 대한 자축의 분위기는 10년을 가지 못했다. 21세기 들어 중국은 경제규모가 빠르게 팽창하면서 국제통상질서의 주요 행위자로 부상했다. 사회주의 이념과 체제를 고수하면서 1당 독재 리더십이 추진한 계획경제의 결과라는 점에서 중국의 국력은 구(舊)소련의 그것과 다른 면모를 보였다. 사회주의 이념은 아직 죽지 않았고, 사회주의를 고수하더라도 경제발전을 이룰 수 있다는 가설이 주목받기 시작했다 (Elster & Moene 1989; Ypi 2018, pp. 156-175; Piketty 2014).

즉, 주요 성장주도 산업을 국유화함으로써 효율적인 계획 경영을 꾀하고 미래 유망산업에 집중적으로 투자할 수 있다는 것이다. 또한, 근로자의 적정 최저임금을 보장하고 전체 인민에게 의료 및 사회보장 혜택을 골고루 보장할 수 있다는 것이다. 사회주의 계획경제론의 요체는 정부가 국가의 토지, 노동, 자본을 효과적으로 통제함으로써 경제적 효율과 사회적 평등을 동시에 달성할 수 있다는 주장이다.

나아가 중국식 사회주의를 옹호하는 학자를 중심으로 '중국 특색의 사회주의'가 미국식 자유민주주의에 비해 열위에 있지 않으며, 오히려 사회질서를 안정적으로 관리하는 데 유리하다는 주장을 개진하기에 이르렀다. 예를 들어 코로나-19 사태와 같은 극단적 위기 상황에서 중앙정부가 신속하고 과감한 결정을 내려 상황을 통제할 수 있다는 주장이 제기된다(Bardhan 2020, pp. 1-6). 중국이라는 거대 사회를 이끄는 데 적합한 인재를 능력과 연륜에 따라 적재적소에 발탁할 수 있는 것도 중앙집권적 사회주의 통치체제를 운영하기에 가능하다는 논리다(Bell 2016; Jiang 2018, pp. 982-999). 중국 인민 개개인에 대한 통제 시스템은 인권 침해 장치가 아니라 오히려 사회유기체 구성원의 결속을 강화하는 매개물로 미화된다(Zhong 2019).

2013년 시진핑 국가주석의 지시로 입안된 중국공산당 이념노선은 장기간에 걸친 자본주의와의 대결을 상정한다.[5] 이어서 중국이 2017년에 선포한 '중국 특색의 사회주의(the system of socialism with Chinese characteristics)'는 마르크스-레닌주의를 중국이 처한 대내외 환경에 맞게 응용하여 구사하겠다는 취지다. 1당 독재 정치와 국가주도 경제 시스템을 효과적으로 유지하기 위해 중국 민족주의를 적극적으로 동원하고 현대 과학기술을 국가 운영의 보조물로 삼는다. 인류 공동운명체를 구현한다고 하지만 모든 개인의 주권은 공산당의 이익에 봉사하는 하위개념에 지나지 않는다.

중국 인민은 누구나 감시와 통제의 대상이다. 반부패 캠페인을 빙자해 정적(政敵)을 처벌하고 무력화한다. 위구르·티베트의 소수민족과 기독교·불교·무슬림·파룬궁(法輪功)과 같은 종교는 탄압의 대상이다. 중국 당국은 인공지능(AI), 유전자공학(biogenetics), 빅데이터와 같은 새로운 기술체계를 동원해 광범위한 감시통제 시스템을 구축한다. 중국 정부의 통제범위는 국내에 국한되지 않는다.

---

5) 이 이념노선은 사회주의와 자본주의의 장기간에 걸친 협력과 갈등 과정을 상정하며 (long-term period of cooperation and conflict) 궁극적으로 자본주의는 소멸하고 사회주의가 승리하여 살아남는다고 천명한다(capitalism is bound to die out and socialism is bound to win). (The White House 2020, p. 4).

외국의 주요 언론기관에 투자해 지분을 늘리고 방송국 운영권을 간접적으로 지배한다. 자유민주주의 국가에 자유롭게 드나들면서 취재하고 유력인사를 포섭하면서도, 외국 언론의 중국 내 취재는 엄격히 통제한다. 나아가 외국의 권위주의 정권에 중국 공산당의 통제 모델을 수출하고 노하우를 전수한다.

2. 민주주의 이행의 제약요인

미−중 신냉전은 가치와 이익의 경쟁이 결합된 구도다. 보다 정확히 말하자면 패권이라는 실체적 이익을 추구함에 있어 정치 규범과 제도를 둘러싼 가치의 경쟁이 부수적으로 수반된다. 미국이 중국의 인권 문제를 제기하는 것은 중국이 표방하는 권위주의 정치 규범의 흠결을 지적하고자 하는 것이다. 중국 당국의 신장(新疆) 자치구 분리독립 운동 탄압에 대응해 미국 상·하원은 2019년 9월과 12월에 각각 관련자의 처벌을 촉구하는 위구르 인권 정책법을 통과시켰다. 또 2020년 6월 중국이 홍콩에 대한 감시와 지배권을 강화하는 '홍콩국가보안법'을 통과시키자[6] 미국은 홍콩에 대한 특별대우를 철회하고 중국 IT기업인 화웨이(Huawei)와 ZTE(중싱통신)에 대한 제

---

6) 영국과 중국이 1984년 체결한 '영·중 공동선언(홍콩반환협정)'은 영국이 중국에 홍콩을 1997년에 반환한 이후에도 홍콩이 50년 동안 현행 체제를 유지하면서 외교와 국방을 제외한 입법, 사법, 행정, 교육 등의 분야에서 자치권을 유지하는 '일국양제(一國兩制)'의 약속을 담고 있다.

재로 맞섰다.

중국과 같은 비민주주의 국가는 인권을 탄압할 뿐만 아니라 불법적인 방법으로 미국의 지식과 기술을 훔쳐간다는 논지가 추가된다. 2020년 7월 크리스토퍼 레이(Christopher Wray) 미국 연방수사국(FBI) 국장은 허드슨연구소(Hudson Institute) 연설에서 중국이 미국에 가해 온 간첩행위의 전모를 낱낱이 밝힌다(Wray 2020, pp. 1-15). 그는 연방수사국이 수사 중인 5천여 건의 간첩사건 중 절반가량이 중국과 연루돼 있다면서 전문지식과 첨단기술을 빼돌리기 위해 미국 사회 각계 요로에 인력을 파견하는 〈천인계획(Thousand Talents Program)〉, 중국의 인권 유린 상황을 외부에 폭로하는 중국인을 미국까지 찾아가 처벌하고 숙청하는 〈여우사냥(Fox Hunt)〉 프로젝트를 예로 들었다. 코로나 사태 와중에는 미국의 백신 기술을 탈취하려는 시도가 광범위하게 진행 중이라고 덧붙였다.

미국은 중국에 개방된 시장과 민주적 사회가 준수하는 법과 규범을 촉구(urge)하는 수준을 넘어 강제(coerce)하겠다는 것이다. 중국이 법에 의한 지배(rule by law)가 아닌 법의 지배(rule of law)를, 전체주의(autocracy)가 아닌 대의민주주의(representative governance)를, 국가주도 중상주의(state-directed mercantilism)가 아닌 시장에 기초한 경쟁주의(market-based competition)를 받아들일 때까지 제재하고 압박하겠다는 것이다. 바이든 행정부가 전임 트럼프 대통령에 의해 폐기되다시피 한 자유주의적 국제주의(liberal internationalism)를 재건하고자 하는 것은 자유민주주의 동맹 네트워크를 통해 중국을 포위하고 압박하기 위함이다. 미국의 중국에 대한 '가치외교' 공세는 이념에 대한 소명의식에서 비롯된 동시에 중국을 외교적으로 압박함에 있어서 국제사회에서 보다 많은 우군을 확보하기 위한 포석으로 이해하는 것이 타당할 것이다.

유럽연합(EU)을 비롯해 일본, 호주, 인도와 같은 쿼드(QUAD) 참여국이 대표적인 친미(親美) 민주주의 우방으로 분류된다. 미-중 갈등이 격화되는 시점에 재임한 한국의 문재인 정부는 미-중 양국 사이에서 '전략적 모호성(strategic ambiguity)'을 유지하면서 미국으로부터 멀어지고 중국으로 기운다는 인상을 주었다. 사실, 경제력과 성숙한 민주주의를 함께 갖춘 나라의 숫자는 경제협력개발기구(OECD)에 속한 38개국 정도라고 보면 된다. 이들 대부분은 유럽 국가이며 미국이 중국을 의식해 공을 들이는 인도·태평양 지역에서는 일본, 호주, 한국 셋을 꼽을 수 있다. 민주주의 국가끼리는 서로 싸우지 않는다는 유명한 명제에 따라, 전 세계에 민주주의가 확산되면 평화와 번영이 촉진되고 미국이 관리하기 수월한 국제환경이 조성될 것이다.

그러나 이제까지 미국이 추진한 민주주의 확산 정책은 무위로 돌아갔다. 9/11 테러 공격을 당한 후 아프가니스탄 전쟁(2001년)과 이라크 전쟁(2002)을 치르고 20년간 막대한 자산을 들여 이 지역에 군대를 주둔시켰지만, 외형상 들어선 민주주의 정부가 민주주의를 이행하게 만드는 데는 실패했다. 최근에는 중동에서 유일하게 신정(神政)과 거리를 두면서 정치의 세속화를 지켜온 터키마저 중대한 민주주의의 위기에 봉착했다. 2003년 이후 20년 이상 지속되는 에르도안(Recep Tayyip Erdogan) 대통령의 장기집권 체제가 터키를 탈민주화와 경제불황의 수렁으로 몰아넣고 있다. 2010년부터 튀니지, 이집트, 리비아, 예멘에 불어닥친 아랍의 민주화 물결은 잠시뿐, 하나같이 권위주의 독재 체제로 회귀하였다. 소련의 통제에서 벗어나 민주주의 옷을 입은 폴란드, 헝가리 등 동유럽의 민주주의도 별 진전이 없다. 중남미의 베네수엘라, 니카라과, 브라질, 아르헨티나의 민주주의 역시 더디거나 답보 상태다. 아시아권은 중국의 시진핑, 북한의 김정은 정권은 말할 것도 없고 미얀마, 캄보디아, 라오스 등이 민주주의로부터 역주행하고 있다.

지구상에 200개에 가까운 나라 중에 민주주의 국가가 50개에도 미치지 못하는 이유는 무엇인가. 독재와 권위주의의 모습은 다양하지만 이들 나라는 저발전, 권력과 부의 불평등, 높은 부정부패 지수와 같은 공통분모를 지닌다. 경제가 성장하면 민주주의를 견인한다는 인과관계가 성립하지만(근대화이론: modernization theory), 애당초 저개발국이 선진국으로 탈바꿈하는 사례가 극히 드물다. 아마도 한국이 이러한 기적을 이룬 거의 유일한 사례일 것이다. '민주화'의 실패 요인을 설명하는 학설은 많지만 책임 소재를 외부에 두느냐 내부에 두느냐에 따라 두 부류로 나뉜다. 전자는 세계 자본주의 경제의 중심부인 선진국이 주변부 저개발국을 착취하여 경제 종속관계를 심화시킨다는 마르크스주의적 시각이다. 세계화가 국가 간 불평등과 국내의 양극화를 부추긴다는 논리로 연결된다. 후자는 민주주의로의 이행을 가로막는 국내적 요인에 주목한다. 부패한 집권층은 권력을 독점한 채 유권자의 환심과 지지를 얻기 위한 경제정책을 반복하고, 국민은 이러한 권위주의 리더십을 반복해서 재신임

하는 권위주의의 사이클이 반복된다는 것이다. 이처럼 권위주의 정부의 지속성을 담보하는 가장 효과적인 수단이 바로 포퓰리즘(대중영합주의)이다.

3. 포퓰리즘의 확산

최근 몇 년 사이 전 세계적으로 포퓰리즘을 부추기는 대중영합의 리더십이 득세하고 있다. 포퓰리즘은 국민의 감성을 자극함으로써 지지를 얻고자 하는 정치 행태다. 국민에게 정책을 제시하고 그 정책의 효과를 설득하는 대신 국민을 분열시키고, 국내 또는 국가 외부에 제3의 희생양을 설정함으로써 다수의 지지층을 결집하고자 하는 접근이다.

국민을 두 편으로 가르는 전형적인 방법은 부의 양극화를 지적하면서 소수의 부유층과 다수의 빈곤층을 대치시키는 것이다. 2008년 세계 금융위기 이후 그리스와 스페인에 닥친 국가부도 사태는 이들 나라의 좌파 정치세력이 영향력을 확대하는 결정적 계기가 되었다(Alexandros 2016, pp. 99-120). 중남미 지역에 좌파 정부가 자주 등장하는 것도 다수의 중산층 이하 유권자 표심을 공략하는 선심성 경제 포퓰리즘 공약이 난무하기 때문이다. 정부는 무분별한 재정지출로 국가재정을 악화시킨다. 다수의 국민은 정부의 복지지출에 지속적으로 의존하게 되고, 국가경제의 저발전에 대한 책임이 대기업이나 외부 선진국 자본에 귀속된다고 믿는다. 포퓰리즘 정치가 그러한 믿음을 전파하고 확산한다. 외부의 희생양에 책임을 돌릴 때는 종종 민족주의(nationalism)가 동원된다. 이러한 좌파 포퓰리즘은 빈부 격차가 심한 개발도상국에서 흔히 나타난다. 세계 경제 질서가 지구화되고 통합될수록 국가 간, 국내 계층 간 부의 양극화가 심화된다. 미-중 경제 패권 전쟁은 글로벌 공급망 질서의 분절화를 가져와 선진국-후진국 격차를 확대한다. 이러한 환경 변화가 좌파 포퓰리즘에 대한 유혹을 강화한다.

한편, 우파 포퓰리즘은 국내 문제의 책임을 전적으로 외부요인에 투사(投射)한다. 동유럽의 폴란드, 헝가리, 체코의 경우 국내 정치 리더십의 위기를 돌파하고자 자국 민족주의와 전통 가치관을 부각시키는 우파형 포퓰리즘이 최근 몇 년 사이 득세하였다(Krastev 2018, pp. 49-56). 이러한 현상을 유발한 구조적 원인으로는 1990년대 탈냉전 초기 동유럽의 지식인과 자유주의자들이 대거 서유럽으로 이주한 사실을 꼽을 수 있다. 소련의 영향권에서 벗어난 동유럽 국들이 민주주의 제도의 외피를 새로 입었지만 민주주의를 이행하고 정착해야 할 계층에 커다란 공백이 생긴 것이다. 이와 함께 해외 난민이 대거 동유럽으로 유입되었고, 이들에 대한 동유럽 시민들의 반감은 포퓰리즘 정치의 좋은 소재가 되었다. 또한 미국과 EU의 동유럽에 대한 영향력이 점차 쇠퇴하면서 배타적 민족주의가 동유럽 정치에서 차지하는 효력이 상대적으로 커질 수밖에 없었다.

그렇다면 왜 선진 민주주의 세력으로 일컬어지는 서유럽에서도 우파 포퓰리즘이 유행하는가. 프랑스의 국민전선(National Front), 오스트리아의 자유당(Freedom Party), 독일의 독일대안당(Alternative for Germany)과 같은 우파계열 정당의 정치세력이 유럽 곳곳에 확산된 이면에는 경제 활력의 구조적 감퇴와 이에 대한 냉소적인 민심이 자리 잡고 있다(Zakaria 2016, pp. 9-15). 유럽의 경제 활력을 잠식해 온 주요 원인은 고령화가 야기하는 노동력의 감퇴다. 여기에 더해 지구화(globalization)와 정보혁명(information revolution)이 가속화하면서 단순노동자의 일할 기회가 줄고 실직자가 양산되었다. 중동, 아프리카 등지로부터 이주해 온 이민족들은 이러한 유럽국의 저임금 노동시장을 빠르게 잠식해 들어갔다. 우파 정치인들은 국내사회의 갈등 요인에 대한 본질적인 해결책을 제시하는 대신, 자국민−외부인 대립구도를 부각시킨다. 제도권의 기성 정치세력을 물갈이해야 한다고 주장하지만, 그들이 동원하는 정치적 수단은 반(反)민주적이다. 설득과 타협이 아닌 선동과 대립에 의존하기 때문이다.

포퓰리즘 정치는 미−중 갈등 관계에서도 주요한 부분을 차지한다. 2021년 초까지 4년간 지속된 미국의 트럼피즘(Trumpism)은 중산층 백인 유권자들을 결집시키고자 국내사회와 국제사회를 동시에 편 가르는 '원망의 정치'를 증폭시켰다. 트럼프 행정부는 미국 무역적자와 재정수지 악화의 책임이 중국에 있고, 방위비는 적게 분담하면서 미국의 안보우산(security umbrella)에 의존하는 동맹국도 더 이상 좌시할 수 없다는 주장을 폈다. 또, 미국인의 일자리를 잠식하는 이민족의 유입을 봉쇄해야 한다는 논리로 유권자를 결집시키고자 했다. 중국의 시진핑 국가주석은 미국이 중국의 부상(浮上)을 '부당하게' 가로막으려 한다며 중국인의 반미감정을 자극한다. 미국 민주주의와 중국 권위주의 사이에 존재하는 분명한 제도적 차이에도 불구하고 양국 지도자가 국민 감성을 자극해 자신의 권력을 강화하는 포퓰리즘 정치를 활용한다는 점에서 다르지 않다.

한국은 어떤가. 소수의 대기업과 부유층으로부터 더 많은 세금을 거두어 다수의 나머지 유권자에 배분한다는 좌파적 포퓰리즘이 지속적으로 강화되었다. 과도한 복지비용 지출로 국가 재정건전성이 크게 악화되었다. 코로나-19 사태의 장기화로 생계를 위협받는 자영업자가 급증하자 수십 조 단위의 추가경정 예산이 투입되었다. 2020년 총선거와 2022년 대선을 계기로 전 국민을 대상으로 한 각종 선심성 지출이 이어졌다.

한일관계와 남북한관계에서 나타나는 민족주의적 포퓰리즘은 한국 외교에서만 관찰되는 특이한 현상이다. 2018년 11월 문재인 정부는 위안부 문제에 대한 한·일 간 합의(2015년)를 파기했다. 같은 해 10월 한국 대법원은 강제징용 피해자의 대일(對日) 개인 청구권을 인정하는 판결을 내려 한국 정부가 53년 동안 유지해 온 기존 입장(1965년 한·일 수교를 계기로 일본이 한국에 5억 달러의 경제지원을 제공하고 한국은 강제징용 문제를 포함한 대일 청구권협정을 포기한다는 약속)을 뒤집었다. 대북 정책에서는 '같은 민족끼리' 무조건 대화하고 협력해야 한다는 당위론이 대북정책의 목표와 수단에 관한 합리적 선을 제약하는 결과를 가져왔다. 북한의 핵과 미사일 위협에 노출된 채 국제사회의 대북제재를 풀고 북한 정권을 지원하면 한반도에 평화가 정착된다는 주장은 정치적 평화담론일 뿐, 국가안보를 보장하는 전략적 선택이 될 수는 없는 일이다.

미국을 필두로 한국을 포함하여 세계의 많은 민주주의 국가들이 겪는 민주주의의 위기는 곧 미국의 세계 지도력과 경쟁력의 위기로 연결된다. 오랜 기간 민주주의를 정착하고 발전시켜 온 나라들이 다수결주의가 내포한 포퓰리즘의 유혹(Levitsky & Ziblatt 2018)에서 벗어나지 못한다면 민주주의의 정당성은 물론, 민주주의끼리의 연대를 통한 강력한 국제 리더십도 확보하기 어려울 것이다. 바이든 행정부 들어 미국이 재건하고자 하는 자유주의적 국제질서의 성패 여부는 유럽과 인도태평양 지역의 민주주의 우방들이 상호 신뢰관계를 재구축하면서 효과적인 대중정책을 모색할 수 있는가의 여부에 달려 있다.

IV
글로벌 코리아의 지향점과 과제

1. 글로벌 코리아 외교의 비전

6·25 전쟁으로 폐허와 잿더미에서 출발한 한국 경제는 미국이 제공하는 안보우산과 자유민주주의·시장경제 질서를 토대로 세계 10위권의 경제 강국으로 도약했다. 반세기 만에 이루어진 이러한 반전(反轉)은 현대 국제사회에서 유례가 없는 일로 주어진 외부환경을 최대한 활용하면서 인재양성·국제경쟁력 강화에 매진한 내부적 노력이 결실을 거둔 사례이다. 현재 한국이 직면한 위기는 그러한 경제발전의 동력과 자산이 심각하게 고갈되고 있다는 것이다. 또 한국을 둘러싼 주요국들의 국력이 상대적으로 크고 강하다는 것이다. 나아가 미·중 양국이 표방하는 보호주의(protectionism)와 대결적 대외정책으로 인해 한국의 국가경쟁력이 중대한 시험대에 오른 상황이다. 한국 경제의 침체 국면은 세계 주요국들이 경제 호황을 누리던 4~5년 전부터 본격화되었다는 점에서 그 원인을 전적으로 외부에 돌릴 수 없다. 내부 요인에 기인한 경제위기가 국제구조 요

인에 의해 가중되고 있다.

미-중 신냉전은 조속히 끝날 문제가 아니다. 미국 우선주의는 미국의 이익을 앞세우는 미국 민족주의에 기초한다. 중국을 겨냥한 공세적 압박 조치가 어느 분야에서 어떤 방식으로 누구에게 얼마나 타격을 줄지 불확실하다. 각 분야에서 서로 얽힌 글로벌 사회에서는 상대방을 봉쇄하고 배제하여 얻는 이익 못지않게 예상치 못한 부정적 피해를 감내해야 한다. 미국이 중국 공산당과의 공존에 종언(終焉)을 고(告)한 이상 어느 한 쪽의 파국이 올 때까지 21세기 신냉전은 지속될 것이다. 이 와중에 겹친 코로나 정국은 미·중 양국의 일전(一戰)을 지켜보는 관전자들에게 더욱 큰 어려움과 도전을 안길 것이다. 대면(對面) 생산과 소비 패러다임이 급격히 위축된 가운데 미·중 경제패권 전쟁이 각국의 경제 리스크를 더욱 가중시킬 것이다. 2022년 초 현재 한국 앞에 닥친 가장 큰 문제는 미국이 새롭게 구축하기 시작한 민주주의 정치경제 공동체(democratic political economic community)에서 이탈해 있다는 사실이다.

과거에 비해 국제사회에 미치는 중국의 영향력이 일취월장한 것은 주지의 사실이다. '중국 현상'을 이해하고 이에 대처하는 문제가 미국을 포함한 모든 나라의 주된 관심사가 되었다. 미-중 협력적 동반자 관계가 깨지고 상호 적대적 봉쇄정책이 공식화하면서 나머지 국가들은 신냉전 체제의 대외전략을 새롭게 수립해야 하는 처지에 놓였다. 오랫동안 유지한 미국과의 전통적 협력관계도 포기할 수 없지만 점점 커지는 중국과의 경제관계도 무시할 수 없다. 그렇다고 미-중 양국 사이에서 모든 이슈에서 어느 쪽에도 치우치지 않는 중립외교를 펴는 것은 가능하지도 않고 바람직하지도 않다. 원칙 없이 상황 논리에 좌우되는 기회주의적 외교는 미국과 중국 양쪽의 불신을 초래할 가능성이 농후하다.

특히 주변 이웃국을 압도하는 국력을 지니지 못하는 한, 강대국 틈바구니에서 어정쩡한 균형을 취하는 헤징(hedging) 외교는 처음부터 불가능하다. 한국의 생존을 좌우하는 안보를 먼저 확보하지 못하면 국가의 존망이 위협받게 되고 경제를 포함한 나머지 이익의 문제는 애당초 무의미해진다. 최근 몇 년간 한국의 대외정책을 좌지우지한 것은 전략적 사고가 아니라 이념과 도덕을 앞세운 상황논리였다.

분명한 것은 이제까지 미국이 구축해 놓은 개방적 자유질서가 일거에 사라지지 않는다는 것이다. 인류 역사는 자유와 억압의 갈림길에서 항상 전자의 길을 택했다. 국가 공권력의 통제력은 사회구성원의 자율성과 창의력의 힘을 이겨낸 적이 없다. 중국은 이제까지 일대일로(一帶一路) 프로젝트를 통해 유럽, 중동, 아시아의 주요 국가들과 경제교류를 확장해 나가되, 미국과 직접적인 충돌을 회피하는 우회전술을 구사해 왔다. 미국이 구축하려는 자유세계의 경제번영네트워크(Economic Prosperity Network, EPN)는 시장의 '보이지 않는 손(invisible hand)'을 능가할 만큼 일사불란하게 작동하지는 못할 것이다. 그럼에도 불구하고 이러한 개방사회의 활력이 통제사회의 계획만큼은 충분히 압도할 것이다.

모든 나라가 그러하듯, 대한민국도 코로나 사태로 인해 한층 격화된 국제적 변화의 소용돌이에 휩싸여 있다. 우리 앞에는 팬데믹

사태 말고도 기후변화, 과학과 지식의 혁명, 강대국 관계의 변화 등 만만치 않은 도전이 몰려오고 있다. 극단적인 '불확실성의 시대'를 맞아 이제까지 우리에게 익숙한 수동적이고 관성적인 리더십으로는 대한민국의 미래를 감당해 낼 수 없다. 어떤 정부가 들어서든 북한 문제가 중요하기는 하지만 그것이 한국 외교의 전부일 수는 없다. 남북관계도 글로벌 사회의 보편적 가치와 규범에 바탕을 두고 추진할 때 국제사회의 호응과 지지를 이끌어낼 수 있다. 한국은 한반도 역내뿐 아니라 글로벌 사회의 더 넓은 지역에서 주도적인 역할을 모색해야 한다. 자유민주주의 가치를 바탕으로 실질적인 협력을 통해 세계의 자유, 평화, 번영에 기여하는 '글로벌 중추국가 (Global Pivotal Power)'를 지향해야 한다.

2. 복합위기 시대의 국가전략

특정 군사위협을 상대로 세력균형(balance of power)을 꾀하는 것은 과거형 동맹이다. 이제는 경제 보복을 가하거나 기술 공격을 통해 적에게 피해를 입히는 것이 일반적인 관행이 되었다. 그렇기 때문에 오늘날의 동맹은 경제 공급망, 개인정보 보호, 공중 보건을 비롯한 다양한 문제까지 아우르는 복합협력 네트워크의 성격을 지닌다. 복합위기의 시대가 더욱 큰 불예측성과 불안정성을 띠는 이유는 미-중 갈등구도가 글로벌 사회의 위기대응 네트워크를 상호 배타적인 두 개의 진영으로 편 가르기 때문이다. 따라서 한국은 구체적인 대외전략과 정책수단을 마련하기에 앞서 한국이 표방하는 외교 비전의 가치와 지향점을 분명히 할 필요가 있다. 자유민주주의와 인권, 그리고 시장경제 가치는 현재의 한국을 가능케 한 성공스토리의 원동력이다. 한국이 맺은 동맹관계와 우방 협력관계의 주요 파트너 역시 대부분 자유민주진영이다.

한국은 'D10 전략포럼(D10 Strategy Forum)'에 속한 주요 자유민주주의 국가 중 하나다. D10은 2014년 미국이 발족한 포럼으로 G7 멤버에 한국, 호주, 인도가 추가된 것이다. 하지만 2022년 초 현재, 한국은 자유민주 연대에서 낙오되어 마치 외딴섬처럼 행동한다. 한국은 특정 국가를 적대시하는 인상을 줄 만한 어떠한 국제협력체에도 가입하지 않겠다는 입장이다. 미·중 강대국 틈바구니 사이에서 어떤 쪽도 선택하지 않으면서 둘 모두와 우호적인 관계를 추구하는 '헤징 전략(hedging strategy)'을 구사하겠다는 것이다. 대한민국의 출발과 함께 한국 외교의 중심축 역할을 해 온 한미동맹에 대한 의존을 줄이고 새롭게 부상하는 중국과 협력을 강화함으로써 미·중 사이에서 균형자 역할을 담당한다는 접근은 노무현 정부로부터 문재인 정부에 이르기까지 일관되게 유지되었다.

이러한 균형자론은 '자주적 균형자론'으로 포장되어 규범적인 호소력을 강하게 내포한다. 과거 약소국 시절에 일방적으로 맺은 "불평등한" 대미관계가 대등한 관계로 바뀌어야 하며, 그러기 위해서는 미국의 세계전략에 일일이 동조할 필요가 없다는 것이다. 주권국가가 스스로 전쟁을 지휘할 권한도 없느냐는 논리로 전시작전통제권 전환 문제를 무조건적 "환수" 주장으로 비약한다. 한미동맹이 우월한 대북 억제력을 유지하면 전쟁을 막을 수 있는데, 한국이 준비가 미흡한 상태에서 미국의 도움 없이 혼자 전쟁을 치르는 체제를 서둘러 만들어 전쟁의 위험성을 더욱 크게 하자는 형국이다. 물론 한국 대외 통상관계의 1/4을 차지하는 중국의 비중을 경시할 수 없다. 2016년 한국이 미국의 대북 미사일 방어체계인 사드(THAAD)를 도입하기로 결정한 후 3년간 겪은 중국의 각종 경제 보복은 미-중 사이에 놓인 한국의 딜레마적 상황을 대변한다.

그러나 일본과 호주 역시 외교문제로 인해 중국의 호된 경제보복을 경험한 바 있다. 일본이 2010년 센카쿠 열도 인근에서 조업을 하던 중국 선박을 나포했을 때, 중국은 반도체 핵심소재인 희토류의 대일 수출을 전면 중단했다. 호주가 2020년 코로나 사태의 근원지를 제대로 규명해야 한다는 입장을 밝히자 중국은 호주로부터의 석탄 수입을 전면 금지한 바 있다. 그럼에도 일본과 호주가 쿼드(QUAD)에 가담하는 이유는 대미(對美) 협력을 통해 확보하는 안보·경제 이익의 가치가 그러한 선택으로 인해 비롯되는 리스크보다 크다는 판단에서 비롯된다. 한국이 이들 두 나라보다 대중(對中) 경제의존도가 높고 지리적으로 대륙에 연결돼 있어 중국 요인의 민감성이 상대적으로 크다는 논리가 성립할 수 있다(Snyder 2021). 그러나 중국과 국경을 맞대고 있는 동남아시아와 중앙아시아의 많은 나라들이 미국의 인도태평양 공동체와 중국의 일대일로 공동체 사이에서 한국과 똑같은 선택의 딜레마를 안고 있다.

주변 이웃국을 압도하는 국력을 지니지 않는 한, 갈등 제로의 헤징 외교는 처음부터 불가능하다. 한국의 생존을 좌우하는 안보를 먼저 확보하지 못하면 국가의 존망이 위협받게 되고 경제를 포함한 나머지 이익의 문제는 애당초 무의미해진다. 인도태평양 공조체제는 안보를 넘어 경제 이익을 공유하는 정치경제 네트워크로 진화 중이다. 미-중·경제 갈등의 파급효과로 한국 경제의 수출입 생태계가 지각변동을 겪는 이때에 시장경제 국가들과의 공조와 협력이 긴요하다. 한국은 헝클어진 한·중관계를 재정비해야 한다. 한·중 협력은 쌍방이 서로의 국익과 정책기조를 존중하는 가운데 이루어져야 한다. 안보 문제가 경제 문제에 영향을 주지 않도록 분명한 원칙을 천명해야 한다. 한국이 자신의 안보를 강화하는 조치는 중국이 간여할 수 없는 한국의 주권사항임을 분명히 해야 한다. 한국이 중국의 일대일로(一帶一路) 구상에 반대하지 않고 무역과 통상 분야에서 적극 협력하는 것처럼, 중국도 한국이 참여하는 우방 협력체제에 무조건 반대하기보다 이를 수용할 수 있도록 만들어야 한다.

아울러 글로벌 복합위기 시대에 한국이 더욱 큰 관심을 가져야 할 분야는 기후변화, 개발원조 그리고 사이버 안보다.

우선, 기후변화 문제는 장차 국가 간 부(富)의 권력지형을 판가름할 중대 현안이다. 에너지의 수급 구성에서 고효율·저비용의 저탄소 청정에너지 체제를 먼저 구축하는 기업과 나라가 세계 경제 질서를 주도할 것이다. 유럽의 경우 에너지원 구성에서 태양광, 풍력과 같은 재생 에너지가 차지하는 비중이 꾸준히 늘고 있지만 한국의 산악지형에 이를 실현하기는 불가능하다. 원자력이 고효율 탄소배출 제로의 신생에너지라는 점은 주지의 사실이다. 한국은 속히 탈원전 기조를 폐기하고 세계 최고 수준의 원자력 발전 인프라를 활용해 국내 원자력 발전과 해외 원자력 플랜트 수출을 강화해야 한다. 아울러 에너지의 생산뿐 아니라 이의 저장, 운반, 소비 과정에서 에너지 효율을 극대화하는 녹색기술(green technology)의 연구개발에 매진해야 한다. 이렇듯 녹색경제를 활성화하면서 2050 탄소중립 목표 실현을 위한 글로벌 기후변화 외교를 적극 펼쳐야 한다. 탄소배출 감축 의무의 이행과 관련한 기술·재정 지원, 탄소배출권 거래제 실시 등에 관해 건설적 대안을 제시하고 선도적 역할을 수행할 필요가 있다.

다음으로 개발원조 분야는 한국적 특성을 최대한 발휘해 한국의 역할을 극대화할 수 있는 기회의 영역이다. 개발도상국의 입장에서는 일찌감치 산업화를 이루고 강대국이 된 나라가 지원하는 것보다 자신과 같은 처지에 있다가 눈부신 경제발전을 이룬 한국의 성공 스토리와 그 비결을 배우고 싶어 할 것이다. 한국이 OECD 개발원조위원회(DAC)의 일원으로서 공적개발원조(ODA)에 투입하는 연간 예산은 국민총소득(GNI) 대비 0.15% 수준으로 다른 회원국 평균의 절반에도 미치지 못한다. 한국은 해외개발원조 프로그램을 확대하면서 유엔의 '지속가능한 발전목표(SDG)' 실현을 앞당기는 데 특색 있는 역할을 수행해야 한다. 세계 각지의 국내 불평등과 국가 간 불평등 문제를 개선하는 방안을 모색하고 힘을 보태야 한다. 나아가, 민주주의와 경제발전을 함께 달성한 경험을 바탕으로 민주주의를 촉진하고 경제발전을 이루고자 하는 신흥국들과 함께 맞춤형 개발협력 프로젝트를 추진해야 한다. 이로써, 한국 대외 협력 네트워크를 지리적으로 확장할 뿐 아니라, 국제사회에 한국의 개발협력 모델을 널리 수출하는 실리까지 거둘 수 있을 것이다.

끝으로, 사이버 안보 역량 강화에 힘써야 한다. 현실세계 상호작용의 상당 부분이 사이버 공간에서 이루어지면서 둘 간의 구분과 경계선이 무너지고 있다. 코로나 팬데믹은 이러한 현상을 가속화한다. 사이버 안보는 국가안보와 관련한 기밀의 보호, 국가경제와 관련한 기술의 보호, 국민 개개인의 사생활과 정보의 보호 이렇게 세 가지 영역에서 대책이 요구된다. 특히 한국은 북한의 사이버 공격에 취약하다. 군, 정부, 민간 영역마다 따로 작동하는 사이버 대응체계를 재정비하여 효과적인 사이버 컨트롤 타워를 구축해야 한다. 개인 데이터의 수집, 관리, 보호 시스템을 강화하고, 국가 간 데이터 흐름에 관한 관리 체계를 개선해야 한다. 또한 국제 사이버 협력 네트워크 구축에 적극 나서야 한다. UN의 정부전문가그룹(GGE)과 개방형작업반(OEWG)이 수행하는 사이버안보 구축 노력에 발맞추면서 선진국과 개발도상국 간 디지털 격차를 해소하는 데 각별한 관심을 기울여야 한다. 강력한 민주주의 기반을 갖춘 정보통신기술(ICT) 강국으로서 개방적이고 안전한 사이버 공간을 만드는 데 적극 기여해야 한다.

3. 위기관리 리더십의 역할

대외정책은 비단 외교안보의 영역뿐 아니라 국가 경쟁력의 확보와 국민의 복리민복을 좌우하는 거시적이고 총체적인 영역이다. 지금과 같은 격변기에 방향을 그릇되게 잡거나 옳은 길을 알더라도 선택의 시점을 놓치면 국제사회의 주류 대열에서 낙오하게 된다.

국내정치 현안에 비해 외교 이슈는 비공개 사안이 많고 유권자의 단기적인 이해관계에 직결되는 것도 아니어서 공론과정을 생략하고 행정부가 주도적으로 결정하는 경우가 대부분이다. 국민은 경제·복지와 같은 국내 이슈 관련 공약과 약속을 주로 고려해 투표하는데 정작 당선된 지도자가 가장 큰 영향력을 발휘하는 영역이 외교 분야인 것이다. 대한민국의 안녕(安寧)은 어떤 지도자를 만나느냐에 달렸다고 해도 과언이 아니다.

국정운영의 성패를 좌우하는 지도자의 3대 덕목은 목표, 능력, 소신이다. 이 중 목표를 올바르게 설정했는지 여부가 가장 중요한 덕목이다. 중대한 국익이 걸린 대외정책의 경우 더욱 그러하다. 남과 북이 상충되는 이념과 제도로 나뉘어 대립하고 국민 여론이 크게 분열된 한국의 경우 국가 지도자의 국가관을 검증하는 것은 중요한 일이다. 대외정책의 지향점이 올바르게 설정되었는지 먼저 확인해야 정책수단의 적실성을 평가할 수 있다. 예컨대 대북정책 목표를 무엇으로 설정했는지 확인하지 않고 강경정책이니 유화정책이니 따지는 것은 무의미하다. 북한의 핵 보유를 심각하게 여기지 않는 지도자가 대북 경제지원의 정당성만 주장한다면 대북정책이 아무리 온건한들 온전한 대북정책이라고 평가할 수 없을 것이다.

지도자의 외교정책 목표가 올바로 설정되었다면 그 목표를 성공적으로 달성하기 위한 수단적 덕목은 능력과 소신이다. 능력은 주요 현안에 대해 정확하고 선제적인 판단을 내리는 데 필요한 지식과 경험을 말한다. 소신은 올바른 목표와 타당한 정책에 반대하는 세력을 설득하고 납득시킬 추진력과 소통능력을 의미한다. 국가안보 목표를 온당하게 설정하고 이를 달성하는 데 필요한 능력 있는 인사를 중용하며 반대세력의 정치적 방해에도 불구하고 소기의 성과를 거둔다면 가장 바람직한 결과가 도출될 것이다. 행정부 관료 조직의 비효율과 타성을 개혁하고 부처 공무원의 임용과 평가 제도를 개선하고자 한다면 가장 개혁하기 힘든 영역에서 능력과 소신을 발휘하는 경우라고 평가할 수 있다. 반대로 국가 비전에 관해 불투명한 입장을 취하는 정부가 아무리 현란한 능력과 소신을 발휘한들, 국익의 훼손과 국론분열로 귀결될 것이다. 나라의 흥망성쇠는 그것이 결정되는 경위가 어찌 됐든 지도자와 국민이 연대하여 책임지는 것이다.

V
결론

다가오는 국제질서 2030은 원리원칙이 불분명한 무한경쟁 시대로 들어서고 있다. 인공지능(AI)과 빅데이터의 경쟁력이 부와 지식의 서열을 결정하는 관건으로 떠오르고 있으며, 기후변화의 도전 앞에 저탄소 녹색성장 경제 패러다임을 누가 먼저 구축하는지도 글로벌 경제패권 질서에 커다란 영향을 미칠 것이다. 군사패권과 경제패권을 함께 고수하려는 미국과 이에 도전하여 자신만의 일대일로(一帶一路) 질서를 구축하려는 중국이 본격적으로 충돌하고 있다. 미·중 양국은 상대방을 배제하는 배타적 협력 네트워크 구축 경쟁을 벌이고 있다. 자국 이기주의가 득세하면서 국내문제의 책임을 외부로 돌리고 감성적 민족주의를 증폭시켜 권력을 취하는 포퓰리즘이 만연하고 있다.

국제정치의 학설과 이론은 사회과학 현상의 인과관계를 해설하고 정책처방을 제시할 뿐, 정작 국가가 어떤 선택을 언제, 왜 내리는지에 관해서는 알려주지 않는다. 분명한 것은 대한민국의 안보와 외교가 중대한 도전에 처해 있다는 것이다. 극단적인 '불확실성의 시대'를 맞아 이제까지 우리에게 익숙한 수동적이고 관례적인 리더십으로는 대한민국의 미래를 감당해 낼 수 없다. 진취적이고 창조적인 자세로 미래의 선택을 내리는 지도자와 그러한 리더십을 판별하고 선택할 줄 아는 국민의 지혜가 결합할 때 대한민국의 더 큰 도약을 기약할 수 있을 것이다.

참고문헌

AIIB. (2016). *Annual Report 2016: Connecting Asia for the Future.*
https://www.aiib.org/en/news-events/news/2016/annual-report/index.html.

Alexandros, K. (2016). Podemos: The Ambiguous Promises of Left-wing Populism in Contemporary Spain. *Journal of Political Ideologies*, 21(2).

Bardhan, P. (2020). The Chinese Governance System: Its Strengths and Weaknesses in a Comparative Development Perspective. *China Economic Review*, 61(101430).

Bell, D. A. (2016). *The China Model: Political Meritocracy and the Limits of Democracy.* Princeton: Princeton University Press.

Christensen, T. & Snyder J. (1990). Chain Gangs and Passed Bucks: Predicting Alliance Patterns in Multipolarity. *International Organization*, 44(2).

Elster J. & Moene, K. O (eds.). (1989). *Alternatives to Capitalism.* Cambridge: Cambridge University Press.

Fukuyama, F. (1992). *The End of History and the Last Man.* New York: Free Press.

Fukuyama, F. (1989). The End of History? *The National Interests*, 16.

Gilpin, R. (1975). *U.S Power and the Multinational Corporation: The Political Economy of Foreign Direct Investment.* New York: Basic Books.

Hudson Institute. (2020). *China's Attempt to Influence U.S. Institutions: A Conversation with FBI Director Christopher Wray.* Washington, DC: Hudson Institute.

Jiang, J. (2018). Making Bureaucracy Work: Patronage Networks, Performance Incentives, and Economic Development in China. *American Journal of Political Science*, 62(4).

Katzenstein, P. J. (ed.). (1978). *Between Power and Plenty: Foreign Economic Policies of Advanced Industrial States.* Madison: University of Wisconsin Press.

Krastev, I. (2018). Eastern Europe's Illiberal Revolution: The Long Road to Democratic Decline. *Foreign Affairs*, 97(3).

Levitsky, S. & Ziblatt, D. (2018). *How Democracies Die.* New York: Crown Publishing Group.

Mandelbaum, M. (1981). *The Nuclear Revolution: International Politics Before and After Hiroshima.* New York: Cambridge University Press.

Milner, H. V. (1988). *Resisting Protectionism: Global Industries and the Politics of International Trade.* Princeton: Princeton University Press.

Pape, R. A. (2005). Soft Balancing against the United States. *International Security*, 30(1).

Piketty, T. (2014). *Capitalism in the Twenty-First Century.* Cambridge: Harvard University Press.

Snyder, G. H. (1984). The Security Dilemma in Alliance Politics. *World Politics*, 36(4).

Snyder, S. (2021). Joe Biden's Summit with South Korea's Moon Jae-In Poses a Question of Shared Values. *Forbes*, May 20.

The White House. (2017). *National Security Strategy of the United States of America*. Washington, DC: The White House.

The White House. (2020). *United States Strategic Approach to the PRC*. https://trumpwhitehouse.archives.gov/wp-content/uploads/2020/05/U.S.-Strategic-Approach-to-The-Peoples-Republic-of-China-Report-5.24v1.pdf.

Wray, C. (2020). The Threat Posed by the Chinese Government and the Chinese Communist Party to the Economic and National Security of the United States. Hudson Institute 연설, Washington, D.C (July 7). https://www.fbi.gov/news/speeches/the-threat-posed-by-the-chinese-government-and-the-chinese-communist-party-to-the-economic-and-national-security-of-the-united-states.

Ypi, L. (2018). The Politics of Reticent Socialism. *Catalyst*, 2(3).

Zakaria, F. (2016). Populism on the March: Why the West Is in Trouble. *Foreign Affairs*, 95(6).

Zhong, Y. (2019). Rethinking the Social Credit System: A Long Road to Establishing Trust in Chinese Society. Symposium on Applications of Contextual Integrity. August 19. Berkely, California.

제2장

미국과 중국의 경제 헤게모니 쟁탈전과 한국의 통상전략

김영한 경제학과 교수

I
미·중 간 경제패권경쟁의 전개와 최근 추이

한국경제를 롤러코스트에 올려놓은 여러 사건들 중에 여전히 현재 진행형인 사건은 무역전쟁에서 시작한 미·중 간 무한패권경쟁이다. 2018년부터 본격화된 미·중 간 무역전쟁 등 양국 간 갈등의 발단은 누적되어온 미국의 대중무역적자인 줄 알았으나, 알고 보니, 그 이유는 끝이 없다. 미·중 간 극한대립과 파국을 피하고자 지난 2021년 11월 16일, 194분 동안 진행된 바이든 대통령과 시진핑 주석 간의 미·중 간 화상정상회담은 "불장난을 하는 사람은 불에 타 죽는다"는 극한적인 표현까지 오가면서, 양국 간 갈등의 봉합국면을 찾기보다는, 노골적으로 양국 간 갈등국면을 한번 더 확인하는 계기로 해석된다.

지난 2018년 3월 22일, 당시 미국 대통령이었던 트럼프가 500억 달러 규모의 중국산 제품에 25%의 보복관세부과를 결정하면서 시작된 미·중 무역전쟁은, 최근까지 점차 격화된 결과 양국 간 거의 모든 교역품목에 보복관세가 부과되는 파국에 이르렀다. 그 결과 미·중 무역전쟁이 발생하기 전, 미국의 중국 제품에 대한 평균수입관세율은 약 3.1%였으며, 중국의 대미 수입관세율은 평균 8%였으나, 미·중 양국 간의 무역보복조치의 결과, 2021년 기준 미국의 대 중국 가중평균수입관세율은 19.3%로, 또 중국의 대미 수입관세율은 20.7%로 폭등하였다. 그 결과 양국 간의 교역규모는 무역전쟁 이전인 2017년의 경우, 미국의 대중 상품수출은 약 1,300억 달러, 대중 수입은 5,052억 달러로 대중무역적자는 3,752억 달러 수준이었으나, 2020년의 경우 미국의 대중 수출은 1,245억 달러, 대중 수입은 4,347억 달러로 축소되었으며, 대중무역적자는 3,103억 달러로 소폭 감소했다.

　트럼프 이래의 무차별적인 미·중 무역전쟁의 결과, 미국의 대중무역수지적자는 소폭 줄어들었으나 미·중 양국 간 교역규모도 줄어들고, 특히 양국 모두 수입제품의 가격 상승으로 양국의 인플레를 부추기는 주요인으로 작동하고 있다. 이처럼 무역보복조치의 악순환이 계속되는 가운데 간헐적으로 양국 간 무역전쟁을 완화하는 듯한 합의들이 나오기도 했다. 즉 중국이 미국산 농산품 수입확대 약속 및 미국의 기존의 보복관세율 인상을 유예하는 소규모 합의 등이 있었지만, 결국 중국 정부의 산업보조금 지원중단 및 외국 기업의 기술이전강요 중단 등 중국 국내정책의 변화를 요구하는 미국의 요구를 중국 정부가 쉽게 받아들이기 어렵다는 점을 고려하면, 향후 양국 간의 무역갈등 구조가 단기간에 개선되기를 기대하기는 어려운 실정이다.

　위와 같은 겉잡을 수 없는 미·중 양국 간 관세전쟁에 더하여, 미국은 화웨이 등 개별기업에 대한 규제를 확대해왔고, 중국도 유사한 형태로 미국 개별기업에 대한 규제를 확대해가고 있다. 이처럼 미·중 양국 간 무역전쟁 과정에서 미국과 중국 모두 기존의 다자주의 자유무역체제인 WTO 규정을 무시하면서 일방적인 보호무역조치와 또 그에 대한 보복무역조치를 취해오면서, 기존의 WTO를 중심으로 한 다자간 자유무역체제가 붕괴위기에 직면하였다. 즉 미·중 간 무역전쟁과 패권경쟁은, 결국 전후 국제질서를 유지해온 근간인 브레턴우즈 체제(Bretton Woods System) 전반의 붕괴위기를 초래하고 있다. 이는 결국 합의된 규칙과 질서에 기반한 다자간 자유무역체제에서 힘의 논리가 지배하는 양자주의체제로 전환되고 있음을 보여주고 있다.

그리고 미·중 무역전쟁에 의하여 초래되고 있는 가장 심각한 현상 중의 하나는, 과거 세계경제통합(globalization) 과정에서 급속히 확산되어왔던 기업의 경영전략으로서 글로벌 가치사슬(Global Value Chain: GVC) 전략이 더 이상 유효한 이윤극대화 전략이 될 수 없는 상황이 도래하였다는 것이다. 그 결과 기존의 경제적 효율성을 극대화하기 위하여, 각 생산공정별로 최적의 국가에 직접투자를 하든지 혹은 현지 조달업체와의 계약관계를 통하여 확대해왔던 GVC 전략 대신에, 예측불가능한 각종 정치적 경제적 위험에 의해 초래되는 손실을 극소화하기 위한 전략이 급속히 확산되고 있다.

그 구체적인 형태는 국경 간 거래 자체가 초래하는 불확실성이 커지기에, 기존의 세계 모든 지역에 걸쳐, 각각의 생산공정에 가장 효율적인 국가를 선정하던 GVC 전략에서, 각종 지정학적 위험을 최소화하기 위하여, 모기업의 자국내 혹은 최종 시장에 가장 가까운 곳에 모든 생산공정을 집중하는 형태의 지역적 가치사슬(Regional Value Chain: RVC) 전략으로 바뀌고 있다는 것이다. 또한 더욱 우려되는 사태는, 미국과 중국을 필두로 일본과 유럽 각국 등 선진 주요 국들과 함께 개도국들도 자국의 정치적 목적에 의한 보호주의정책들을 적극적으로 확대하고 있다는 점이다.

Ⅱ
미·중 간 경제패권경쟁의 배경

　2018년3월 미국이 중국에 대하여 25%의 보복관세를 부과하면서 시작된 미·중 무역전쟁의 명분 및 동기로 미국 정부는 다음의 네 가지를 들고 있다. 미국은 대중국 보복관세부과를 통하여 첫째, 대중국 무역수지적자를 해소하고, 둘째, 중국에 비하여 일방적으로 낮았던 미국의 수입관세율을 상호주의에 근거하여 균형을 맞추며, 셋째, 보복관세를 통하여, 제조업 부문에서 잃어버린 일자리를 되찾고, 넷째, 보복관세를 통하여, 중국의 잘못된 관행들을 바로잡겠다는 것이었다. 즉 보복관세를 통하여, 중국이 적극적으로 침해하고 있는 미국 기업들의 지적재산권을 보호하고, 중국 정부의 국영기업에 대한 과도한 보조금 제공을 통한 불공정 경쟁을 바로잡고, 중국에 투자한 미국 기업들을 상대로 중국 정부가 강압적으로 기술을 탈취하는 것을 막겠다는 것이었다.

　미·중 무역전쟁의 영향 분석을 통해서 명확하게 드러나는 바와 같이, 위와 같은 정책목표를 실현하기 위한 정책수단으로서, 미국의 보복관세부과는 아무런 역할을 하지 못할 뿐만 아니라, 오히려 역효과가 나올 것이라는 경고가 무역전쟁 초기부터 제기되었었다. 그러나 트럼프 행정부는 이러한 경제학자들의 경고를 무시하면서, 실패할 것이 예정된 무역전쟁을 시작하였다. 정작 미국 트럼프 행정부가 시작한 무역전쟁의 실제적인 이유와 원인은, 미국 정부가 밝히고 있는 네 가지 이유보다는 다음에 논의되는 정치경제학적인 요인들이라는 것이 중론이다.

1. 규범에 기반한 국제질서가 패권경쟁제체로 대체: 투키디데스 함정과 킨들버그 함정

미·중 양국의 경제뿐만 아니라 세계 전체 경제에 먹구름을 초래하고 있는 미·중 무역전쟁이 확산되어온 배경과 그 원인에 대해서는 아직 의견이 분분하다. 그 중의 하나는, 과거 역사에서 꾸준히 반복되어 왔었던 패권국가의 교체 과정에서 발생하는 불가피한 갈등이라는 것이다. 과거 그리스 펠로폰네소스 반도에서 기존의 패권국가였던 스파르타가 신흥도시국가인 아테네의 부상에 대하여 가지고 있었던 불안과 공포가 결국 두 도시국가 사이의 전쟁이었던 펠로폰네소스전쟁을 불가피하게 만들었다고 해석한 그리스 역사학자 투키디데스의 이름을 빌린, '투키디데스 함정(Thucydides Trap)'이 미·중 무역전쟁으로 나타났다는 것이다. 즉 기존 패권국가인 미국이 급성장하는 중국에 대한 두려움과 그에 따른 갈등은 피할 수 없다는 논리다. 트럼프 시절부터 본격화되기 시작한 미·중 간 무역전쟁뿐만 아니라, 미·중 간 기술 패권경쟁과 미·중 간 군사적 패권경쟁 등 제반 패권경쟁이 모두 미국의 불안에서부터 시작된 피할 수 없는 갈등이라는 논리이다.

이에 더해서, 기존의 세계역사에서 확인되었듯이, 모든 안정된 패권체제에서는 그 패권국가가 세계질서의 안정을 위해서 필요한 '국제적인 공공재(global public goods)'를 제공하는 역할을 담당해왔었다. 그러나 최근 미국이 제2차 세계대전 이후의 브레턴우즈 체제를 통하여 담당해왔었던 세계경찰국가 등의 국제적인 공공재 제공 역할을 포기함에 따라, 다양한 세계질서의 혼란이 야기되고 있다는 주장이 제기되고 있다. 경제사학자인 킨들버그가 이러한 주장을 제기하였기에, 오늘날처럼 미국이 포기해버린 국제적인 공공재 제공을 담당할 국가가 실종됨에 따라, 미·중 무역전쟁과 같은 국제적인 혼란과 혼돈의 상태가 확산된다는 주장을 '킨들버그 함정(Kindleberger Trap)'이라고 부른다.

그 구체적인 예로서, 19세기까지 전 세계의 패권국가로서 세계질서의 안정을 주도했던 영국이 쇠퇴하는 가운데, 이미 지난 20세기 초, 미국은 아직 국제질서의 안정을 위하여 국제적 공공재를 제공할 여력도, 의사도 없는 가운데 생긴 국제질서의 공백이 결국 대공황이 전 세계로 확산되는 주요한 배경이 되었다는 분석이다.

제2차 세계대전 이후, 미국은 전후의 안정적인 세계질서의 기반이 되어왔던 브레턴우즈 체제의 근간인 세계무역기구(WTO)와 국제통화기금(IMF) 그리고 세계은행(World Bank)을 축으로, 국제경제의 안정을 도모할 수 있는 리더십을 제공하면서, 경제적 위기국면에 처한 국가들을 상대로 다양한 국제적인 공공재 지원을 담당해왔었다. 그러나 이러한 미국의 국제적인 지도력은, 미국 경제력의 상대적인 쇠퇴와 함께, 트럼프 행정부에서는 미국이 주도적으로 WTO체제를 마비시키는 역할을 하면서, 국제적인 공공재 제공은 고사하고, 기존의 국제질서를 허무는 역할을 해온 것으로 평가된다.

또한 새로운 패권국가로 부상한다고 자부하고 있는 중국의 경우도 국제적인 공공재를 제공하는 역할과는 거리가 멀게, 기존의 국제규범을 어기면서 자국의 이익만을 추구하고 있다. 따라서 최근의 상황은 진정한 패권국가가 실종된 시대로 묘사된다. 그 결과 세계의 주요국들이 집단적인 지도력을 통한 질서를 추구하면서, G7에서 출발해서, 신흥 주요국들까지 포함한 G20를 통하여, 지난 2008년도의 세계경제위기를 포함한 국제적인 위기를 극복하고자 하였다. 그러나 이 G20도 실질적인 문제해결능력을 보여주지 못하자, 결국은 최대경제력을 가진 미국과 중국의 역할을 기대하며 G2란 개념이 대두되었다. 그러나 최근 미국과 중국이 세계의 안정적인 질서를 구축하기보다는, 기존의 질서를 파괴하기만 하는 상황에 이르렀다. 결국 아무런 패권국가도 없다는 G0의 시대를 지나, 세계질서를 앞장서서 교란하고 있는 두 나라를 '-G2'라 칭하고 있다.

2. 미국과 중국의 국내 정치적 목적을 위한 전략적 패권경쟁

최근 심화되고 있는 미·중 간 패권경쟁의 원인에 대한 또 다른 시각으로는, 미국과 중국 모두 지난 세기부터 누적되어온 각국의 국내 사회경제적 문제와 그를 둘러싼 정치적 불안 요인들을, 양국 간의 패권경쟁 구조를 통하여 모면하고자 하는 공통된 이해관계를 가지고 있다는 시각이다. 즉 미국 경제는 외관상 세계 최대의 GDP 규모와 최첨단의 기술력을 가진 것으로 믿어져 왔으나, 정작 지속 불가능한 빈부격차 등 미국 내 다양한 정치적 갈등 구조를 봉합할 수 있는 손쉬운 출구는, 중국에 대한 위기의식과 적대감이라는 사실을 트럼프 진영과 바이든 진영이 모두 십분 활용하고 있다는 것이다. 마찬가지로 내년 공산당 주석 연임을 위하여 중국 내 정치적 지지 확대가 절실한 시진핑 입장에서, '미국의 부당한 내정간섭'에 분연히 맞서, 청나라의 굴욕을 설욕할 수 있는 '강력한 중국'의 굴기를 보여주는 것은 피할 수 없는 선택이라는 분석이다.

미국 내에서 소득재배분 및 자원재배분정책 차원에서 누적되어 왔던 구조적인 문제점과 반복적인 정책실패가 오늘날의 미·중 무역전쟁과 세계경제의 혼란을 초래한 가장 주요한 원인이라는 해석은 광범위한 경제학자들 사이에서 힘을 얻고 있다. 즉 미국 제조업 노동자의 상위 20%를 제외한 나머지 하위 80%의 실질소득은 46년 전인 1974년 수준과 동일하게 머물러, 결국 평균 소득은 지난 46년간 꾸준히 감소했다는 통계가 보여주듯이, 미국 내 빈부격차 심화와 단순제조업 부문의 실업 급증 및 노동자들의 실질소득 감소는 미국 노동자들을 중심으로 미국 사회 전반에 사회적 불만과 분노의 수준을 위험수위에 가깝게 만들었다. 그 결과 보호무역주의와 외국인 노동자들의 추방을 통해 미국 노동자들의 일자리를 되찾아주고, 소득도 높여주겠다는 터무니없는 공약을 내세웠던 트럼프가 대통령으로 당선되고, 또 실제로 그런 터무니없는 공약들을 실행으로 옮기면서 무역전쟁이 시작되고 확산되어 왔다는 것이다. 또한 트럼프의 터무니없는 공약이 실질적인 정치적 지지로 이어지는 것이 가능했던 배경으로, 그동안 미국의 공화당정권이 꾸준히 사회복지지출 축소와 함께 공공교육지출을 감소시키면서, 미국의 공교육 시스템이 붕괴된 결과, 미국의 블루컬러 유권자들은 선동주의정치가의 거짓 공약을 분별할 능력을 상실했다는 점도 지적되고 있다.

여기에 더해서 지난 2008년 발생했던 미국발 세계금융위기와 세계실물경제위기를 극복하는 과정에서, 미국을 중심으로 세계 주요 국들은 기존의 도덕적 해이에 빠진 금융 시스템 및 금융기관들의 생존을 위한 막대한 재정투입에 몰두하면서, 정작 주택차압을 당한 개별 소비자들과 생존위기에 처한 서민들의 사회안전망 투자에는 소홀했던 결과, 블루컬러를 중심으로 한 서민들의 세계화에 대한 분노는 더욱 누적되어 왔다. 이런 배경에서 미국과 영국뿐만 아니라, 유럽 각국과 심지어 일본에서도 세계화와 자유무역을 반대하는 극우파 선동주의 정치세력들이 크게 득세하게 되었다.

더욱 놀라운 것은 트럼프의 선동주의 정책을 비판해오던 바이든 정부가 출범한 후, 중국에 대한 보호주의정책과 패권경쟁 양상은 트럼 프행정부의 정책을 그대로 이어갈 뿐만 아니라, 더욱 적극적으로 추진하고 있다는 것이다. 즉 바이든 행정부 들어서, 트럼프 행정부에서 3%에서 19.3%로 올려놓은 관세율을 전혀 낮추지 않았을 뿐만 아니라, 오히려 기술패권경쟁 부문에서는 바이든 행정부가 더욱 적극적으로 소모적인 기술적 디커플링 전략을 구사하고 있다는 점이다. 이와 같이 바이든 행정부에서도 공화당정권과 동일하게 대

중국 적대전략을 구사하는 배경으로, 바이든 행정부 출범 이후에도 코로나19 사태 이후 심화되고 있는 미국 내 빈부격차와 사회적 갈등구조 해소에 별다른 진전이 없는 가운데, 바이든 행정부에 대한 정치적 지지도가 급속히 하락하고 있다는 점이 거론된다. 즉 트럼프에 이어, 바이든 행정부에서도 미·중 간 경제패권전쟁은, 미국의 경제적 이익극대화를 위해서라기보다는, 취약한 미국의 정치경제적 상황에 의한 집권 정부의 정치적 위기를 모면하기 위한 전략적 선택이라는 견해이다.

중국 내에서도 1980년대부터 급속하게 진행된 개혁개방의 결과, 중국의 공산당 일당독재 체제에서도 감당하기 힘든 수준의 빈부격차에 대한 사회적 불만 및 분노가 누적되고 있다는 점과, 동시에 공산당정부의 권위주의 체제에 대한 누적된 불만도 공산당정부에 큰 정치적 부담으로 작용하고 있다. 중국 경제의 고질적인 문제인 국영기업 부문의 과잉부채 및 그에 따른 금융 부문에서의 부실채권문제는 중국 경제의 아킬레스건으로 작용하고 있다. 이에 더해서 기존의 신장위구르 지역에서의 소수민족 분리독립 움직임 등 다양한 중국 내 소수민족 자치구 및 홍콩에서의 정치적 불안정과 대만의 분리독립 움직임 등등의 최근 상황이 중국 공산당정부에는 심각한 정치적 위협요인으로 작동하고 있다. 이와 같은 중국 공산당이 직면하고 있는 중국 내의 정치적 위기구조를 돌파하는 데 가장 효율적인 전략이, 마침 미국이 시작해준 미·중 간 패권경쟁 구도에서, 중국 정부가 미국 정부에 굴복하지 않고, 중국굴기의 모습을 보이는 대결구도를 보이는 전략이라는 해석이 힘을 얻고 있다.

위와 같은 미국 경제의 구조적 문제점과 중국에서도 점차 심화되고 있는 빈부격차 심화의 배경으로, 정보통신기술혁명과 산업구조 변화의 결과 도래한 초연결 경제 및 초연결사회(hyper-connected economy and society)로의 전환을 촉진한 급속한 기술발전의 영향도 거론된다. 즉 초연결사회에서 나타나는 전 세계적인 기술표준화와 함께, 망산업(network industry)에서 시작된 전 세계적인 독과점화는 전산업으로 확대되는 추이를 보였다. 그 결과 전지구적인 소득불균형과 기술불균형이 가속화되면서, 기술적 차원의 승자독식 현상은 더욱 심화되었다. 즉 전통적인 '규모의 경제효과(economies of scale effect)'에 더해서 망외부효과(network externality)가 더해지면서, 플랫폼 산업을 중심으로 자연독점(natural monopoly) 현상이 빠르게 확산되면서, 플랫폼 산업 자체뿐만 아니라, 플랫폼 산업에 연계될 수밖에 없는 모든 전통산업에서조차도 독과점화가 급속히 진전되었다. 그 결과 초래된 빈부격차와 사회양극화의 심화는 결국 블루칼러들의 사회적 불만과 분노의 누적을 가속화시키면서 세계 각국에서 극우파 선동주의 정치세력들이 성장하는 또 다른 배경으로 작용하였다.

III

미·중 간 경제적 패권경쟁이 세계경제와
글로벌 공급망에 미칠 영향과 전망

1. 미·중 간 패권경쟁이 미국 경제에 미칠 영향

미·중 무역전쟁을 시작한 트럼프는 미·중 무역전쟁이 미국 내에서의 자신의 정치적 입지를 더욱 공고히 해준 것으로 평가하였으나, 실질적으로 미국 경제에 미친 영향에 대해서는 부정적 평가가 지배적이다. 2018년 7월, 트럼프가 340억 달러 규모의 중국산 수입품에 대하여 25%의 보복관세를 부과하면서 시작된 미·중 무역전쟁은, 3년여가 지난 지금, 미국과 중국의 경제뿐만 아니라, 세계경제의 성장에 부정적 영향을 미친 것으로 평가되고 있다.

트럼프가 미·중 무역전쟁을 시작할 때의 논리는, 미국에 대하여 일방적인 무역수지흑자를 기록해온 중국과의 무역전쟁에서 중국이 잃을 것이 훨씬 많기 때문에, 미·중 무역전쟁은 미국의 일방적인 승리로 끝날 것이라는 확신이었다. 그러나 3년여에 걸친 미·중 무역전쟁으로 트럼프가 호언장담했던 미국의 무역적자의 개선이나 미국 내 일자리 증가 효과는 거의 나타나지 않은 상처뿐인 전쟁, 즉 패배한

전쟁으로 평가되고 있다. 트럼프가 무역전쟁을 시작한 가장 주요한 명분은 무역수지적자를 줄이기 위한 것이었으나, 2018년부터 시작된 미·중 무역전쟁 이후, 미국의 전체 무역수지적자는 오히려 훨씬 늘어났다. 즉 무역전쟁이 시작되기 전인 2017년의 미국의 연간 경상수지적자는 5,127억 달러였으나, 무역전쟁이 시작되고 3년여가 지난 2021년의 경우, 1월부터 10월까지의 경상수지적자가 이미 7,052억 달러에 달했으며, 연간으로는 경상수지적자가 8,462억 달러에 달할 것으로 예상된다.

경상수지에는 미국이 절대적인 우위를 가지는 서비스교역에서의 흑자가 포함된 통계인 만큼, 순수한 상품교역 무역수지를 보면, 트럼프의 무역전쟁은 더욱 처절한 실패임을 보여준다. 즉 미·중 무역전쟁이 시작되기 전인 2017년의 무역수지적자는 7,993억 달러였으나, 2020년의 무역수지적자는 9,220억 달러로 증가하였으며, 2021년의 경우, 무역수지적자가 1조 650억 달러에 달할 것으로 예상된다. 즉 무역전쟁의 결과, 무역수지적자는 2017년에 비하여, 33.2% 증가한 셈이다.

또한 트럼프 행정부는 미국의 중국에 대한 보복관세는 미국 내 일자리회복을 통하여, 미국 경제성장을 견인할 것이라고 호언장담하였으나, 미·중 무역전쟁이 본격화되기 시작한 2018년 2/4분기에 3.3%였던 경제성장률이, 미·중 무역전쟁이 본격화되면서, 2019년 2/4분기에는 2.1%까지 추락하였다. 그 이후 코로나19 사태로 2020년 2/4분기에는 −9.1%까지 추락한 후, 최근 회복세를 보이고 있다. 이처럼 미·중 무역전쟁 이후 미국의 경제성장률이 하락한 원인으로는, 소비자들의 수입소비재 물가상승의 결과, 수입소비재에 대한 소비감소 효과와 함께, 중국산 수입중간재에 대한 관세부과로 인해 미국 제조업 전반의 생산단가가 인상되면서, 미국 기업들의 경쟁력 하락이 현실화된 점들이 거론된다.

이에 더해서, 트럼프 행정부에서 시작된 파상적인 보호무역정책과 중국에 투자 진출한 미국 기업들에 대해 제도적 불이익을 줄 가능성이 높아지는 등 경영환경의 불확실성이 높아지면서, 미국 기업들의 중장기 설비투자 등 투자지출이 감소하는 추이도 우려되고 있다. 이처럼 기업환경의 불확실성이 커진 결과 초래된 기업투자 감소와 이에 따른 공급 측면의 위축이 심화될 가능성이 점차 현실화되고 있다.

향후 바이든 행정부가 트럼프 행정부와 같이 미·중 간 경제패권 경쟁을 정치적 목적으로 계속 활용하면서, 미·중 간 경제관계와 기술협력관계에서 소위 '디커플링' 전략을 확대할 경우, 미국 기업들은 탈중국전략을 확대할 것으로 예상된다. 즉 바이든 행정부가 최근 추진하고 있는 것처럼, 미국의 반도체공급망에서 중국을 퇴출시키려는 정책이 계속될 경우, 반도체를 핵심부품으로 활용하는 미국의 제조업부문 기업들이 지속적인 대 중국투자 및 중국 내에서의 기업활동이 힘들 것으로 보인다. 결국 현재 이미 진행되고 있는 미국 및 서방기업들의 탈중국현상이 확대되면서, 단기적으로는 중국 기업들의 첨단부품 및 기술에 대한 접근 기회가 줄어드는 충격을 초래할 것으로 예상된다. 그러나 중장기적으로는, 미국 기업들 역시 향후의 구매력까지 고려하면 세계 최대시장 중의 하나인 중국

시장에서 배제되면서, 매출규모 감소와 함께, 비용구조 상승에 따른 경쟁력 약화 효과가 나타날 것으로 우려되고 있다. 또한 미·중 간 소모적인 패권경쟁에 따른 미국 경제의 위축은, 결과적으로 세계경제에도 부정적 영향을 초래하여, 세계 경제성장의 발목을 잡을 것으로 예상된다.

2. 미·중 간 패권경쟁이 중국 경제에 미칠 영향

미·중 경제패권경쟁은 중국 경제에도 상당한 부담으로 작용할 것으로 보인다. 지난 2020년 초, 미·중 간 1단계 무역합의에서, 2020년과 2021년에 걸쳐서, 중국이 미국으로부터 2,000억 달러 규모의 추가적인 수입을 약속하면서, 미·중 양국 간 극한대립은 완화되는 듯한 모습이었다. 즉 2019년 말, 미·중 양국의 반복적인 보복관세 인상조치로 중국의 대미 수입관세율은 평균 24.4%까지 높아지고 미국의 대중국 평균수입관세 역시 20.7%까지 높아졌다. 그러나 2020년 초 미·중 간 1단계 무역합의의 결과, 양국이 예정되었던 관세율 인상을 폐기하면서, 중국의 대미수입관세율은 16%, 미국의 대중국 수입관세율은 16.4%까지 인하되었다.

이와 같은 1단계 미·중 양국 간 합의에도 불구하고, 여전히 미국은 중국 정부의 국영기업에 대한 보조금 지원중단을 포함하여, '중국제조 2025' 등 중국의 정부주도형 산업정책에 대하여 강력한 문제제기를 계속하고 있다. 한편 중국 역시 2022년 주석 재선임절차 등을 앞두고 있는 상황에서 중국의 국내 경제정책 및 산업정책에서의 정책 주권(policy sovereignty)을 주장하는 가운데, 중국 산업정책에 대한 미국 측 요구를 수용할 가능성은 낮은 만큼, 미·중 양국 간 무역마찰이 장기화될 가능성이 높아 보인다.

미·중 무역전쟁이 시작되기 이전부터, 중국의 경제성장률은 점차 낮아지고 있었다. 즉 2010년 10.6%의 성장률을 보인 이후, 지속적으로 성장률이 하락하면서, 미·중 무역전쟁이 시작되기 직전인 2017년의 경우, 성장률은 6.9%로 하락하였다. 그 이후, 미·중 무역전쟁이 시작된 2018년의 중국 경제성장률은 6.7%, 2019년에는 6%, 그리고 2020년에는 2.3%를 기록하였다. 이처럼 2018년 이래 중국 경제성장률이 계속 감소한 것이 모두 미·중 무역전쟁의 결과라고 말하기는 어렵겠지만, 이미 고도성장세를 멈추고, 서서히 성장세가 하락하고 있던 가운데 발생한 미·중 무역전쟁은, 중국의 대외수출을 통한 성장전략 및 글로벌 밸류체인에서 세계의 공장으로 자리 잡으려던 전략에 상당한 차질을 초래하고 있다.

이러한 가운데 중국의 경제성장률이 예상보다 더욱 빨리 하락하면서, 기존에 중국 경제의 구조적 문제점으로 부각되어오던 중국 지방정부 및 국영기업의 과잉부채문제와 국영은행들의 부실채권문제들이 더욱 심화되면서 중국 경제의 침체를 가속화할 가능성에 대한 우려도 커지고 있다. 이와 같은 중국 경제의 구조적 문제점 해소를 위해서는 과잉투자 해소 등을 포함하여, 중국 경제 전반에 걸쳐서 시장경제원리를 확산시켜서, 비효율적인 투자 구조를 바로잡을 필요성이 예전부터 강조되어 왔다. 한편 최근 미·중 무역전쟁으로 더욱 심화되고 있는 중국 경기의 둔화 추이에 대응하여, 중국 정부는 확대재정정책 등 더욱 적극적인 경기부양에 대한 정책 수요가 커지고 있어, 기존의 시장원리확대정책의 필요성과 서로 상반되는 정책 딜레마에 처해 있는 가운데, 중국 경제의 추가적인 침체 우려까지 제기되고 있다.

중국의 경제성장률은 2007년 14.2%로 최고 정점을 도달한 이후, 꾸준히 하락해서 2020년에는 2.3%까지 하락했다. 2021년의 경우, 코로나 이후의 가파른 회복세에 의해 성장률이 7.7% ~ 8.7%에 달할 것으로 예상되고 있지만, 중국 경제가 기존의 투자주도형 성장세가 멈춘 것은 되돌리기 힘들 것으로 보인다. 즉 중국의 투자효율성을 나타내는 한계자본계수($\triangle K/\triangle Y$)가 지난 10년 평균보다 60% 이상 상승하여, 중국의 투자효율성이 크게 낮아졌음을 보여주고 있다. 특히 지난 2008년 이후의 글로벌 금융위기 대응과정에서 과도한 경기부양정책의 결과, 과잉설비 및 과잉부채등의 문제는 지금까지도 중국 경제의 구조적 문제점으로 작용하고 있다. 이러한 배경에서 발생한 미·중 무역전쟁과 그 이후의 중국 기업들에 대한 미국 정부의 각종 규제 및 기술이전 규제는 중국 기업 및 경제에 추가적인 부담이 되고 있는 것은 사실이다.

특히 2020년 코로나19 사태로 인한 공급망 훼손과, 중국의 석탄화력발전이 전체 발전량의 60%를 차지하는 상황에서, 석탄가격 급등에 의한 전력공급 부족사태까지 겹치면서, 중국의 전력 다소비산업을 중심으로 생산에 추가적인 충격이 발생하였다. 이러한 현상은 중국 내부에서의 소규모 석탄광산의 폐쇄조치와 함께, 미·중 패권갈등의 연장으로 호주와의 외교적 갈등까지 겹치면서, 호주산 석탄

수입금지조치까지 취한 결과로 보인다.

이처럼 미·중 무역전쟁 이전부터 경제성장의 하향국면에 처했던 중국 경제가 기존의 중국의 구조적 문제점들에 미·중 무역전쟁의 충격까지 겹치면서, 중국 경제의 어려움은 복합적인 양상을 보이고 있다. 즉 기존의 성장일변도의 경제정책과 급속한 도시화과정에서 농촌에서 도시로 진입한 대규모 농민공들이 도시빈민으로 전락하면서, 중국 내의 빈부격차는 체제 위협이 될 수준으로 심화되어왔다. 그 결과 최근 시진핑 정부의 최대 경제정책 화두는 고속성장이 아니라 '공동부유'로 바뀌었다. 국영기업의 과도한 채무와 그에 따른 금융부문의 부실채권 증가에 따른 금융불안 위기와 점증하는 소수민족자치구에서의 정치적 불안, 성장세의 둔화에 따른 일자리 증가세 감소에 따른 전반적인 경제적 불안이 정치적 불안으로 확산될 가능성 등 사면초가 상태에 이른 시진핑 정부에게 미국이 시작해준 미·중 무역전쟁과 패권경쟁은 중국 시진핑 정부의 정권유지를 위한 단비와 같은 역할을 해왔다.

미·중 무역전쟁으로 단기적으로 중국 경제의 수출주도형 구조나, 반도체 및 기술집약적 산업의 해외기술 도입에 단기적인 차질이 빚어진 것은 사실이다. 그러나 이러한 단기적인 경제적 손실에 비하여, 미·중 무역전쟁을 계기로, 중화민족의 부흥을 내세운 중국민족주의의 부활을 통하여, 미국과의 대결구도가 확대되면서, 그만큼 더 중국 내에서의 내부적인 정치적인 분열을 방지하며, 중국공산당 중심의 사회적, 정치적 단결을 도모하고 있다.

한편 중국공산당정권의 유지와 사회안정을 위해서는 최소한의 일자리창출은 계속 되어야 하고, 또 이를 위해서는 최소한 5% 이상의 경제성장률 유지는 중국 체제유지를 위한 마지노선으로 중국 당국은 인식하고 있다. 따라서 미·중 무역전쟁에 따른 중국의 대미수출 감소에 따른 경제위축과 또 미국의 대중국 기술협력 차단에 따른 반도체 등 첨단기술산업부문에서의 어려움을 타개하기 위하여, 매우 적극적으로 기술개발투자를 확대할 것으로 보인다. 이와 함께 중국 시장에 여전히 관심을 가지고 있는 유럽 기업들을 중심으로 기술협력 노력을 더욱 강화할 가능성도 있다.

그러나 여전히 미국의 대중국 디커플링 전략의 영향으로 다수 다국적기업들이 중국을 중심으로 한 글로벌 공급망 전략에서, 제3의 동남아지역이나 혹은 미국 등 거대 최종재 시장에 생산공급망을 위치시키는 전략으로 수정할 가능성이 큰 만큼, 중국으로의 외국인 투자 증가세는 감소할 가능성도 크다. 따라서 당분간은 중국 정부는 내수 중심의 투자확대전략을 계속할 것으로 보이나, 중국 내에서의 정치적 안정세가 일정 수준에 도달할 경우, 다시금 미국과의 협력 확대를 위한 여러 가지 조치를 취할 가능성도 큰 것으로 보인다.

3. 미·중 간 패권경쟁이 글로벌 가치사슬과 글로벌 공급망에 미칠 영향

미·중 무역전쟁과 미·중 간 경제패권경쟁이 본격화되면서 트럼프 행정부가 취했던 첫번째 조치는 중국에 투자진출한 기업들에게 미국으로 되돌아오도록 유도하기 위하여, 각종 리쇼어링 유인정책과 함께, 중국에 신규 투자하는 기업들과, 기존의 중국 투자를 유지하고자 하는 기업들에게 다양한 제도적 불이익을 제공하고자 하는 정책들이었다.

기존의 글로벌 가치사슬과 글로벌 공급망 전략의 근간을 이루는 것은, 고부가가치 산업에서 공통적으로 나타나는 매우 길고 복잡한 생산공정 및 부가가치 창출 공정에서, 각 공정별로 가장 효율적인 곳에 분산 입지(fragmentation) 전략을 선택하여, 결과적으로 비용최소화 및 효율극대화를 추구하는 전략이었다. 이러한 글로벌 가치사슬 전략과 글로벌 공급망 전략이 대다수 다국적기업의 지배적인 경영전략으로 선택된 배경은, 제2차 세계대전 이후 세계경제질서를 주도해온 브레턴우즈 체제가 출범한 1948년부터 트럼프 행정부가 출범하기 직전인 2017년까지는, 국제거래비용(international transaction costs)이 획기적으로 감소해왔기 때문이다. 국제거래비용은 크게 국제운송료와 같은 물리적인 국제거래비용과 관세 및 비관세장벽과 같은 제도적인 국제거래비용으로 구분할 수 있다.

먼저 물리적인 국제거래비용(physical international transaction costs)의 경우, 1980년대부터 폭발적으로 성장한 기술혁명, 특히 정보통신기술혁명의 결과, 국제통신비용이 거의 0에 가깝게 줄어든 가운데, 정보통신산업이 전체 산업에서 주력산업으로 부상하면서, 국제운송비용 역시 획기적으로 감소하였다. 즉 부가가치가 높은 소프트웨어 제품의 국제운송비용은 결과적으로 0에 가깝게 되었다. 이에 더해서 제2차 세계대전 이후 출범한 브레턴우즈 체제에서 지속적인 다자간 무역자유화조치가 이루어지면서 전통적인 관세장벽의 경우, 1948년에는 OECD 국가 간의 평균관세율이 48%에 달하던 것이 2017년에는 4% 미만으로 감소하는 획기적인 무역자유화가 이루어졌다. 이에 더해서 특정 지역별로 완전한 무역자유화조치를 취하는 자유무역협정(FTA)과 같은 특혜무역협정이 급속히 확산되면서 전 세계적인 경제통합 및 국제거래비용의 감소는 획기적으로 진전해왔었다.

이처럼 국제거래비용이 감소할 경우, 이윤극대화를 추구하는 기업의 최적전략은 당연히 각각의 생산공정별로 가장 효율적인 곳으로 입지를 분산하는 수직적 생산분절화(fragmentation) 전략이다. 그 결과 세계의 모든 주요 다국적기업들은 각 생산공정 및 공장들이 전 세계로 흩어지는 글로벌 밸류체인 전략을 선택하게 되었고, 또 글로벌 공급망도 같은 맥락에서 그 구조가 자리 잡게 되었다.

그러나 미·중 무역전쟁과 그와 함께 미·중 간 무한패권경쟁이 확산되면서 나타난, 가장 큰 부정적 영향은 전후 세계질서를 유지해온 틀인 브레턴우즈 체제의 예측가능한 세계경제질서의 규범을 붕괴시켜버렸다는 점이다. 즉 트럼프 행정부의 일방적인 대중국 보복조치부터가 WTO 규정의 명백한 위반이었으며, 또 이러한 미국 측 조치에 대한 대응으로서 중국이 취했던 추가 보복조치 역시 WTO 규정의 위반이었다. 이처럼 미·중 무역전쟁이 진행되던 2년여 동안 미국과 중국이 WTO 규정을 무시하며 세계무역질서를 교란하면서, 결과적으로 전후 다자간 자유무역체제의 근간이었던 WTO의 기능과 의미를 실질적으로 무력화시켜버렸다. 이처럼 국제무역질서에서 불확실성을 극대화하면서, 결과적으로 예측가능성을 0에 가깝게 만들어버린 미·중 무역전쟁의 결과, 국제거래비용은 전례없이 급증하는 결과를 초래하였다.

이처럼 미·중 패권경쟁으로 국제거래비용이 다시금 높아진 경우, 국제거래비용이 낮을 때에 합리적인 전략이었던 '생산공정의 국제적인 수직분할(fragmentation)' 전략이 더 이상 합리적인 전략일 수 없다. 특히 국제거래시스템과 국제무역체제에서의 불확실성이 커질 경우, 최적 전략은 비용최소화전략이 아니라, 위험최소화전략이어야 한다. 이러한 맥락에서, 미국의 다국적기업들의 경우, 중국에 투자했던 기업들을 중심으로, 저렴한 노동력과 낮은 생산비용이 매우 주요한 업종의 경우에는, 중국보다 지정학적 위험이 상대적으로 낮은 베트남이나 기타 동남아로 생산기지를 이전하는 경우가 빈발하고 있다. 특히 최근 Covid19에 의한 글로벌 공급망의 붕괴로 충격을 받고 있는 다국적기업들은, 향후 더욱 심해질 기후변화 관련 자연재해로 인한 추가적인 글로벌 공급망 충격 등을 고려하여, 위험최소화를 위한 전략으로 최종시장이 위치한 거대시장에 모든 생산공정을 집적하는 전략을 선택하고 있다.

그 결과 미국 기업들은 물론, 미국이 주요 시장인 세계 주요 다국적기업들이 주요 생산공정을 미국으로 이전, 집적시키는 생산기지 재편전략을 적극적으로 고려하고 있다. 즉 '전 세계에 걸친 국제적인 수직분할(fragmentation) 전략'에서, 미국 등 최종재시장에 수직적인 집적(vertical agglomeration) 전략이 확산되면서, 향후에는 국제화(globalization) 전략이 아니라, 지역화(regionalization) 전략이 주를 이룰 것으로 보인다. 이와 함께 다국적기업들의 기업경영전략에서도, 과거의 경우, 비용최소화와 효율성극대화를 위한 아웃소싱 전략이 주를 이루었다면, 앞으로는 불확실성에 노출되는 아웃소싱 전략보다는, 위험을 최소화하기 위한 수직적 계열화(vertical integration) 전략이 주로 선택될 것으로 보인다. 이미 전기자동차회사인 테슬라가 전기자동차부품으로 사용되는 각종 반도체를 직접 설계하고 주문제작하는 사례처럼, 다양한 산업에서 고부가가치 핵심중간재 생산공정을 직접 관리하는 전략이 확산되고 있다.

위와 같은 글로벌 가치사슬의 구조적 변화는 직접적으로 글로벌 공급망의 구조에도 변화를 초래할 것으로 보인다. 글로벌 가치사슬(global value chain: GVC)이란, 다국적기업이 최종재화의 총부가가치를 창출해 나가는 과정에서, 각각의 생산공정별로 부가가치를 창출해 나가는 국제적인 연결고리, 즉 각 제품 및 서비스의 경쟁력을 결정하는 부가가치의 국제적인 형성 과정을 의미한다. 한편 글로벌 공급망이란 제품 및 서비스의 초기 생산과정인 소재 및 부품생산에서부터 최종재생산을 통하여, 운송망 및 유통망을 통하여 소비자에게 전달되는 전체 과정을 의미한다. 따라서 미·중 무역전쟁 및 패권경쟁을 통하여 초래된 다국적기업들의 글로벌 가치사슬 전략의 재편은 당연히 국제운송망 및 유통망까지 포함한 글로벌 공급망 구조에 직접적인 영향을 초래할 수밖에 없다. 코로나19 이후 최근 심화되고 있는 글로벌 공급망의 붕괴에 따른 세계경제의 충격은 주로 코로나19로 인한 물리적인 생산설비의 중단과 운송 및 유통 채널의 붕괴에 따른 것이다. 그러나 향후 미·중 경제패권경쟁에 따른 다국적이 기업들의 리쇼링전략 및 밸류체인의 지역화전략이 심화될 경우, 그에 따른 글로벌 공급망의 교란은 더욱 심화될 것으로 예상된다.

최근 발표된 WTO의 보고서에 따르면, 미·중 무역전쟁 등 지정학적 위험요소가 커졌음에도 불구하고, 현재로서는 중국 내의 투자를 철수하여, 미국으로의 리쇼어링을 적극적으로 검토하는 미국의 다국적기업은 전체의 15% 수준에 그치고, 나머지 85%가량은, 리쇼어링이 초래하는 엄청난 추가적인 비용들을 고려하여, 현재의 중국 내 투자를 그대로 유지하는 방안을 검토하고 있는 것으로 나타났다.[1] 그러나 향후 미·중 간 경제 및 산업구조의 디커플링이 현실화될 가능성에 대해서는, 점차 그 실현가능성이 커지고 있는 것으로 평가하는 기업들이 늘어나고 있다. 따라서 현재와 같은 미국과 중국 간의 지정학적 갈등구조가 계속 확산될 경우, 미국으로의 리쇼어링을 적극 검토할 기업들이 늘어나면서, 결국 글로벌 가치사슬이 지역 내 가치사슬로 재편될 개연성도 더욱 커질 것으로 보인다.

4. 미·중 패권경쟁이 다자간 자유무역체제에 미칠 영향

가. WTO체제의 무력화

2008년 미·중 무역전쟁을 시작하면서, 미국 트럼프 행정부가 제시한 명분은 중국이 2001년 WTO를 가입한 후, 다양하게 WTO 규정을 위반해왔음에도, 이러한 중국에 대하여 적절한 제재가 가해지

---

1) WTO (2021), Global value chain development report 2021: Beyond Production (https://www.wto.org/english/res_e/booksp_e/00_gvc_dev_report_2021_e.pdf)을 참조

지 않았기에, WTO체제를 사수하는 차원에서 중국에 대하여 징벌적 보복관세로 25%를 부과한다는 것이었다. 이처럼 WTO체제를 수호한다는 명분으로 미국이 부과한 일방적인 보복관세부터가 WTO 규정의 명백한 위반이었으며, 또 이러한 미국의 조치에 대한 대응조치로서 중국이 취한 추가 보복조치 역시 WTO 규정의 직접적인 위반이었다. 이처럼 시작부터 최근까지 미국과 중국 간의 무역전쟁은 WTO 규정의 반복적인 위반의 과정이었으며, 그 결과 WTO체제의 실효성을 두 나라가 완벽히 붕괴시키는 결과를 초래하였다.

WTO체제의 출범 배경은, 지난 20세기 초에 발생했던 국제적인 무역전쟁이 결국 두 차례의 세계대전이라는 물리적인 전쟁으로 확산되었다는 역사적 경험에 근거해서, 또 다른 제3차 세계대전의 방지를 위해서 가장 시급한 것은 무역전쟁을 방지할 수 있는 제도적 틀을 마련하는 것이 필요하다는 국제적인 인식이었다. 이처럼 무역전쟁을 방지할 수 있는 국제기구의 필요성에 대한 인식은, 1944년, 제2차 세계대전의 막바지에, 미국 정부가 원자폭탄을 사용한 제2차 세계대전 종전계획이 수립되면서, 제2차 세계대전 종전 이후의 국제질서를 재건하는 기초틀을 논의한 브레턴우즈회의에서 다시 한번 확인되었다. 그 결과 무역전쟁을 방지하고, 다자간 자유무역체제를 강제할 수 있는 국제기구로서, 국제무역기구(International Trade Organization, ITO)의 출범에 미국, 영국, 프랑스, 소련 및 주요 승전국가들이 모두 합의하였다.

또 무역전쟁을 방지하고 안정적인 자유무역체제를 유지하는 데에 추가적으로 필수적인 안정적인 국제결제체제를 보장해주는 국제통화기금(IMF)을 설립하는 데에도 합의하였다. 즉 두 번에 걸친 세계대전 직전의 상황은 모든 주요 국가들이 무역전쟁 상태에 빠진 가운데, 각국은 자국 제품의 가격경쟁력 제고를 위하여 경쟁적으로 자국통화의 평가절하조치를 취하는, 소위 통화전쟁(currency war)에 돌입하면서, 결국 안정적인 환율제도 및 국제결제제도가 붕괴된 상태였다. 따라서 전후의 지속가능한 평화체제를 위해서 무역전쟁을 방지하는 국제무역기구와 함께, 안정적인 환율 및 국제결제 시스템의 유지를 위한 IMF를 설립하였다. 1947년에 출범한 IMF는 환율안정을 위하여 가장 고전적인 고정환율제도의 하나인 금본위제도(gold-stand system)에서 출발하였다. 즉 전후 브레턴우즈 체제의 주축국인 미국의 달러화의 가치를 금에 고정시킨 후, 모든 IMF회원국 통화의 가치를 미국의 달러화에 대하여 고정시킨 고정환율제도로 출발하였다. 이처럼 안정적인 환율제도에 의해 뒷받침되었던 시기(1948년 ~1971년)에 세계경제는 전례 없는 황금기를 누릴 수 있었다.

　브레턴우즈 체제의 핵심인 세계무역기구(WTO)의 가장 기본적인 원칙은 '차별금지원칙(Non-discrimination Principle)'이다. 즉 WTO의 특정 회원국이 다른 회원국에 대하여, 차별적인 관세나 비관세무역장벽을 부과해서는 안 된다는 원칙이다. 만약 차별적인 관세조치, 즉 보호무역정책이 일방적으로 취해질 경우, 이는 필연적으로 상대국의 보복을 초래하여 결과적으로 무역전쟁으로 비화될 가능성이 높기에, WTO는 모든 회원국에게 보호무역조치의 일방적인 행사를 금지하고있다. 만약 특정 교역 상대국의 WTO 규정에 위배되는 보호무역정책 때문에 자국 산업과 기업이 피해를 당했을 경우에도, 피해를 입은 국가가 일방적으로 보복조치를 취하는 것은 WTO 규정위반이다.

만약 피해를 입은 경우, 피해국은 상대국의 WTO 협정위반 사실 및 피해 사실을 WTO의 무역분쟁해결기구(dispute settlement body: DSB)에 제소해서, 이 무역분쟁해결 기구의 심의과정을 그친 후, 그 판정을 통하여 허락된 무역보복조치를 취할 수 있다. 이러한 WTO 규정을 고려할 때, 현재 진행 중인 미국과 중국 간의 무역전쟁 및 패권경쟁 과정은 처음부터 WTO 규정을 무시하면서 일방주의적인 무역보복조치들이 이루어져왔다. 따라서 이러한 미·중 무역전쟁의 전개 자체가 WTO의 무역분쟁해결기능을 무력화하는 과정이었다. 이에 더해서 미국은 현재 공석인 WTO 상소기구(Appellate Body)의 위원(panelist)의 신규 임명을 저지함으로써, WTO의 무역분쟁해결기능을 2019년 12월 11일부로 사실상 마비시켰다. 이처럼 WTO 상소기구의 마비가 실질적인 WTO의 무역분쟁해결기능의 마비로 해석할 수 있는 여지는, 현재 작동하고 있는 WTO 무역분쟁해결기구(DSB)의 1심 기능도 사실상 마비될 수 있기 때문이다. 이는 WTO DSB의 1심 판결결과에 대하여 불만을 가진 국가가 상소기구에 제소할 경우, 현재 상소기구가 작동할 수 없는 만큼, 자동적으로 1심 판결결과가 무효로 해석될 수 있기 때문이다.

미·중 무역전쟁과 패권경쟁에 의하여 WTO의 기능이 마비되었다는 사실은, 향후 미·중 패권경쟁이 더욱 확대되고, 또 미국과 중국뿐만 아니라 유럽 및 아시아의 주요 교역국가들이 이러한 미·중 패권경쟁에 직간접적으로 연루되어, 무역갈등 및 무역전쟁이 확산될 가능성이 커졌다는 사실을 의미한다. 이와 같이 WTO의 무역분쟁해결기능의 마비는, 향후 지난 세기 제1차 세계대전과 제2차 세계대전 직전과 같은 전 세계 주요 국가 간에 광범위한 무역전쟁으로 확산될 가능성이 제도적으로 허용되었다는 것을 의미한다. 따라서 이와 같은 파국이 발생하지 않도록 최대한 조속한 시일 내에 WTO 분쟁해결기구의 효력 부활을 위한 국제적인 노력이 절실한 상황이다.

나. 실질적 패권국가의 실종(G0 혹은-G2시대)과 힘의 논리가 지배하는 통상체제

산업혁명 이후 19세기까지 전 세계 경제가 안정적인 성장세를 보이며, 국제정치질서도 비교적 안정적일 수 있었던 배경은, 산업혁명을 통하여 경제력 차원에서 세계적인 영향력을 행사할 수 있었던 대영제국이 국제적인 공공재로서, 안정적인 국제질서를 유지하는 데 필요한 다양한 국제적 지원을 제공하였기 때문이다. 마찬가지로 제2차 세계대전 이후부터 트럼프가 집권하기 이전인 2016년까지는 미국이 역시 세계질서의 안정을 위한 다양한 국제적 공공재를 제공하는 패권국가로서의 역할을 수행해왔었다. 한편 2017년 출범한 미국 트럼프 행정부가 'America First' 정책을 제시하면서, 그동안 미국이 담당해왔었던 국제적인 공공재를 제공하는 역할을 모두 포기하면서, 이제 세계에서는 패권국가가 실종된 G0의 시대가 도래한 형국이 되었다.

한편, 미국이 국제적인 공공재를 더 이상 제공하지 않고, 오로지 미국만의 이익을 추구하는 국가이기주의정책 및 고립정책을 선언한 이후 생긴, 다자주의 자유무역체제를 주도할 리더십의 공백을 메워줄 수 있는 의지와 역량을 가진 나라는 아직 아무도 없는, 리더십 공백의 시대가 도래하였다. 즉 중국, 독일, 일본이 표면적으로는 다자주의 자유무역체제를 지지하고 있으나, 중국의 경우, 서비스 시장을 포함한 경제전반의 폐쇄적 운용과 산업전반에 걸친 보호주의 정책에 기반한 관리무역체제를 고수하고 있는 만큼, 자유무역체제를 주도할 여건을 갖추지 못하고 있다. 독일 역시 OECD 국가 중 GDP 대비 가장 높은 무역수지 흑자폭을 기록하고 있음에도 불구하고 재정지출을 억제하여 무역불균형을 심화시키는 국제적 리더십을 발휘하지 못하고 있다는 비판에 직면하고 있으며, 일본 역시 비협조적 환율조작 정책 등으로 비난을 받고 있는 실정이다.

이에 더해서 중국은 국제질서의 안정을 도모하기보다는, 오히려 다양한 국제적인 불안정의 요인을 제공하는 등, 국제질서 교란자로서의 역할을 하고 있는 것으로 평가되고 있다. 즉 남중국해에의 영토분쟁해역에 일방적으로 인공섬을 조성하고, 또 그 인공섬을 군사기지화하는 조치에 이어서, 인도, 부탄, 티벳 지역과의 접경지역에서 반복적인 영토분쟁을 야기하고 있다. 미국 또한 미·중 무역전쟁을 통한 국제무역규범의 파괴를 주도하면서, 트럼프 정부에 이어 바이든 정부에서도 여전히 WTO 상소기구의 심판위원 임명을 거부하면서, WTO 무역분쟁해결기구를 무력화시키고 있다. 이처럼 미국과 중국이 앞장서서 세계질서를 교란하고 있는 현실을 '−G2' 시대라고 부르기도 한다.

이처럼 미·중 무역전쟁과 패권경쟁의 결과, 국제규범에 기반한 다자주의 자유무역체제는 붕괴되고, 그 대신 힘의 논리에 의한 양자간 통상관계로 재편되는 추이를 보이고 있다. 즉 미국 트럼프 행정부에서 시작된 미·중 무역전쟁의 결과, WTO를 통한 다자간 자유무역체제가 부정되면서, 모든 통상의제 및 갈등을 힘의 논리에 의한 양자간 협상으로 해결하려는 경향이 커지고 있다. 즉 미국은 TPP 탈퇴 이후, 미일 양자간 FTA를 추진하였으며, 마찬가지로 미영 양자간 FTA도 추진해왔다. 이와 같이 다자간 자유무역체제를 힘의 논리에 의한 양자간 협상체제로 바꾸어놓은 미국 트럼프 행정부의 시각은, 자유무역은 윈윈 게임이 아니라, 무역수지적자가 발생하는 나라는 패자로 남게 된다는 제로섬 게임이라는 시각이었다. 즉 미국에 대하여 무역수지흑자를 보이는 모든 상대국을 불공정무역국가로 규정하고, 무역수지적자 축소를 위한 강제조치를 공정무역조치로 묘사하는 중상주의적 접근을 해왔다. 한편 놀랍게도 바이든 행정부에서도 트럼프가 취했던 보호무역조치를 그대로 이어받고 있다.

이에 더해서 미국 트럼프 행정부는, 미국 국내법을 근거로, WTO 협정과 같은 다자간 협정은 물론, 한미FTA와 같은 양자간 무역협정의 세부 내용을 필요시 무시하고, 무차별적인 보호주의 정책을 남발해왔다. 즉 미국의 국가안보(통상법 232조)를 근거로 한 무차별적 보호무역정책은 기존의 다자간 및 양자간 통상협정을 무효화했으며, 이와 같은 미국의 초국제법적 보호무역조치와 중국의 꾸준한 WTO 규정위반으로 통상협정 무용론까지 제기되고 있는 상황이다. 중국 역시 미국의 전략을 그대로 답습하여, 다양한 중국의 국내 입법(육상국경관리법, 해양방어법, 해양운송안전법 등)을 추진한 후, 이러한 중국 국내법을 근거로 인도 및 히말라야 접경의 영토분쟁, 남중국해에서의 영토분쟁을 통한 영토확장을 추진하면서, 중국 국내에서의 정치적 지지확대를 도모하고 있다.

IV
미·중 간 경제패권경쟁과 한국 경제

1. 미·중 간 경제패권경쟁이 한국 경제에 미칠 영향

　미·중 간 경제패권경쟁 구조는 트럼프 행정부에서는 주로 보복관세 인상을 통한 무역전쟁의 형태를 보이다가, 바이든 행정부에 이르러서는 반도체 등 기술집약적 전략산업의 국제공급망 구조에서 중국을 소외시키는 형태의 기술패권경쟁 형태로 확산되면서, 한국 경제에 여러가지 새로운 난관을 초래할 것으로 예상된다. 2018년부터 시행된 중국산 제품에 대한 미국의 보복관세부과는 당장 미국의 대중국 수입량을 크게 감소시켰다. 즉 2018년 5,385억 달러에 달하던 미국의 대중국수입액은 무역전쟁 이후, 2020년에는 4,347억 달러로 감소하여 약 19.3% 감소하였다. 한편 이러한 미국의 대중국 수입감소는 곧바로, 중국의 대미수출제품에 사용되던 중간재의 수요감소로 이어져, 한국의 대중국 수출감소로 나타났다. 즉 2018년 한국의 대중국수출액은 1,621억 달러였으나, 미·중 무역전쟁의 결과 2020년의 경우, 1,326억 달러로 감소하여, 18.2% 감소하였다. 물론 한국의 대중국수출액 감소의 원인은 여러 가지가 있겠지만, 가장 주요한 요인은 미·중 무역전쟁의 결과 급감한 중국의 대미 수출액 감소가 결국 중국 수출제품에 중간재로 활용되던 중간재 부문에서 한국의 대중국 수출감소를 초래한 것으로 분석된다.

한편 같은 기간 한국의 대미수출은, 2018년의 경우 727억 달러였다가 2020년에는 741억 달러로 증가하였다. 즉 미·중 무역전쟁의 결과, 대중국 수출은 295억 달러 감소하였으나, 같은 기간 대미수출은 14억 달러 증가하였다. 따라서 미·중 무역전쟁의 결과 중국의 대미수출제품에 사용되던 중간재의 대중국수출은 감소하였으나, 미·중 무역전쟁에 따른 전환 효과로 한국의 대미수출은 소폭 증가한 것으로 볼 수 있다. 그러나 전체적으로는 대중국 수출감소폭이 절대적으로 큰 만큼, 미·중 무역전쟁은 한국의 수출산업에 상당한 부정적 영향을 초래한 것으로 초래된다. 즉 2018년의 수출총액은 1조 6,596억 달러였는데, 무역전쟁이 한창 전개되었던 2019년의 경우, 수출총액은 1조 547억 달러로 급락하였다. 그 이후 2020년의 경우, 수출총액은 5,125억 달러로 급감하였다. 물론 이는 2020년의 코로나19 충격이 주요 원인이겠지만, 2018년부터 격화되기 시작한 미·중 무역전쟁에 의한 영향이 컸던 것으로 평가된다.

이처럼 미·중 무역전쟁이 직접적으로 한국의 대중국 수출감소와 같은 부정적 영향을 초래한 가운데, 향후 미·중 기술패권경쟁 과정에서 미국이 중국을 반도체 및 첨단기술부문 글로벌 공급망에서 배제하려는 전략으로, 우리 기업들이 추가적인 난관에 봉착할 것으로 예상된다. 즉 미국은 현재 화웨이를 포함하여 중국의 주력 IT기업들에 대하여 미국의 첨단기술이 반영된 핵심부품의 공급을 금지하고 있는 가운데, 장기적으로 반도체 및 첨단기술부문의 글로벌 공급망에서 중국 기업들을 완전히 배제하려는 전략을 추진하고 있다. 이러한 중국 기업 배제전략을 미국 기업에만 적용하는 것이 아니라, 미국의 모든 우방국에 강요하는 전략을 구사하고 있다.

독일과 프랑스 등 유럽 기업들과 정부들의 경우, 과거 화웨이에 대한 규제 및 향후의 중국 기술기업들에 대한 배타적 규제에 적극적으로 동조하지 않는 입장이었다. 그러나 최근 러시아의 우크라이나 침공위협과 함께 중국의 신장지구에서의 소수민족 탄압 이슈 등과 맞물려, 미국 주도의 안보협력 프레임과 연관되어, 미국의 중국 기업배제 압력을 무시하기는 어려운 형국이 되었다. 그럼에도 불구하고, 유럽은 비교적 유연하게 중국 기업들과의 기술협력 가능성에 문을 열어두고 있는 것으로 보인다.

문제가 첨예해지고 있는 지역은 아시아 지역으로서, 미국 정부는 특히 한국 반도체 기업들이 중국 기업들과의 심도 있는 기술협력에 대하여 상당한 견제를 하고 있는 것으로 파악되며, 이는 향후 한국 기업들의 대중국시장 진출에 상당한 장애요인으로 작용할 것으로 보인다. 따라서 반도체부문에서 이미 중국에 상당한 규모의 직접투자 및 현지생산을 하고 있는 삼성전자 및 하이닉스 등의 기업들이 향후 중국 내에서의 생산전략 및 마케팅 전략에서 상당한 난관에 봉착할 것이 우려된다.

중장기적으로는 이와 같은 미국 정부의 견제에도 불구하고, 다소 기간은 지연되겠지만 반도체부문과 AI(인공지능)부문 등 첨단기술 분야에서 중국의 R&D 투자가 급격히 증가하면서, 글로벌 공급망에서 중국 기업을 배제하려는 미국의 전략이 큰 의미를 가지지 못할 것이라는 예측도 제기되고 있다. 이에 더해서, 이미 중국 시장에 대한 의존도가 매우 높은 미국 기업들의 현실을 고려할 때, 미·중 경제협력 및 기술협력의 완전한 디커플링은 물리적으로 불가능하다는 의견이 힘을 얻고 있다. 따라서 미국 정치상황이 일정 수준의 안정세에 접어들 경우 그리고 중국 정부 역시 과도한 중국민족주의를 내세울 정치적 필요가 줄어드는 정치적 안정세를 회복할 경우, 미·중 양국이 현재와 같은 소모적인 갈등과 경쟁을 지속할 유인이 크게 줄어들 것으로 예상된다. 이러한 가능성들을 고려하여 우리 기업 및 정부는 향후의 미·중 간 기술패권경쟁에서 균형 잡힌 접근을 하는 것이 필요할 것으로 보인다.

향후 '−G 2' 상태에서 미·중 간 무역전쟁 장기화 및 다자주의 무역체제의 붕괴에 따른 보호무역주의가 확산될 경우, 기술적 시장지배력을 갖춘 기업 및 국가경제는 오히려 그 시장지배력이 커질 수 있으나, 기술적 시장지배력을 갖추지 못한 기업과 국가경제는 시장퇴출 위협이 더욱 증가할 것으로 보인다. 현재 국제가치사슬(GVC)에서 중국에 대한 기술적 시장지배력을 상당 부분 상실한 한국 경제에 미·중 간 무역전쟁 장기화와 다자간 자유무역체제의 붕괴는 곧 한국 기업 및 한국 경제의 퇴출압력으로 작용할 것으로 예상된다. 따라서 미·중 패권경쟁이 장기화할 경우, 한국 경제의 유일한 생존전략은 고부가가치 기술집약적 산업에서, 미국과 중국에 대하여 일정한 비교우위를 가지는 기술경쟁력을 우리 기업 및 산업이 확보하고자 하는 노력이다.

2. 미·중 패권경쟁 시대에 한국 경제의 생존전략으로서의 통상 및 산업정책방향

가. 통상정책목표와 정책수단의 외연확대: 다자주의체제 복원을 통한 경제환경 안정화 전략

미·중 무역전쟁 및 패권경쟁 구조가 한국 경제에 초래한 가장 심각한 위협은 예측 가능한 안정적인 국제교역 및 통상질서가 붕괴되었다는 것이다. 이처럼 예측 가능한 무역질서가 아니라 힘의 논리에 의한 예측불가능한 국제교역질서가 자리를 잡을 경우, 대외무역에 대한 의존도가 절대적인 우리 경제의 미래는 치명적인 위기에 봉착하게 될 가능성이 크다. 따라서 예측 가능한 안정적인 국제교역 환경의 조성이 우리 경제의 안정적 운용의 선결조건인 만큼, 우리나라의 통상정책목표와 통상정책수단의 외연을 확대할 필요가 있다. 즉 기존 우리 정부가 주력해왔던 양자간 FTA 중심의 특혜적 시장접근 기회 확보를 위한 전략에서, 다자주의 자유무역체제 (WTO)의 복원을 통하여, 국제통상 및 우리나라 경제운용 환경의 안정화를 위한 정책노력에 주력하여야 할 것이다.

이처럼 우리 경제의 안정적 성장기반 구축을 위하여 필수적인 다자주의 자유무역체제 복원을 위한 정책접근은, 다자주의체제 복원을 위한 간접적인 노력과 직접적인 정책노력으로 구분할 수 있다. 먼저 다자주의 자유무역체제의 복원의 여건조성을 위한 간접적 정책노력으로서, 복수국 간 통상체제(Plurilateral Regime) 및 Mega-FTA를 전략적으로 활용할 필요가 있을 것이다. 즉 '역내포괄적 경제동반자협정(Regional comprehensive economic partnership: RCEP)'의 발효와 함께 회원국인 15개국 간의 다양한 협력체제를 통하여, 다자주의 자유무역체제 복원을 위한 기반을 마련할 필요가 있다. 이와 함께 '포괄적·점진적 환태평양동반자협정(Comprehensive and progressive agreement for Trans-pacific partnership: CPTPP)'은 현재 비록 미국이 탈퇴한 형태이지만, 일본 등 11개국이 참가한 가운데, 현재 중국, 대만 등이 가입신청을 한 상황이다. 이러한 CPTPP를 활용하여, 슈퍼파워의 통상일방주의를 견제하는 전략적 효과도 적극적으로 활용하여야 할 것이다.

위와 같은 간접적 노력에 더해서, 다자주의 자유무역체제 복원을 위한 우리 정부의 국제적 리더십을 발휘하는 직접적인 정책노력도 배가할 필요가 있다. 선진국과 개도국 간의 이해대립으로 교착상태에 빠진 DDA 등 다자간 자유무역체제를 복원하는 과정에서, 한국이 중간국으로서의 주도적인 역할을 수행해줄 것에 대한 국제적인 기대가 커지고 있는 상황이다. 즉 기존의 다자주의 자유무역체제의 주도국이 실종된 상황에서, 우리나라가 선진국과 개도국 간 통상갈등을 중재하고, 다자간 협력체제 복원을 위한 리더십을 발휘할 수 있는 전략적 상황인 만큼, 이를 적극적으로 활용할 필요가 있다. 지난 트럼프 행정부에서, 국가안보(예: 미통상법 232조) 및 산업피해(예: 미통상법 201조)를 빌미로 한 무차별적 보호무역조치를 취했으며, 바이든 행정부는 지난 트럼프 정부의 통상정책기조를 그대로 답습하고 있다. 따라서 이와 같은 미국 등 강국들의 일방적인 보호무역조치를 규제할 수 있는 국제규범 논의를 한국이 주도해 줄 것에 대한 국제적인 기대에 부응하는 노력이 필요하다. 그 첫 걸음으로 '반덤핑규제 및 보조금상계관세규제의 오용방지' 및 '지적재산권 보호강화'를 위한 국제규범 도입 등의 논의를 다양한 경로로 추진할 필요가 있을 것이다.

나. 지속가능한 통상정책으로서의 포용적 통상정책 및 산업정책

앞에서 살펴본 바와 같이 미·중 무역전쟁 및 패권경쟁이 발생한 가장 주요한 이유는, 미국과 중국 모두 자국 내의 빈부격차 심화와 이에 따른 사회적 분열과 갈등 구조의 확산이 초래한 양국의 정치 사회적 위기 구조임을 확인하였다. 만약 미국이 지금이라도 포용적 경제정책과 사회정책을 통하여, 사회적 갈등구조를 줄이고 사회 전반에서 창의적 혁신이 가능하게끔 사회안전망을 갖추는 정책노력이 이루어지고, 그 결과 미국 사회의 통합이 제고될 경우, 현재와 같은 소모적인 미·중 무역전쟁과 패권경쟁이 계속되지는 않을 것이다. 이와 같은 빈부격차의 심화가 초래할 수 있는 정치적 위기 가능성을 파악한 중국 정부 역시 정책의 화두를 고속성장이 아닌 '공동부유'에 두는 정책적 선회를 하고 있다.

미·중 무역전쟁의 원인이 경제적 사회적 포용성을 상실한 체제가 초래한 정치적 위기였던 만큼, 이러한 미·중 패권경쟁이 초래하는 위기국면을 돌파하기 위한 정책노력도 국내통상정책 및 대외통상정책에서 포용적 접근을 통하여, 경제위기대응 및 성장기반을 조성하는 것이 필요할 것이다. 먼저 대내통상정책 차원에서는, 우리의 다양한 산업 및 기업 형태별로, 대외시장개방 및 해외시장진출 확대시, 이익을 기대할 수 있는 비교우위 부문과 상대적인 피해가 발생하는 비교열위 부문들이 동시에 성장할 수 있는 동반성장을 위한 포용적 통상정책을 입안하고 추진하는 것이 필요하다.

자유무역을 통한 시장개방은 필연적으로 전 세계 기업들과의 경쟁 심화를 초래하고, 그 결과 비교열위 부문은 시장에서 퇴출되는 위기에 직면할 수밖에 없다. 만약 자유무역의 결과 시장에서 퇴출되는 기업과 또 노동자들이 실업 상태로 방치될 경우, 비교우위 부문의 이익 규모에 관계없이 사회 전체적인 효용은 감소하게 된다. 따라서 시장개방의 결과 시장에서 퇴출되는 기업과 노동자들이, 비교우위 부문으로 재배치될 수 있도록 지원해주는 효율적인 무역조정지원제도를 제공하는 것은 시장실패를 교정해야 하는 정부의 고유한 의무이다. 이와 같은 효율적인 무역조정지원제도는 결국 범정부 차원의 사회안전망정책과 연계된 가운데 제공될 수밖에 없다. 즉 시장개방의 결과 실업 상태에 빠진 노동자들이 비교우위 부문으로 재고용될 수 있도록 지원하는 직업재교육제도와 재취업알선제도를 효율적으로 제공하고, 이러한 직업재교육 과정 동안 실업자가족의 최저생계를 보장해주는 튼튼한 사회안전망을 구축하는 것은, 지속가능한 시장개방을 통한 경제성장의 선결조건이다. 미국이 체제위기에 직면하게 된 가장 주요한 이유가 이와 같이 시장개방의 결과 발생하는 실업자 등 비교열위 부문에 대한 효율적인 지원제도가 취약했기 때문인 만큼, 더욱 적극적인 사회안전망의 구축 노력이 필요하다.

이와 같은 대내적인 포용적 통상정책에 더해서, 대외통상정책에서도 포용적 접근이 지속가능한 자유무역체제의 두번째 선결요건이다. 최근 WTO가 실질적으로 무력화된 배경으로는, 미·중 무역전쟁의 결과 WTO의 무역분쟁해결기능이 정지되기 이전부터, 선진국과 후진국 간의 극심한 대립으로, 다자간 무역자유화협상이 교착상태에 빠져 있었다는 점이다. 즉 지난 2001년부터 교착상태인 도하개발어젠더(DDA)에서, 후진국들은 '자유무역은 기술집약적 산업에서 비교열위 구조를 보이고 있는 후진국에는 절대적으로 불리한 조치이고, 오로지 선진국들만의 이익을 위한 일방적 조치'라는 견해를 보여왔다. 그런 만큼 다자간 무역자유화 과정에서 선진국들이 더 큰 양보를 해야 한다는 입장이었다. 이에 대해 선진국들은 각국의 국내 정치적 이해관계에 의해 개도국들의 요구를 수용할 수 없다는 입장을 견지하면서, WTO 출범 이후 최초의 다자간 무역자유화를 시도했던 도하개발어젠더(DDA)는 2001년부터 현재까지 교착상태에 빠져 있다.

이와 같이 교착상태에 빠진 다자간 무역자유화 노력을 부활하는 경로는 선진국들이, 개도국들에게 충분한 유인체계를 제공해주는, 좀 더 전향적인 포용적 통상정책적 접근이다. 특히 코로나19 이후 실질적으로 마비된 글로벌 공급망과 국제교역 시스템의 복원을 위해서는, 최우선적으로 코로나19의 실질적 종식의 선결요건인 개도국을 포함한 전 세계 국가들에 대한 공평한 백신접종 기회 제공을 위한 포용적 협력이 절실한 상황이다. 이와 같은 코로나19에 대응한 포용적 협력을 계기로, 미·중 무역전쟁으로 마비 상태에 다자간 무역체제의 부활과, 개도국들에 대한 다양한 배려를 포함한 포용적 통상정책의 확산이 이루어지도록, 우리 정부가 중간국으로서의 국제적 리더십을 발휘하는 정책노력을 확대할 필요가 있다. 즉 새로운 통상질서구축을 위한 중간국 및 중재국으로서의 역할에 대한 국제적 기대를 저버리지 않도록, 적극적인 역할의 제고가 필요하다.

다. 산업구조 및 경제구조의 고부가가치화를 위한 전략적 통상 및 산업정책

기존의 우리나라 통상정책의 기본접근 방향은 우리 상품 및 서비스의 해외시장 접근기회 극대화를 통한 무역수지 개선을 목표로 해왔었다. 그 결과 양자간 자유무역협정(FTA) 체결 건수 극대화가 통상정책의 목표처럼 보이기도 했었다. 그러나 거의 모든 주요 교역 상대국과 양자간 자유무역협정이 완료된 만큼, 향후의 통상정책방향은 '단순시장 접근기회 확대'를 넘어서서, '산업구조 및 경제구조 고도화를 위한 전략적 통상 및 산업정책(strategic trade policies to upgrade economic efficiency)'에 초점을 맞추어야 할 것이다. 즉 우리나라 산업구조에서 고부가가치를 창출하는 주력산업 및 신산업의 기술경쟁력 제고와 경제효율성 제고로 이어지는 산업정책 수단으로서의 통상정책의 전략적 접근이 필요한 상황이다.

이러한 통상정책방향의 수정이 필요한 것은, 산업경쟁력이 뒷받침되지 않는 시장접근기회 확보는 오히려 경제성장에 악영향을 미쳤던 멕시코와, 페루, 칠레의 뼈아픈 사례에서 다시 한번 확인된다.

즉 FTA 체결 건수와 소위 경제영토(FTA를 체결한 상대국의 GDP를 합한 개념) 차원에서 세계 최고 수준이었던 멕시코와 페루, 칠레가 모두 이러한 적극적인 FTA 체결 이후, 예상했던 고성장 효과보다는 경제불안정 효과가 훨씬 더 커졌던 경험이, 통상정책이 초점을 맞추어야 할 방향을 분명히 보여준다. 따라서 향후 추가적인 FTA 협정 및 시장개방협정은 물론 기존 FTA의 이행협의 과정에서도 국내 산업의 기술경쟁력 및 시장지배력 강화를 위한 전략적 접근이 절실하다.

라. 한국 기업의 GVC 전략재편 및 글로벌 공급망 전략

미·중 무역전쟁 및 기술패권경쟁이 향후 더욱 격화될 경우, 우리 기업들의 대중국투자 및 GVC 관리방향의 전략적 수정 및 조정이 필요할 것으로 보인다. 기존의 한국 다국적기업들의 대중국 및 해외투자 전략은, 최근 격화된 미·중 간 패권경쟁 구도를 고려하지 않은 가운데 이루어진 전략이었다. 한편 2018년 이후 점차 심화되고 있는 미·중 간 소모적인 패권경쟁 구도를 고려할 경우, 기존의 한·중 간 경제 및 기술협력 구도에 상당한 변화는 불가피할 것으로 보인다.

기본적으로 중국은, 미·중 무역 및 기술패권경쟁 이후 그동안의 모든 기술적 해외의존을 중국의 국내 기술로 대체한다는 목표로 천문학적인 기술투자를 이어오고 있다. 따라서 향후 한국 기업들과 중국 기업들 간의 협력구도가 근본적으로 변화될 수밖에 없을 것으로 보인다. 그동안 거의 모든 업종에서 한국 기업들은 기초 및 중간 기술을 제공하고, 중국 협력기업들은 이러한 기술에 기반한 제조협력의 형태였다. 그러나 중국 기업 및 정부가 기술굴기 및 초대규모 기술개발투자를 이어가면서, 한·중 기업 간 기술협력 형태가 종래의 수직적 협력구도에서 향후 수평적 경쟁구도로 바뀔 가능성이 더욱 커졌다.

이와 같은 기술경쟁력 차원에서 중국 기업들과 한국 기업들의 위상 변화는, 곧바로 글로벌 가치사슬에서, 한국 기업들과 중국 기업들이 수직적인 협력관계에 있는 것이 아니라, 수평적인 경쟁관계에 직면하게 된다는 것을 의미한다. 이러한 한·중 기업 간 기술협력 구도의 변화는 결국 한국 기업들의 기술경쟁력이 중국 기업들을 압도적으로 앞서지 않는 한, 매우 빠른 시기에 아시아권 가치사슬에서 한국 기업들이 퇴출될 가능성이 크게 높아졌음을 의미한다.

따라서 과거 미국과 독일, 일본 등 선진국으로부터 수입된 원천기술을 비교적 신속하게 상용화하는 기술개발에 근거하여, 생산거점 지역으로서의 중국 및 동남아국가 들과의 협력구도는 더 이상 유효한 협력체제가 아니다. 즉 지금은 대다수 고부가가치산업에서 중국과 수평적 경쟁을 해야 하는 상황이다. 따라서 동아시아에서의 국제분업구조와 글로벌 가치사슬에서 우리 기업들이 퇴출되지 않는 유일한 길은 중국 기업들에 대한 기술적 시장지배력을 확보할 수 있는 기술력을 확보한 산업을 극대화하는 노력이다. 최근까지의 통계와 서베이 자료가 보여주는 결과는 암울하다. 그러나 생존위기에 더 강하게 대응해왔던 역사적 저력을 바탕으로 중국 기업들이 모방할 수 없는 기술력개발에 국가적 명운을 걸어야 할 시점이다.

V
결론 및 정책적 함의

앞에서 살펴보았듯이, 한국 경제에 새로운 복합위기의 핵심요인으로 작동하고 있는 미국과 중국 간의 경제 헤게모니 쟁탈전은 결국, 미국과 중국의 경제 시스템 및 사회 시스템의 내부적 모순이 누적된 결과로 볼 수 있다. 미국의 경우, 심각한 경제력 집중과 그에 따른 빈부격차 등 사회적 갈등 구조가 회복이 불가능해 보이는 정도의 정치적 분열까지 초래하였다. 그 결과 트럼프 정부에서 그 원인을 중국 등 외부적 요인으로 돌려서 그 탈출구를 찾고자 시도하였으며, 그 출발점이 미·중 무역전쟁이었다. 중국의 경우도, 그동안 중국공산주의체제를 지탱해왔던 고속경제성장세가 멈추면서, 빈부격차를 포함한 각종 사회적 갈등 요인이 누적되는 가운데, 시진핑의 장기집권을 위한 정치적 기반을 갖추는 차원에서, 미국의 압력에 강력히 대응하여 중국굴기의 모습을 보여줄 정치적 필요성이 커졌다. 그 결과 미·중 패권경쟁은 더욱 심화되어왔고 또 앞으로도 소모적인 형태로 계속될 전망이다.

이처럼 소모적인 미·중 간 경제패권경쟁에 의한 우리 경제의 교란요인을 최소화하고 안정적인 성장여건을 갖추기 위해서는 먼저, WTO를 중심으로 한 다자간 자유무역체제의 복원을 위한 정책노력이 절실하다. 특히 WTO체제 복원을 위한 국제적 논의 및 협력과정에서 중간국으로서의 한국 정부의 역할에 대한 국제적인 기대도 큰 만큼, 우리 정부의 적극적인 중재노력이 필요하다. 둘째, WTO의 복원과정 및 시장개방 과정에서, 후진국과 비교열위 부문을 포용하는 포용적 통상정책적 접근이, 지속가능한 다자주의체제를 위하여 필수적이다. 셋째, 향후 더욱 불확실성이 커질 국제경제 및 통상환경에서, 한국 경제의 유일한 중장기적 생존전략은 결국 고부가가치 첨단기술산업에서의 시장지배력 확보전략이다. 넷째, 미·중 패권경쟁뿐만 아니라 향후 기후변화와 팬데믹 등 점증하는 위험요인들을 고려하여, 위험최소화전략으로서 핵심부품 및 소재산업의 수직계열화와 같은 글로벌 가치사슬(GVC) 전략의 재편 전략도 동시에 이루어져야 할 것이다.

참고문헌

Amiti, M. & SH Kong & D. Weinstein. (2020). *The effect of the US-China trade war on us investment.* NBER Working Paper series

Bekkers, Eddy & Schroeter, Sofia (2020). *An Economic Analysis of the US-China Trade Conflict.* World Trade Organization.

Bow, Chad. (2021). *The US-China trade war and phase one agreement.* PIIE Working Paper.

Chong, Terence Tai—leung & Li, Xiaoyang (2019). Understanding the China-US trade war: causes, economic impact, and the worst—case scenario. *Economic and Political Studies,* 7 (2), 185-202.

Hass, Ryan. (2020). *More pain than gain: How the US-China trade war hurt America.* Brookings Institution.

Fajgelbaum, P. & A Khandelwal. (2021). *The economic impacts of the us-china trade war.* NBER Working Paper series.

Feenstra, R. C.; Ma, H.; Xu, Y. (2019). US exports and employment. *Journal of International Economics. 120,* 46-58.

Guo, Meixin & Lu, Lin & Sheng, Liugang & Yu, Miaojie. (2018). The Day After Tomorrow: Evaluating the Burden of Trump's Trade War. *Asian Economic Papers. 17 (1),* 101-120.

Hass, Ryan. (2018). *Trump's focus on China trade: Right target, wrong approach.* Brookings Institution.

Itakura, K. (2020). Evaluating the impact of the US-China trade war. *Asian Economic Policy Review,* 23, 243 —258.

Kehoe, Timothy J. & Ruhl, Kim J.& Steinberg, Joseph B. (2018). Global Imbalances and Structural Change in the United States. *Journal of Political Economy. 126 (2),* 761-796.

Kwan, Chi Hung. (2019). The China-US Trade War: Deep—Rooted Causes, Shifting Focus and Uncertain Prospects. *Asian Economic Policy Review. 15,* 55-72.

Lester, Simon. (2021). *Why Did Donald Trump's Trade War on China Fail?.* Cato Institute.

Liu, T & WT Woo. (2018). Understanding the US—China trade war. *China Economic Journal,* 23. 2101—223.

Nicita, Alessandro (2019). *Trade and Trade Diversion Effects of United States Tariffs on China.* United Nations Conference on Trade and Development.

PIIE. (2019). *US-China Trade War: The Guns of August.* PIIE.

Qiu, Larry D. & Chaoqun Zhan & Xing Wei. (2019). An analysis of the China-US trade war through the lens of the trade literature. *Economic and Political Studies* 7(2), 148-168.

Qiu, Larry D., & Xing Wei. (2019). China-US trade: implications on conflicts. *China Economic*

Journal 18, 1–20.

Tankersley, Jim & Landler, Mark. (2019). *The U.S. Trade Deficit: How Much Does It Matter?.* Council on Foreign Relations.

이 글은 홍경준. (2021)(발간예정). 소득보장 체계의 혁신 방향 모색. 기본소득 도입의 조건 과 과제(pp.269-298). 세종: 한국보건사회연구원 중 8장을 그대로 옮긴 것이다.

제3장

한국 소득보장 체계의
혁신 전략

홍경준 사회복지학과

I
들어가며

　한국 생활보장체제는 그간 이룩해온 복지의 확대와 발전에도 불구하고 광범위한 복지 사각지대 등 심각한 문제점을 드러내고 있다. 이에 더해 최근에 일어난 코로나19의 세계적 유행은 디지털 경제로 표상되는 거대한 사회변동을 더욱 가속화하는 결과를 초래하고 있는 것으로 보인다. 이런 상황에서 생활보장의 주요 수단으로 기능해온 기존 소득보장 체계의 안정성과 적합성에 대한 문제제기가 이루어지고 있다. 기존의 소득보장 체계는 지속 가능한가? 소득보장 체계를 구성하는 여러 프로그램의 개선은 가능한가? 근본적으로 새로운 방식의 제도를 모색하는 것이 더 적절한 것은 아닌가? 와 같은 질문이 바로 그것이다.

　체제 전환의 불발로 인한 문제가 밀린 과제로 남아 있다면, 디지털 경제 전환의 가속은 한국 소득보장제도에 닥친 도전이다. 3장은 밀린 과제와 닥친 도전으로 인한 한국 생활보장체제의 위기가 역설적으로 혁신을 가능하게 하는 흔치 않은 기회이기도 하다는 인식에 기초하여 소득보장 체계의 혁신 전략을 제안하고자 한다. 사실 한국 소득보장 체계의 변화가 필요하다는 인식은 꽤 오랫동안 있었다. 하지만 변화는 결코 쉬운 일이 아니다. 완만한 변화도 쉽지 않은데, 전면적인 혁신은 얼마나 어려운 일일까? 그럼에도 소득보장 체계의 혁신을 주장하는 것은 코로나19의 세계적 대유행이 촉발한 변화는 엄청난 위기이지만, 동시에 혁신을 가능하게 하는 흔치 않은 기회일 수도 있기 때문이다.

3장은 밀린 과제와 닥친 도전의 구체적인 양상을 한국 소득보장 체계에 대한 진단을 통해 묘사하는 것에서 시작한다. 그 후에는 '대안적 소득보장 체계'의 추진원칙과 주요 개혁과제를 소개하며, 이상의 논의를 요약하는 것으로 결론을 대신할 것이다.

II
한국 소득보장 체계의 진단

1. 밀린 과제; 한국 소득보장 체계의 특성과 문제점

1960년대부터 1990년대 초반까지의 한국 생활보장체제[1]를 필자는 '개발국가형 생활보장체제'라고 명명한다. '개발국가형 생활보장체제'는 중심과 주변이 서로 다르게 생활을 꾸리도록 하는 방식으로 형성, 전개되어왔다. '개발국가형 생활보장체제'가 가지는 특성은 다음과 같이 요약할 수 있다(Hong 2008; 홍경준, 2017).

첫째, 탈정치화(de-politicization)된 복지다. '개발국가형 생활보장체제'의 재생산을 담보하는 핵심 조건은 '경제발전에 올인한다'는 국가전략을 참여자들이 얼마나 믿고 따를 수 있냐는 것이다. 복지에 대한 요구가 정치를 통해 표출되는 것을 억제하고 방지하는 것은 참여

---

1) 생활보장체제는 인간의 생활(the livelihood of man)을 집합적으로 조직화하는 등가교환 (exchange), 재분배(redistribution) 그리고 호혜(reciprocity)라는 세 가지 방식들이 비교적 안정성을 가지고 결합하여 작동하는 방식, 혹은 양상으로 정의할 수 있다(홍경준, 2017).

자들이 경제발전 우선 전략의 지속에 대한 확신을 가지는 데 중요한 요소이다.

둘째, 낙후한 공공복지이다. 산업적 발전과 관련한 참여자의 노력은 '조건부로 주어지는 지대(contingent rent)'의 크기에 의존한다. 따라서 정부 재정에서 산업적 발전의 성취와 관련성이 적거나 없다고 판단되는 지출들은 최대한 억제되는데, 이는 공공복지의 낙후로 귀결된다.

셋째, 산업적 발전을 통해 성장한 일부 산업과 기업을 중심으로 내부 노동시장이 발전한다. 산업적 발전을 성취하고, '조건부로 주어지는 지대'의 수혜를 누리는 일부 산업과 기업은 가족 임금의 지급, 장기고용, 기업복지 등을 제도화한다. 내부 노동시장이 성립, 발전하는 것이다.

넷째, 산업적 발전의 과정에서 소외된, 그래서 '주변'에서 생활을 꾸리는 영세기업 취업자, 도시자영자, 농촌자영자의 분배 요구가 정치적으로 분출되는 상황을 억제하려면 산업적 발전의 성과가 일부라도 지급되어야 한다. 물론 복지가 탈정치화된 상황에서 이러한 보상은 '비정치적'이며 '비공식적'이다. 연(緣)복지[2]와 조세지출, 산업정책으로 분류되는 보조금 등이 바로 그러한 보상인데. 이를 '숨겨진 복지국가[3]'라고 표현할 수 있다.

---

[2] 연복지는 혈연(血緣), 지연(地緣), 학연(學緣), 업연(業緣) 등에 기초한 폐쇄적 네트워크에 의해 조직되는 물질적, 비물질적 복지급여를 말한다(홍경준, 2013).

[3] 사회보장 프로그램은 정치과정을 통해 직접적으로 드러나지만, 조세지출과 보조금 등

이상에서 언급한 ①탈정치화된 복지, ②낙후한 공공복지, ③중심에서의 내부 노동시장 성립과 발전, ④주변에 대한 '숨겨진 복지국가'의 출현이 '개발국가형 생활보장체제'의 특성이라 할 수 있다. 한국의 '개발국가형 생활보장체제'는 1990년대 초반까지는 비교적 순조롭게 기능한 것으로 보인다(홍경준, 2017). 높은 경제성장률이 보여주듯이 급속한 산업적 발전은 일자리를 매개로 빈곤의 감소와 불평등의 완화를 이끌었다. 현재와 미래의 삶의 조건에 대해 낙관적인 전망을 가진 대다수 국민은 '개발국가형 생활보장체제'를 뒷받침하는 정치-경제-사회의 제도적 조건도 신뢰했다. 성장-고용-분배의 선순환 경로가 나름의 방식으로 작동했던 것이다.

하지만 1990년대 중반 이후에는 '개발국가형 생활보장체제'가 더 이상 순조롭게 재생산되기 어렵게 되었다. 신자유주의의 전면화와 국가 간 경쟁의 격화, 생산성의 향상이 초래한 탈공업화, 숙련 편향적으로 진행되는 기술혁신의 확산과 같은 사회변동은 '개발국가형 생활보장체제'의 재생산에 부정적인 결과를 초래한 것으로 판단된다. 외환위기 이후 확대되기 시작한 공공복지는 바로 이러한 상황을 개선하고자 한 노력의 결과로 이해할 수 있다. 외환위기를 극복하는 과정에서 주요 산업과 핵심 기업들에서 이루어진 대규모 구조조정이 실업자를 늘리고 빈곤층을 확대했지만, 이에 대응할 사회 안전망은 상당히 부실하다는 실상을 알게 되었기 때문이다.

은 사회보장 프로그램과 유사한 혜택을 제공하지만, 쉽게 드러나지는 않는다, 이런 점에 주목하여 Howard(1997)는 '숨겨진 복지국가'라는 개념을 제시하였다.

외환위기 이후 등장한 모든 정부는 나름의 방식으로 공공복지의 확대에 애써 왔다. 김대중 정부에서는 사회보험의 거버넌스 개혁과 적용 대상의 확대, 수급권을 명시한 국민기초생활보장제도의 도입이 이루어졌다. 뒤를 이어 등장한 노무현 정부는 선별적이고 잔여적인 사회복지서비스를 보편적 사회서비스로 확충하려 노력했다. 일자리의 문제를 해결하고, 인구 고령화에 따라 커진 복지욕구에 대응하는 사회서비스에 대한 정책적 관심도 증대되었다. 근로빈곤층에게 재정적 유인을 제공하는 근로장려금과 노인을 대상으로 한 기초노령연금도 노무현 정부에서 제도화되었다. 이명박 정부에서는 근로빈곤층을 대상으로 한 취업성공 패키지 사업이 시작되었고, 보육영

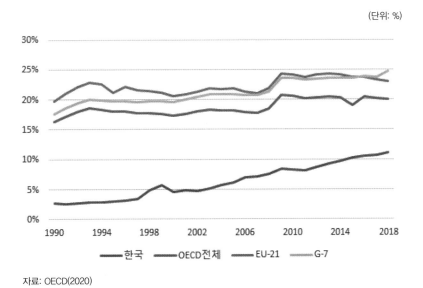

자료: OECD(2020)

〈그림 3-1〉 GDP 대비 공공복지비(public social expenditure)의 비중

역에 초점을 둔 사회서비스의 확대가 추진되었다. 박근혜 정부에서는 기초노령연금을 기초연금으로 확대했고, 국민기초생활보장제도의 통합형 급여를 맞춤형 급여로 바꿨다. 근로장려금에는 자녀장려금이 추가되었고, 그 대상 또한 확대되었다. 문재인 정부는 한국복지국가의 발전에 가속도를 붙였다. 보편적 수당제도인 아동수당을 도입했고 기초연금액을 인상했으며, 근로장려금의 급여액과 적용대상을 크게 늘렸다. 건강보험의 보장성이 강화되었고, 사회서비스 영역에서 정부 역할이 커졌으며, 오랜 과제였던 국민기초생활

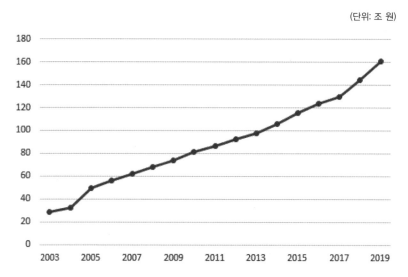

(단위: 조 원)

주 : 보건, 복지, 고용 분야의 일반회계와 특별회계, 관련기금을 더함.
자료: 기획재정부(2020)

〈그림 3-2〉 사회복지 예산 현황

보장제도의 부양의무자 기준 역시 폐지라고 말할 만큼 대폭 완화되었다. 고용보험의 사각지대 완화를 위한 노력과 실업부조제도의 도입도 이루어졌다.

이제 한국도 명실상부한 '복지국가'가 된 것이다(송호근·홍경준, 2006). 한국의 사회지출 규모는 다른 OECD 국가들과 비교할 때는 여전히 낮은 수준이지만, 〈그림 3-1〉에서 알 수 있듯이 2000년대 초반 이후 주목할 만한 증가세를 보인다. 2014년의 복지(사회복지+보건)예산은 〈그림 3-2〉처럼 100조 원을 초과하게 되었으며, 2019년에는 161조 원에 달하게 되었다. 공공복지의 이러한 발전이 사회 성원들이 겪는 생활상의 어려움을 완화하는 데 적잖게 기여했음은 부인할 수 없는 사실이다.

하지만 그간 진행된 사회변화는 확대된 공공복지로도 감당할 수 없는 어려움과 문제를 산출해왔다. 한편에서는 공공복지가 확대되었으나, 또 다른 편에서는 생활의 어려움을 겪는 사람들이 증가한 상황, 그것이 바로 '개발국가형 생활보장체제'가 해체된 이후 전개된 상황이다. 지난 이십여 년은 한국에서 공공복지의 발전과 복지국가의 탄생을 지켜보는 시간이다. 하지만 고용 불안의 확대와 불평등의 증가가 이루어진 시간이기도 하다. 또한 '개발국가형 생활보장체제'는 해체되었으나 중심과 주변의 차이는 좁혀지기는커녕 더 벌어진 시간이었고, 생활보장체제의 전환은 불발된 시간이다. 그러므로 '개발국가형 생활보장체제'가 해체된 이후 이십여 년이 흐른 현재까지의 한국 생활보장체제는 '개발국가형 생활보장체제'의 유산을 상당 부분 가지고 있기에 그저 '후기개발국가형 생활보장체제'라고 부를 수밖에 없다.

2. 닥친 도전; 코로나19 위기와 디지털 경제의 가속화

코로나19의 세계적 대유행이 초래한 변화는 상당히 구조적인 성격의 것이어서, '뉴노멀'이라는 표현이 등장하기까지 이르렀다. 포스트−코로나 시대의 변화 그 자체에 대한 진단과 분석이 이 글의 주된 목적은 아니다. 그러므로 이 글에서는 한국은행이 2020년 6월에 작성, 배포한 코로나19 이후 경제구조 변화와 우리 경제에의 영향이라는 보고서를 통해 그 변화를 간략하게 요약해보자.

첫째, 코로나19 위기는 여러 행위 주체들의 행동과 태도에 영향을 미친다. 개인과 가계는 전염병의 유행 그 자체와 그로 인한 실업, 소득 감소, 활동 제약 등을 경험하면서, 위험회피 성향을 강화할 가능성이 크다. 또한 위기의 진행 과정에서 일상적으로 경험하게 된 '언택트(untact)'는 디지털 경제에 대한 개인과 가계의 혁신 저항(innovation resistance)을 줄이는 효과를 가질 것이다. 기업 또한 미래의 불확실성에 대비하기 위해 노동에 대한 의존도를 축소하는 동시에 신규 투자에는 소극적일 가능성이 크다. 개인과 가계 그리고 기업의 위험회피적인 태도는 결국 정부의 역할 확대를 유인한다. 이러한 배경에서 소위 '큰 정부'는 상당 기간 대세로 자리를 잡을 가능성이 크다.

둘째, 코로나19의 세계적 대유행은 '글로벌 금융 위기' 이후 본격적으로 시작된 탈세계화(de-globalization)의 경향이 한층 더 거세지는 데 일조할 가능성이 있다. 보호무역주의, 기술안보주의, 이민 규제, 리쇼어링(reshoring) 등의 흐름은 경제의 블록화와 지역화로 귀결될 가능성이 크다. 폐쇄적 민족주의의 발흥 가능성도 어느 때보다 크다.

셋째, 코로나19 위기는 저탄소 경제에 대한 관심을 증가시키는 효과를 낳고 있다. 생물 서식지의 변형과 파괴 등을 초래하는 기후변화가 새로운 바이러스 출현을 매개할 수 있다는 인식이 확산하면서 이에 대한 대응이 필요하다는 목소리가 커지고 있다. 이에 따라 저탄소 발전전략을 구체화하고 관련한 정책적 대안을 모색하는 움직임 또한 활발해질 것이다.

넷째, 코로나19의 세계적 대유행은 디지털 경제로의 전환을 앞당길 것으로 예측된다. 디지털 기술의 발전은 재화와 서비스의 생산과 유통 그리고 소비에 큰 변화를 가져오고 있다. 이 변화의 속도와 범위는 4차 산업혁명으로 비유될 만큼 엄청난 것이라고 할 수 있다. 코로나19 위기로 인한 '언택트'의 일상화는 사회의 전 부분에서 디지털 경제로의 전환을 가속화할 가능성이 크다.

코로나19 위기가 초래한 이러한 변화는 정치와 행정, 무역과 산업, 노동시장과 국가재정, 문화와 예술 등 사회의 모든 부문에 영향을 미칠 수밖에 없다. 사회의 모든 부문은 서로 얽혀 작동하지만, 이 글에서는 특히 코로나19 위기가 초래한 변화가 노동시장에 미치는 효과에 초점을 두어보겠다. 아무래도 생활보장체제를 논의하는 관점에서는 생활을 꾸리는 핵심적 수단을 제공하는 노동시장의 문제를 더 각별하게 다룰 수밖에 없기 때문이다. 앞서 언급한 한국은행 보고서(한국은행, 2020)에서는 특히 다음과 같은 변화를 노동시장 부문과 관련하여 주목하고 있다.

첫째, 산업 및 직업구조의 재편에 따라, 일자리의 미스매치와 부문 간 격차가 확대될 가능성이 크다는 것이다. 비대면 산업을 중심으로 원격 근무, 플랫폼 노동, 단시간 근로 등이 일상화되면서 새로운 일자리가 만들어지겠지만, 다른 한편으로는 대면 업무 비중이 높은 서비스업과 판매직 등에서는 일자리의 감소가 발생할 것이다.

둘째, 일자리의 감소는 주로 대면서비스업, 임시일용직, 저학력, 여성, 소규모 사업체 등에 집중될 것이다. 실제로 통계청에서 발표한 2020년 8월 고용동향에서 15~64세 고용률을 보면 남성은 전년 동월 대비 0.9% 포인트 준 75.0%지만 여성은 1.3% 포인트 줄어든 56.7%이다. 여성의 고용률 감소가 더 큰 것이다. 실업률 또한 남성은 전년 동월 대비 0.2% 포인트 줄어든 3.0%였으나, 여성은 0.4% 포인트 늘어난 3.2%였다. 실업자 수와 실업률의 변화를 교육 수준별로 살펴보아도 심각함을 알 수 있다. 실업자는 고등학교 졸업자의 경우 1만 9천 명 증가했으나, 대학 졸업 이상의 경우는 9천 명 감소했다. 실업률 또한 고등학교 졸업자는 0.2% 포인트 상승했으나 대학 졸업 이상의 경우는 차이가 없는 것으로 분석되었다. 또한 코로나 19 이후 고용충격은 종사상 지위별로는 비임금 노동자와 임시직 노동자, 업종별로는 도소매 숙박음식업, 규모별로는 300인 이하 사업체에서 더 크다(통계청, 2020; 고용노동부 2020).

셋째, 코로나19의 영향이 장기적으로 지속될 될 경우, 기업의 신규인력 채용 기피와 투자 축소, 개인의 구직활동 위축에 따라 노동시장의 이력현상[4])이 발생할 수 있다. 이렇게 되면 업무숙련도 등 인적자본 축적은 제약되고, 생산연령 인구 감소의 추세 속에서 고용수준의 회복은 더디게 될 가능성이 크다. 한국은행의 시나리오 분석 결과에 따르면, 2008년 금융 위기 때의 파라미터를 적용할 경우 고용률은 약 2년간 현 수준을 밑돌고, 1997년 외환위기의 그것을 적용할 때는 4년 이상 현 수준보다 낮다고 한다. 결국 코로나19 위기는 디지털 경제로의 전환을 가속화하면서 중장기적으로 중심과 주변의 격차를 더 벌리고, 소득분배를 악화시킬 가능성이 크다.

3. 혁신의 필요성

자본주의 사회에서 대다수 사람들은 노동시장의 일자리를 통해 생활을 꾸리는 것을 당연하게 받아들인다. 그런데 디지털 경제는 일자리에 심대한 변화를 초래한다. 디지털 경제로의 전환이 일자리의 양과 질에 어떤 영향을 줄 것인가에 대한 논의는 엄청난 분량으로 쏟아지고 있다. 그 전망 또한 비관과 낙관이 교차하면서 영향에 대한 추정치는 일관성을 가지지 못한다. 하나의 예로, 세계경제포럼 (World Economy Forum)이라는 조직은 4년 후의 일자리를 전망하는 'The Future of Jobs' 보고서를 매년 출간한다. 그런데 2016년 보고

---

4) 노동시장의 이력현상(履歷現象 hysteresis)이란 고용률(혹은 실업률)이 외부 충격에 의해 영향을 받아 변동한 후 그 충격이 사라지더라도 원래 수준으로 회복되지 못하는 현상을 말한다.

서(World Economy Forum, 2016)에서는 510만 개의 일자리가 감소할 것이라는 추정 결과를 제시했으나, 2018년(World Economy Forum, 2018)에는 반대로 5,800만 개의 일자리가 증가할 것이라고 예측한 바 있다.

새로운 기술이 노동을 대체하지만 동시에 노동을 보완하여 생산성을 높이고 새로운 유형의 일자리를 창출하는 효과도 가진다는 점을 인식한다면, 디지털 경제로의 전환이 일자리에 미치는 효과를 단순화하기는 어려울 것이다. Acemoglu와 Restrepo(2018)의 연구는 이런 점을 잘 보여준다. 이들은 인공지능(AI)의 발전이 자동화를 촉진하여 노동이 수행하는 업무를 대체함으로써 노동수요를 축소하고 임금과 고용을 줄이는 대체효과의 발생은 부정할 수 없는 사실이라고 본다. 다만, 이를 상쇄하는 효과 또한 존재한다는 점을 강조한다. 대체효과를 상쇄하는 효과는 다양하다. 첫째, 인공지능화, 자동화된 업무의 생산성 증가가 자동화로 대체하기 어려운 업무에 대한 노동수요를 증가시키는 생산성 효과는 일자리를 늘릴 수 있다. 둘째, 자동화로 인한 자본축적의 증가는 자본뿐 아니라 노동에 대한 수요도 늘리는데 이는 자본축적 효과이다. 셋째, 자동화의 계속적 진전은 노동을 추가적으로 줄이는 외연적 조정(extensive margin)보다는 이미 자동화된 업무의 생산성 증가를 발생시키는 내포적 조정(intensive margin)을 초래한다. 이러한 내포적 조정은 대체효과를 늘리지는 않지만 생산성 효과는 늘리는데, 이를 자동화 심화효과라고 할 수 있다. 넷째, 이상에서 언급한 세 가지의 효과보다 더 중요한 것은 과거에는 존재하지 않았던 새로운 업무가 만들어지면서 일자리가 늘어나고, 이것이 대체된 일자리 감소를 상쇄하는 회복효과이다.

요약하면, 디지털 경제로의 전환이 향후 일자리에 미치는 영향은 자동화를 통한 대체 효과와 이를 상쇄하는 여러 효과들의 크기에 따라 달라진다. 또한 각각의 효과가 가지는 크기에 영향을 미치는 핵심적 변수는 정책과 제도라는 점도 중요하다. 기술 혁명의 진전을 가속, 혹은 억제할 수 있는 정부 정책과 기업 선택, 노동자와 소비자의 노동 공급 및 소비 행태, 정책결정에 영향을 미치는 유권자의 투표 행태 등이 회복 효과 등 일자리의 감소를 상쇄하는 효과들의 크기에 영향을 미치기 때문이다.

결국 문제는 회복 효과 등을 강화할 수 있는 정책과 제도가 어떠한가에 있다. 이런 관점에서 지금의 한국 상황을 점검해보면 혁신을 강화할 유인을 제공하는 제도도, 혁신에 필요한 사회안전망도 부실한 실정임을 알 수 있다. '개발국가형 생활보장체제'의 유산이 상당 부분 남아 있는 한국 복지국가는 여전히 노동시장의 중심과 주변의 분리에 기초해 있기 때문이다. 다양한 공공복지 프로그램이 제도화되면서 복지예산의 증가는 꽤 가파른 편이었지만, 사회성원들의 체감도는 높지 않다.

〈표 3-1〉 고용보험과 국민연금(직역포함)의 사각지대

(단위: 만 명, %)

		고용보험		연금보험	
가입자		1,353	49.40%	1,989	72.70%
	임금근로자	1,353	49.40%	1,557	56.90%
	비임금근로자	0	0.00%	432	15.80%
미가입자 (적용제외자 포함)		1,383	50.60%	746	27.30%
	임금근로자	703	25.70%	498	18.20%
	비임금근로자	680	24.90%	248	9.10%
전체 취업자		2,736	100.00%	2,736	100.00%

자료 : 통계청(2020)에서 필자가 정리

　공공복지의 여러 분야 중 이 글에서 관심을 가지는 소득보장 체계에 국한해보자. 〈표 3-1〉을 보면, 두루누리 사업과 같은 정책적 노력에도 불구하고, 사회보험의 사각지대가 여전히 광범위하게 남아 있음을 알 수 있다. 고용보험의 경우 전체 취업자의 절반 가까이가, 국민연금의 경우 전체 취업자의 27.3%가 배제되어 있다. 밀린 과제로 남아 있는 것이다. 코로나19 위기와 그로 인한 디지털 경제로의 빠른 전환은 새롭게 닥친 도전이다. 위기의 상황이다. 소득보장 체계의 전면적인 혁신이 필요한 이유이다.

Ⅲ
대안적 소득보장 체계의 모색

소득보장 체계의 전면적 혁신을 위해 어떤 혁신의 길을 가야 하는지에 대한 논의가 최근 활발하게 진행되고 있다. 특히 대통령 선출이라는 중대한 선거를 앞에 두고 기본소득제, 안심소득제, 공정소득제, 부의 소득세(NIT) 등 다양한 혁신 방안이 제출되고 있다. 이 글 역시 현행 소득보장 체계의 혁신이 필요하다는 인식에 기초해 있으므로, 이러한 혁신 방안들의 현실 진단과 문제 제기는 충분히 경청할 만하다. 하지만 필자는 이러한 제안들에 찬성하기보다는 기존 소득보장 프로그램의 내용을 개선하고, 거버넌스를 정비해서 소득보장 체계를 혁신하는 것이 더 적절하다고 판단한다. 기본소득제 등의 여러 제안에 찬성할 수 없는 이유는 다양하지만,[5] 두 가지만 언급하면 다음과 같다.

첫째, 이러한 제안들은 소득보장이 목표로 하는 빈곤 완화와 사회

---

5) 이에 대한 상세한 논의는 홍경준(2020)을 참조하라.

위험 분산은 결코 거대하고 단순한 프로그램 하나로 대응이 가능한 문제가 아니라는 점을 간과한다. 현행 소득보장 체계가 사회보험과 공공부조 그리고 사회수당(Demogrant)이라는 이질적인 여러 프로그램의 복합체로 축조된 배경에는 그렇게 해야만 하는 불가피함이 있다. 사회보험은 취업자들이 생애과정에서 직면하는 각종 사회위험을 분산하기 위해 만들어진 제도다. 사회보험의 핵심적 기능은 소득계층 사이에서 소득을 재분배하는 것이 아니라 사회위험을 분산하는 것이다. 물론 사회위험 분산 기능을 잘 수행하는 사회보험은 소득계층 사이의 소득재분배에도 긍정적인 효과를 산출하는 것으로 알려져 있다. 일반적으로 고소득층보다는 저소득층이 사회위험에 노출될 확률이 더 큰 반면, 지불 능력을 고려한 부담은 저소득층보다는 고소득층이 더 많이 하기 때문이다. 또한 사회위험 분산 기능은 복지 수혜자의 수를 늘려서 '복지동맹'의 형성을 가능케 하고(Baldwin, 1990), 복지를 지지하는 유권자 집단의 범위를 확장하는 효과를 내기도 한다(Rehm, 2009).

은퇴, 재해, 실직, 질병과 같은 사회위험에 빠질 확률과 소득 지위는 정확하게 비례하지 않는다. 기능직 고소득자의 실업 위험이 노무직 저소득자의 실업 위험보다 너 낮다고 단언하긴 어렵기 때문이다. 빈자와 중산층, 숙련 전속성을 가진 노동자와 그런 노동자를 필요로 하는 기업 등이 '복지동맹'으로 결집할 수 있었던 배경에는 소득 지위와 위험 지위가 일치하지 않는다는 중요한 점이 있었다. 납세자가 낸 세금을 정부가 모아서 빈곤 가구에 재분배하는 공공부조와는 별도로 사회보험이 소득보장 체계로 편입된 이유이다.

둘째, 이러한 제안들은 급여의 수급 단위에 따른 형평성의 문제를 도외시한다. 개인들이 생애과정에서 직면하게 될 사회위험을 분산하는 사회보험의 수급 단위는 기본적으로 개인이다. 그러나 빈곤에 대응하는 공공부조는 수급 단위를 가구로 둘 수밖에 없다. 근대의 표준적인 핵가족 형태를 반영하여 조작적으로 정의된 가구(household)라는 개념이 가족 행태의 변화를 적절하게 반영하는지에 대한 의구심이 커지고는 있지만, 여전히 개인의 경제적 웰빙은 가구를 단위로 따질 수밖에 없기 때문이다. 가구소득이 400만 원인 홑벌이 부부(소득 400만 원인 취업자+전업주부)와 가구소득이 150만 원인 맞벌이 부부(소득이 각각 80만 원과 70만 원)를 비교해보자. 수급 단위를 가구로 둔다면, 가구소득이 150만 원인 맞벌이 부부가 재분배의 대상이 되지만, 수급 단위가 개인이라면 가구소득 400만 원인 홑벌이 가구의 전업주부가 재분배의 대상이 된다. 물론 모든 사람에게 조건 없이 급여를 제공하겠다는 기본소득제는 이러한 형평성의 문제를 피할 수 있다. 하지만, 그렇게 하기 위해서는 엄청난 재원이 든다.

1. 대안적 소득보장 체계의 추진 원칙[6]

혁신의 바른 길은 현행 소득보장 프로그램들의 내용을 개혁하고

---

6) 이하의 논의들은 한국공공정책전략연구소(2021)의 일부를 수정, 보완한 것이다.

거버넌스 연계를 재구축하는 것이다. 이 글에서는 이러한 개혁과 재구축을 통한 소득보장 체계의 혁신을 '대안적 소득보장 체계' 구축으로 묘사할 것이다. 〈그림 3-3〉은 '대안적 소득보장 체계'의 개요를 그림으로 나타낸 것이다. '대안적 소득보장 체계'의 구축은 다음과 같은 다섯 가지의 원칙을 가지고 추진해야 한다.

첫째는 노동시장의 공정성 확보이다. 디지털 경제의 확산이 노동시장과 일자리에 큰 변화를 초래하겠지만 다수의 사람이 생활을 꾸리는 우선적인 방편으로 삼는 것은 노동시장이며, 미래에도 꽤 오랫동안은 여전히 노동시장일 것이다. 그러므로 '대안적 소득보장 체계'의 구축은 노동시장의 개선과 함께 추진되어야 한다. 비정규직의 정규직화 원칙도 중요하지만, 그보다는 동일가치노동 동일임금 원칙이 우선되는 원칙이라는 인식이 있어야 한다. 그리고 이 원칙의 확립과 적용을 위한 임금체계의 개혁이 추진되어야 한다. 그 출발점은 호봉급의 폐지 또는 축소, 임금체계의 직무급화가 될 것이다. 민간부문에 이러한 개혁을 강제할 수는 없지만, 정부의 개혁 의지를 직접 반영할 수 있는 공공부문에서는 임금체계의 직무급화가 서둘러 시행되어야 할 것이다. 다시 강조하지만, 소득보장 체계의 혁신은 노동시장의 공정성 확보를 위한 제도적 개선 노력과 함께 추진되어야 한다.

둘째, 사회보험의 적용대상은 보편화되어야 한다. '개발국가형 생활보장체제'에서 사회보험은 대기업과 공공부문 등 중심의 취업자 위주로 시작, 확대되어왔다. 다양한 노력에도 불구하고 여전히 그러하다. 소규모 사업체와 영세자영자 등 주변에 속한 취업자들의 상당수는 여전히 사회보험의 사각지대에 내몰려 있다. '대안적 소득보장 체계'는 취업 형태나 직장의 종류와는 상관없이 모든 취업자를 적용 대상으로 한다. 이를 위해서는 자격 중심의 현행 사회보험을 소득 중심으로 전환하고, 사회보험 적용대상 제외규정의 완전 폐지와 사회보험료 원천징수가 추진되어야 한다.

셋째, 소득보장 체계가 대응하는 사회위험의 범주는 정비하고 확장되어야 한다. 디지털 경제에서 취업자가 직면하는 사회위험은 과

사회위험 원천	은퇴 및 재해	실직 및 질병	교육훈련 및 돌봄	부분실업 및 무급휴직
사회위험	소득능력의 상실	소득의 상실	소득능력의 감소	소득의 감소
대안적 소득보장 체계	국민생활보험제도: 사각지대 없는 소득 중심의 전 국민 사회보험			
	공적연금 제급여 산재보험 제급여	실업급여 상병수당	국민활동급여	부분실업급여
	가구 특성에 따라 '기준 중위소득 50%+@' 보장하는 부조와 수당			
	기초연금 장애인연금	국민취업지원제도(실업부조) 근로/자녀장려금		
	기초생활보장 I	기초생활보장 II		

자료: 한국공공정책전략연구소(2021) 어젠더 K 2022(정책집 2), p. 111에서 필자가 일부 수정함

〈그림 3-3〉 대안적 소득보장 체계의 개요

거와는 다른 양상을 보인다. 그러나 현행 소득보장 체계는 여기에 적절하게 대응하지 못한다는 한계를 가진다. '대안적 소득보장 체계'는 취업자의 생활에 곤란을 끼치는 사회위험을 ①재해와 은퇴와 같은 소득 능력의 상실, ②교육훈련 활동과 돌봄 활동에 따른 소득 능력의 감소, ③실직과 질병으로 인한 소득의 상실, ④ 무급휴직과 부분실업에 따른 소득의 감소 등으로 분류한다. 또한 이렇게 분류한 사회위험에 대응하는 소득보장 프로그램을 사회보험과 공공부조 그리고 사회수당의 패키지로 배치해야 한다.

넷째, '대안적 소득보장 체계'는 재정원칙의 변화를 동반한다. 현재와 같이 취업자-사업자의 2자 부담 방식을 탈피하고 취업자-사업자-중앙정부가 사회보험료를 부담하는 3자 부담 방식으로 전환한다. 취업자와 사업자의 사회보험 기여금은 점점 더 광범위해지고, 정교해지는 국세청의 납세 플랫폼을 기반으로 사업장 중심의 사회보험료(payroll tax)[7]에서 목적세의 하나인 국민보험세(national insurance tax)로 전환한다. 또한 사회보험 기여금 상한액(2021년 현재 건강보험 705만 원, 국민연금 47만 원)은 자동 조정하거나 폐지하고, 그에 따라 국민연금 급여액 계산방식 등은 조정한다. 또한 중앙정부를 사회보험 기여의 한 주체로 설정하며, 취약계층에 대한

---

7) 사회보험이 표준적 형태의 고용관계를 중심으로 설계된 이유 중의 하나는 '공동의 작업 공간'이자 '위계적 단위'인 사업장이 취업자의 보험료를 징수하는 데 유일한, 또한 편리한 거점이었기 때문이다. 사회보험료를 봉급 지급 명부(payroll)에 기초한 세금(tax)으로 부르는 배경이다(홍경준, 2020).

보험료 지원은 정부 일반예산을 활용하거나 근로/자녀 장려금과 같은 방식으로 조세지출을 사용한다. 사회부조와 수당제도의 경우 현행처럼 중앙정부와 지방자치단체가 분담하여 운영한다.

다섯째, '대안적 소득보장 체계'는 조세−복지 패러다임의 전환에 기초한다. 국세청의 월 단위 실시간 소득 파악과 사회보험 징수 통합을 기반으로 전 국민 소득정보 시스템을 구축하여 사회보험 징수 책임은 국세청이 가진다. 한편, 복지부의 차세대 사회보장 정보 시스템과 정책부처별 시스템을 연계하여 효율적으로 사회부조 및 수당제도를 운영한다. 또한 개인을 수급 대상으로 하는 모든 소득보장 프로그램의 현금 급여에 과세하여 보편/선별을 넘어선 분별복지를 달성한다. 사실 소득보장 프로그램의 현금 급여는 소득을 구성하는 소득원천의 하나인 이전소득(transfer income)이므로 근로소득, 사업소득 등 다른 소득원천과 달리 취급될 이유는 없다. 그러므로 소득세법 개정을 통해 공적연금 급여에 대해서만 과세하는 현행 방식에서 소득보장 프로그램의 모든 현금 급여에 대해 과세하는 방식으로 전환할 수 있다.

이상의 다섯 가지 원칙을 가진 '대안적 소득보장 체계'의 구체적인 방안을 수립하기 위해서는 다양한 차원의 여러 쟁점을 세밀하게 검토해야 할 것이다. 매우 방대한 작업일 것이므로, 이 글에서는 거친 수준에서 간략하게 주요 정책과제를 제시한다.

2. 대안적 소득보장 체계의 주요 개혁과제

가. 소득 중심의 전 국민 사회보험

'대안적 소득보장 체계'의 첫 번째 정책과제는 소득을 중심으로 전 국민을 포괄하는 사회보험의 시행이다. 사업장 중심으로 사회보험료를 부과하는 방식에서 근로소득, 사업소득, 기타소득, 자본소득 등 모든 소득에 대해 정률로 과세하는 방식으로 전환하는 방안은 이미 여러 전문가에 의해 구체적으로 제시되고 있기 때문이다(최현수, 2020; 김문정, 2020; 홍민기, 2020).

그 대략적인 방향을 제시하면 다음과 같다. 우선, 근로기준법상 근로자로 인정받는 취업자와 사업자는 현행 방식을 준용하여, 사업장을 통해 보험료를 납입하면 된다. 다만, 이들의 사회보험 기여금은 국세청에서 일괄 징수하는 방식으로 변경한다.

한편, 특수고용종사자와 관련 사업자의 경우는 좀 다른 방식이 적용되어야 할 것이다. 특수고용종사자에 대해서는 사업소득과 기타소득에 대해 사회보험 기여금을 원천 징수하는 방식을 택할 수 있다. 원천징수 의무 사업자에 의해 신고되는 특수고용종사자의 사업소득 정보, 근로장려금 지급을 위해 2009년에 소득세법에 포함된 '사업장 제공자에 의한 특고종사자 과세정보 제공' 등을 통해 특수고용종사자에 대한 소득파악은 이미 상당한 정도로 이루어지고 있다. 따라서 특수고용종사자의 소득에 대해서는 국세청이 원천징수하는 방식을 통해 보험료를 징수하면 된다. 특수고용종사자의 고용보험 가입이 어려웠던 이유는 특수고용종사자의 사업주를 찾아서 징수하려 하는 관행 때문이다. 디지털 특고라고 불리는 다양한 종류의 플랫폼 노동이 디지털 경제의 가속화에 따라 더욱 늘어날 것임을 고려하면, 이러한 관행은 더 이상 지속될 수 없다. 그러므로 특수고용종사자의 사업주를 찾아서 사회보험료를 부과하는 대신, 플랫폼 운영업체 등 특수고용종사자와 관련한 법인이나 사업자의 이윤, 영업이익에 연동하여 보험료를 부과하는 방식이 적용될 필요가 있다.[8] 특수고용 종사자에 대한 원천징수, 관련 사업자의 이윤이나 영업이익에 대한 보험료 부과는 자연스럽게 사회보험 기여금의 성격을 사업장 중심의 사회보험료에서 목적세의 하나인 국민보험세로 전환하는 효과를 가질 것이다.

자영자의 경우는 종합소득 신고를 통해 파악한 작년도 소득액에 대해 보험료를 부과하고, 그 차액은 차년도의 종합소득 신고시에 정산하는 방법을 활용할 수 있다. 또한 취약 자영자 계층에 대해서는 농어업에 종사하는 지역가입자에 대한 국민연금의 보험료 지원제도나 영세 사업장에 대해 고용보험과 국민연금의 보험료를 지원하는 두루누리 지원사업의 방안을 참조하여, 중앙정부가 보험료의 일부를 지원할 수 있다. 자영자의 고용보험 가입을 의무화하면 도덕적 해이 등이 발생할 수 있다는 우려가 있으나, 이를 완화할 방안을 마련하는 것이 크게 어려운 일은 아니다.

---

8) 이윤기반 국민보험세는 미국에서도 논의되고 있다. 이에 대해서는 Saez & Zucman (2019)를 참조하라.

나. 통합형 공적연금

한국의 공적연금 제도는 일반 직장인과 자영자 등을 대상으로 하는 국민연금, 사립학교 교직원이 가입하는 사학연금, 공무원을 대상으로 하는 공무원연금, 직업군인을 피보험자로 하는 군인연금 등으로 나누어져 있다. 그 결과 보험료와 급여 수준, 재정 상황 등이 각각의 프로그램에 따라 다른 상황이다. 노후의 소득보장을 보다 강화하기 위해서는 사회보험 방식인 공적연금 제도의 급여 수준을 높이고, 재정적 지속가능성을 향상해야 한다. 그런데 이를 위해 필수적인 보험료율의 단계적 인상은 공적 연금제도 사이의 형평성 문제를 해소하지 않고서는 거의 불가능하다. 공적연금 제도의 일원화는 노후소득보장 강화를 위해 우선적으로 추진해야 할 과제인 것이다. 또한 공적연금 제도의 일원화는 직업별로 분립해 있는 제도 사이의 부담 및 급여 수준의 격차를 시정할 수 있다. 공적 연금제도가 통합, 일원화되면 가입자 수의 증가에 따라 연금재정계산에서도 신뢰성이 높은 통계수치 등을 확보할 수 있고 산업구조나 취업구조의 장기적 변화에 따른 가입자와 수급자 균형의 변동도 축소되어 연금재정의 안정화를 추진하기가 더 쉽다.

공적연금 제도의 일원화를 위해서는 국민연금의 보험료율 인상과 직역연금의 가입기간 조정, 연금지급개시연령 조정, 장수화 리스크를 연금급여액에 반영하는 연금액 감액방식의 도입 등이 필요하다. 또한 직역연금에 포함되어 있는 산업재해보험 요소, 고용보험 요소는 별도의 방식으로 제도화해서, 직역연금 가입자들의 산재보험과 고용보험 가입을 허용해야 한다. 퇴직수당에 해당하는 부분

역시 법정퇴직금 제도에 맞춰 연금화하며, 보수 격차를 감안하여 추가적으로 저축계정 제도 같은 것의 도입도 고려해야 한다. 직역연금 가입자들의 불이익을 완화하는 조치가 공적연금 일원화를 위한 전제조건이라는 점 또한 잊지 말아야 한다. 일원화한 공적연금의 발전방향은 당연히 소득비례적 성격을 강화하는 것이다. 구체적인 내용은 노후소득보장제도의 여러 층위를 구성하는 기초연금 및 국민기초생활보장제도의 개혁방안과 함께 종합적으로 고려해야 하지만, 소득비례적 성격의 강화라는 원칙은 지켜져야 할 것이다.

다. 상병수당

코로나19 위기로 인해 아프면 쉴 수 있는 권리와 소득 상실에 대한 정책적 대응이 필요하다는 인식이 사회적으로 확산되었다. 2020년 7월 정부가 발표한 한국판 뉴딜 고용사회안전망 영역에서 상병수당 도입이 언급된 바 있다(관계부처합동, 2020). 정부 발표에 따르면, 아직까지는 연구용역 시행 및 저소득층 등 대상 시범사업 추진과 같이 제한적인 수준에 머무르고 있다. 하지만, '대안적 소득보장 체계'의 구축이라는 관점에서 보면 도입의 속도는 당겨져야 할 필요가 있다. 질병은 실업과 함께 취업자의 소득 상실을 초래하는 핵심적 사회위험이기 때문이다. 상병수당은 모든 취업자를 대상으로 하여 해당하는 피보험자가 일시적으로 또는 최대 1년 이하의 요양을 필요로 하는 질병 또는 감염병 등으로 일을 중단할 경우, 소득의 일정비율을 지원하는 방식으로 제도화해야 한다.

현재 상병수당의 도입 논의는 주로 의료보장제도의 체계와 밀접한 관련을 가지고 있다. 이는 과거에 상병수당이 공교의료보험의 급여로 존재했었고, 의보통합 이후에는 법률상 임의규정으로 존재하고 있다는 역사성을 반영한 것으로 판단된다. 하지만 상병수당을 필요로 하는 피보험자는 취업자의 지위를 가져야 한다는 점, 상병수당이 취업자의 소득상실이라는 사회위험에 대응한다는 점을 고려하면, 의료보장제도보다는 소득보장제도 체계의 한 급여로 다뤄지는 것이 적합하다.

라. 부분실업 급여

코로나19 위기는 안정적인 고용관계에 있는 취업자라 하더라도 무급휴직 등으로 인해 일시적으로 또는 장기간 소득의 감소나 중단이 발생하기도 한다는 것을 드러냈다. 현행 실업급여는 비자발적 실업으로 인한 소득의 중단만을 실직 상태로 인정하여 급여를 제공하기 때문에 무급휴직으로 인한 소득 감소나 중단에는 적절하게 대응하지 못하기 때문이다. 디지털 경제의 변화된 노동환경에서 다양한 이유로 소득의 감소를 경험하는 취업자가 많아질 수 있음을 생각한다면, 이에 대응하는 소득보장 급여의 필요성은 더욱 절실해진다.

고용은 유지되지만 일의 일부나 전부가 중단되는 경우, 둘 이상의 일자리 중 하나의 일자리를 상실하는 경우, 실업급여를 받는 중에 일시적으로 취업할 경우 등을 부분실업으로 인정한다면, 이러한 부분실업으로 인한 소득의 감소에 대응하는 부분실업 급여를 도입할 수 있다. 부분실업 급여를 도입하기 위해서는 무엇보다 먼저 근로일수와 시간에 기초하여 기여와 급여의 자격조건을 정하는 현행 방식을 소득에 기초하여 기여와 급여의 자격조건을 정하는 방식으로 바꿔야 한다. 앞서 언급한 소득 중심의 전 국민 사회보험 시행이 필요하다는 것이다. 소득에 기초하여 급여의 자격조건을 정하게 되면, 부분실업 기간 동안의 평균소득을 기준으로 실업급여액을 감액 지급하거나, 급격한 소득의 감소(예를 들어, 기존 소득의 30% 이상 감소 등)가 일정기간 동안 지속될 경우 이러한 감소분의 일정 비율(실업급여 소득대체율 60%를 동일하게 적용하는 등)을 지급하는 식의 규정을 구체화할 수 있다.

마. 국민활동 급여

'대안적 소득보장 체계'의 정책과제 중 하나는 소득능력의 감소에 대응하는 소득보장 프로그램을 마련하는 것이다. 교육훈련 활동이나 돌봄 활동은 생활의 재생산에 필수적인 활동이다. 그러나 이러한 활동은 불가피하게 노동시간을 줄이고, 그에 따른 소득능력의 감소는 생활을 위협하는 중요한 사회위험이다.

이런 사회위험을 분산할 수 있는 소득보장제도는 아직 충분히 제도화되지 못한 상황이다. 그런데 이와 관련한 흥미로운 제안들이 있다. 우선, 1990년대 중반 이후 독일의 귄터 슈미트(G. Schmid)를 중심으로 한 연구자 집단에 의해 논의되고, 한국에도 소개된(정원호 외, 2011) 이행노동시장이론(transitional labour market)에서는 숙련의 부족이나 상실에 대응하는 연대적 향상훈련기금을 제안한다. 이 제도는 실업보험료의 일부와 정부의 조세를 통해 재원을 충당하며, 훈련에 대한 자기결정에 따라 인출권(Ziehungsrechte; drawing rights)

을 보장하는 방식으로 운용된다. 여기서 말하는 인출권이란 1996년 유럽연합 집행위원회의 발주를 받아 진행한 연구를 통해 알렝 쉬피오(A. Supiot) 등이 제시한 것으로, 일과 관련하여 사회구성원들이 가지는 권리를 개념화한 것이다(김안국 외 2019). 쉬피오 등에 따르면, 시민이라는 지위가 개인에게 시민권이라는 권리를 부여하는 것과 마찬가지로 고용을 포함하여 일생 동안 다양한 일을 수행하는 개인은 노동력 구성원의 지위(labour force membership status)를 가지므로, 일과 관련한 일련의 사회적 권리들을 부여받아야 한다. 노조 활동에 대한 근로시간 면제(time off), 특별휴가, 훈련휴가, 노동시간 저축계좌, 훈련바우처 등은 이러한 사회적 인출권 개념에 기초하여 다시 정의될 수 있고, 가사노동과 돌봄, 교육과 훈련, 자원봉사, 공공의 이익과 관련된 일 또한 마찬가지다.

육아나 간병 등을 위해 취업을 중단해야 하는 상황이 있을 수 있고, 기술 변화에 따른 숙련의 체득이나 향상을 위해 교육연수나 직업훈련을 받아야 하는 경우도 있다. 이러한 상황은 소득능력의 감소를 초래하기 때문에 사회위험으로 인식되어야 하며, 위험을 분산할 수 있는 제도적 장치가 필요하다. 이러한 제도는 대학 등 일부 직장에서 제도화되어 있는 안식년(sabbatical year)을 떠올리면 이해하기 쉽다. 생애주기의 특정 시점부터 모든 개인들은 각자의 계좌를 가지게 되며, 노동 이력의 증가에 따라 각자의 계좌는 더 채워진다. 생애주기에서 교육연수와 직업훈련, 양육과 간병 등의 활동을 해야 하는 경우에는 각자의 계좌에서 인출할 수 있고, 그 인출은 사회보장 급여와 같은 것으로 다뤄지는 것이다. 관련 위험의 분산이 가능하므로, 소요재원의 크기는 기본소득제 같은 제도보다는 훨씬 적을 것이다. 이러한 제도는 사회적으로 유용한 기여라는 기준을 충족할 경우에 한하여 개인에게 현금 급여를 제공하는 참여소득제(Atkinson, 1996)와도 유사하며, C. Offe(1998), 석재은(2020) 등도 '변형된 기본소득제'라는 이름으로 유사한 정책을 제안한 바 있다. 이 글에서 제안하는 국민활동급여의 구체적인 제도화 방안은 다음과 같다.

우선, 노동력 구성원(abor force membership) 지위에 수반되는 사회적 권리를 개인별로 부여한 국민활동계좌(청구 시 중앙정부가 지급을 보장하는 개인별 가상계좌)를 18세~64세의 근로연령집단에게 부여하고 해당 급여의 피보험자 자격을 준다. 물론 군복무나 학업 등에 종사 중인 개인은 일시적으로 제외한다.

둘째, 급여의 자격조건은 해당하는 피보험자가 ① 직업준비, 직업전환 관련 평생교육 등과 같은 직업훈련 활동 ② 아동 양육과 노인, 장애인 간병 등과 같은 가족 돌봄 활동으로 비유급 노동시기에 들어가게 될 때로 한다.

셋째, 필요예산은 전액 중앙정부가 부담하는 사회보험 기여금으로 충당하며, 급여 기간은 피보험 자격기간 중 최대 48개월, 월 단위로 개인이 급여 기간을 선택하여 신청할 수 있게 한다. 급여 액수는 다양한 방식의 적용이 가능할 것이다. 가령, 만 18세에 달한 피보험자에게 12개월 치의 급여액에 해당하는 금액을 계좌에 적립해주고, 노동이력의 증가에 비례하여 나머지 36개월 치의 급여액을 추가로 적립하거나, 연령대별로 할인율을 적용하여 30세 이전에 인출하면 그 1개월은 2개월로 간주하고 45세가 지나서 인출할 경우 그 1개월은 0.8개월로 간주하는 방식 등이 탄력적으로 모색될 수 있다.

넷째, 국민활동급여제도가 도입되면, 고용보험 모성보호사업의 육아휴직이나 장기요양보험의 특별현금급여(가족요양비)는 폐지한다. 또한 국민활동급여의 이용 여부와 이용 시기에 대한 선택권을 개인에게 부여하며, 자발적인 포기도 가능하게 한다. 만 65세(국민연금 수급개시연령 기준) 이후에도 남아 있는 국민활동계좌 적립금은 연금보험료 납부(추납제도 연계)로 이전하여 노후소득보장을 강화하도록 하는 등으로 유연하고 탄력적으로 제도를 설계한다.

바. 국민기초생활보장제도

최후의 안전망인 국민기초생활보장제도의 핵심적 과제는 사각지대를 축소함과 동시에 보장 수준을 제고하는 것이다. 우선, 최저생활 보장을 위한 보장 수준의 제고가 이루어져야 한다. 현행 국민기초생활보장제도의 생계급여 기준선은 기준 중위소득의 30%로, 2021년 현재 1인 가구의 경우는 54만 8,349원이다. 이는 과거 최저생계비에 기초한 급여수준 설정 시에 작용한 가구균등화 지수를 적용한 결과에 따른 것으로 현실을 적절하게 반영하지 못하는 것으로 판단된다. 통계청이 OECD 등 국제기구에 제출하는 우리나라 1인 가구 상대빈곤선(중위소득 50%)이 약 125만 원 수준이라는 점을 감안하면, 기준 중위소득 30% 기준선은 1인 가구의 경우 상대빈곤선의 44% 수준에 불과한 낮은 수준이기 때문이다. 그러므로 1, 2인 가구에게 불리하게 설정되어 있는 현행 가구 균등화지수를 OECD 및 통계청 기준의 가구 균등화지수로 개편을 추진함과 동시에 생계급여 기준선은 기준 중위소득 50%까지 높이는 것을 정책목표로 삼아야 한다. 기준 중위소득 50%라면, 2021년 기준으로 1인 가구의 경우 가 약 92만 원에 해당하는 수준이다. 이는 공식적인 1인 가구 상대빈곤선 대비 약 74%에 해당하는 수준이다.

두 번째의 개혁과제는 사각지대의 축소이다. 2015년 교육급여, 2018년 주거급여에 이어 2021년에는 생계급여에 대해서도 부양의무자 기준이 대폭 완화되었다. 그러나 국민기초생활제도의 사각지대 축소가 이러한 제도변화를 통해 완결되는 것은 아니다. 재산의 소득환산제 또한 국민기초생활보장제도의 사각지대를 만드는 데 중요한 요인이기 때문이다. 재산의 소득환산제를 완화하여 사각지대를 축소하고, 급여 수준을 인상하여 보장 수준을 제고하기 위해서는 우선, 노인과 장애인 등 소득 능력의 상실로 인해 근로가 불가능한 인구집단과 그 외 다른 이유로 빈곤에 빠진 근로 가능 인구집단을 구분하여 달리 처우하는 것이 필요하다. 국민기초생활보장제도의 두 가지 목표인 기초생활보장과 자립지원은 제도 운영과정에서 상충되는 경우가 많다는 것을 이제는 인정해야 한다. 앞서 제안한 기준 중위소득 50%의 생계급여 기준선 인상 역시 근로능력 유무에 따라 국민기초생활보장제도를 이원화하는 조치를 통해 더 수월하게 이뤄낼 수 있을 것이다.

근로능력 유무에 따라 이원화한 국민기초생활보장제도에 대해 각각 기초보장 I과 기초보장 II로 명명한다면, 노인과 장애인 등 근로불가능 빈곤층을 대상으로 한 기초보장 I은 기초생활보장을 목표로 관대하게 운영하는 것이 바람직하다. 기준 중위소득 50%의 생계급여 기준선 인상 역시 기초보장 I에 대해 우선적으로 적용될 필요가 있다. 이미 폐지하기로 예정한 부양의무자 기준은 물론이고, 재산의 소득환산제 역시 좀 더 관대한 방향으로 개선될 필요가 있다. 다만, 의료급여의 부양의무자 기준 폐지 문제는 신중하게 접근할 필요가 있다. 예산의 문제라기보다는 우리나라 건강보험제도가 가진 '넓은 피부양자 범위'라는 조건과 의료급여의 부양의무자 기준 폐지가 상충할 수 있기 때문이다. 부양의무자가 건강보험 가입자라면, 해당 수급자는 건강보험 피부양자의 자격을 가질 수 있다. 이 경우에는 부양의무자 기준을 폐지하기보다는 수급자가 필요로 하는 필수적 의료에 대해 의료비를 지원하는 방안이 더 적절하다. 향후, 건강보험 피부양자 범위가 축소된다면, 그에 따라 해당 급여에 대한 부양의무자 기준도 폐지를 고려할 수 있을 것이다.

노인과 장애인 등 근로불가능 빈곤층을 대상으로 한 기초보장 I에는 재산 기준을 과감하게 낮춰야 한다. 재산의 소득환산율을 현행보다 대폭 낮추는 방법이나 cut-off 방식에 기초하여 재산 기준을 낮게 두는 방법 모두 검토 가능할 것으로 판단된다. 이 글에서 강조하고 싶은 것은 기초보장 I에 대해서는 재산기준을 대폭 낮추는 대신, 수급자의 사망 후 처분권, 즉 상속권에 대한 제한을 고려하자는 것이다. 특히 노인 수급자가 상당액의 거주 주택을 보유하고 있는 경우에는 해당주택을 담보로 수급권을 부여하는 방안도 고려할 수 있다(여유진 외, 2011).

한편, 근로능력자를 대상으로 한 기초보장 II는 자활조성을 목표로 자활급여가 핵심적 프로그램으로 자리 잡도록 개혁해야 한다.

의료급여보다는 건강보험의 가입자가 되도록 보험료 지원 등의 유인 수단이 제공되어야 하며, 취업지원 서비스가 보다 적극적으로 작동하도록 혁신되어야 한다. 재산의 소득환산 또한 자활 가능성의 모색 방안과 연계될 필요가 있다.

국민기초생활보장제도가 대상자의 특성에 기초하여 기초보장 I과 기초보장 II로 이원화된다면, 그 후에는 이 두 제도와 여타의 범주적 공공부조를 어떤 식으로 연계하는 것이 더 효과적인지에 관해 생각해봐야 한다. 소득능력을 상실한 노인이나 장애인을 대상으로 한 기초연금 및 장애연금과 기초보장 I은 어떤 식으로든 역할 조정과 연계 방안의 모색이 필요할 것이다. 기초연금이나 장애연금의 발전 방향을 어디에 둘 것인가에 따라 이들 범주적 공공부조와 기초보장 I 사이의 연계와 조정 혹은 통합의 문제가 제기될 수 있다. 근로능력자를 대상으로 한 기초보장 II와 근로/자녀 장려금, 그리고 국민취업지원제도 역시 마찬가지다.

IV
결론을 대신하여

1990년대 말의 외환위기 이후 소득보장 영역을 비롯한 한국의 공공복지 확대의 속도와 폭은 주목할 만한 것이었다. 그러나 그간 진행된 산업구조와 노동시장의 변화는 공공복지의 확장과 발전으로도 감당할 수 없는 어려움을 낳았다. 대기업의 호조와 중소기업의 침체, 노동시장 중심과 주변 사이의 소득격차 확대, 세계 최저의 출산율과 빠른 속도의 고령화는 삶의 불안정을 키웠다. 노동시장의 주변에 자리 잡은 취업자들의 상당수는 사회보험의 사각지대에 남아있고, 공공복지의 발전에 대한 체감의 정도는 낮은 실정이다. '개발국가형 생활보장체제'는 해체되었으나 새로운 생활보장체제로의 전환은 미뤄져 있는 상황이다. 이처럼 체제 전환의 불발로 인한 문제가 밀린 과제로 남아있다면, 코로나19의 세계적 대유행으로 인한 디지털 경제 전환의 가속은 한국 소득보장제도에 닥친 도전이라고 할 수 있다. 포스트코로나 시대에 대한 진단과 분석들이 한 목소리로 말하는 것은 이 위기가 여러 경로를 통해 결국은 디지털 경제로의 전환을 앞당길 것이라는 점이다. 문제는 디지털 경제로의 전환이 생활을 꾸리는 핵심적인 방편인 노동을 변화시킬 뿐 아니라, 생활의 여러 위험을 분산하는 소득보장 체계의 안정성과 적합성을 훼손한다는 것이다. 밀린 과제에 닥친 도전이 중첩해서 제기되고 있는 위기 상황이다.

이러한 상황에서 '대안적 소득보장 체계'라는 소득보장 체계의 혁신 전략을 제시하고자 하는 것이 3장의 목적이었다. '대안적 소득보장 체계'의 다섯 가지 추진 원칙은 다음과 같이 요약될 수 있다. 첫째, 노동시장의 공정성 확보를 위한 제도적 개선 노력이 소득보장 체계의 혁신과 함께 추진되어야 한다. 둘째, '대안적 소득보장 체계'는 노동시장에서의 취업 형태와는 상관없이 모든 취업자를 적용 대상으로 한다. 셋째, 디지털 경제에서 취업자가 직면하는 사회위험은 과거와는 다른 양상을 보이므로, '대안적 소득보장 체계'는 취업자의 생활에 곤란을 끼치는 사회위험의 범주를 정비, 확장하며 여기에 대응하는 프로그램을 사회보험과 공공부조, 그리고 사회수당의 패키지로 배치한다. 넷째, '대안적 소득보장 체계'는 취업자-사업자의 2자 부담 방식을 탈피하여 취업자-사업자-중앙정부가 사회보험료를 부담하는 3자 부담 방식으로 전환한다. 다섯째, '대안적 소득보장 체계'는 조세-복지 패러다임의 전환을 꾀한다. 즉, 사회보험 징수 책임은 국세청이 가지며, 개인을 수급 대상으로 하는 모든 소득보장 프로그램의 현금 급여에 과세하여 보편/선별을 넘어선 분별복지를 지향한다.

'대안적 소득보장 체계'의 구체적인 방안을 수립하기 위해서는 다양한 차원의 여러 쟁점을 세밀하게 검토해야 할 것이다. 매우 방대

한 작업일 것이겠지만, 3장에서는 특히 소득 중심의 전 국민 사회
보험, 통합형 공적연금, 상병수당과 부분실업급여, 국민활동급여,
국민기초생활보장제도를 중심으로 개혁과제를 제시하였다.

참고문헌

고용노동부. (2020). 사업체노동력조사[데이터파일]. http://kosis.kr/index/index.do/에서 2020. 10. 03. 인출.

관계부처합동. (2020). 한국판 뉴딜 https://www.knewdeal.go.kr/에서 2021. 08. 22. 인출.

김문정. (2020). 저소득층 소득파악과 지원 쟁점사항: 특수형태근로종사자를 중심으로. 한국조세재정연구원 주최 세미나, 고용보험 사각지대해소와 저소득층 소득파악을 위한 과세자료 활용방안. 세종: 조세재정연구원. 3-17.

김안국, 유한구, 이덕재, 정원호. (2019). 「사회적 보호와 직업능력개발. 세종: 한국직업능력개발원.

기획재정부. (2020). 열린재정[데이터파일]. http://www.openfiscaldata.go.kr/에서 2020. 09. 28, 인출.

석재은. (2020). 생애선택기간 기본소득의 제안: 전환기 적극적 시민을 위한 안전장치. 「한국사회정책」, 27(3), 77-106.

송호근, 홍경준. (2006). 「복지국가의 태동: 민주화, 세계화, 그리고 한국의 복지정치」. 파주: 나남출판.

여유진, 김미곤, 김문길, 정재훈, 홍경준, 송치호. (2011). 「국민기초생활보장제도 재산의 소득환산제 개선방안 연구」. 서울: 보건복지부, 한국보건사회연구원.

정원호, 나영선, 류기락, 박경순. (2011). 「이행노동시장 연구: 이론과 정책과제」. 서울: 한국직업능력개발원.

최현수. (2020). 전국민 고용보험, '소득중심 사회보험'으로 전환하자. www.pressian.com/pages/articles/20200615175006632274에서 2020. 10. 22. 인출.

통계청. (2020). 경제활동인구조사[데이터파일]. http://kosis.kr/index/index.do에서 2020. 10. 03. 인출.

한국공공정책전략연구소. (2021). 어젠더 K 2022, www.kipps365.com에서 2021. 08. 20. 인출.

한국은행. (2020). 「코로나19 이후 경제구조 변화와 우리경제에의 영향」. 서울: 한국은행.

홍경준. (2013). 닫힌 공동체로부터 열린 공동체로; 연복지의 쇠퇴와 그 대안의 모색. 「한국사회복지학」, 65(2), 179-201.

홍경준. (2017). 한국 복지의 새판 짜기를 위한 문제 인식과 방안 모색. 「한국사회복지학」, 69(2), 9-30.

홍경준. (2020). 밀린 과제와 닥친 도전; 한국 사회보장 혁신방향의 모색. 2020 사회복지공동학술대회 한국사회복지정책학회세션.

홍민기. (2020). 전국민 고용안전망을 위한 취업자 고용보험. 한국조세재정연구원 주최 세미나, 고용보험 사각지대해소와 저소득층 소득파악을 위한 과세자료 활용방안. 세

종: 조세재정연구원. 19-26.

Acemoglu, D., Restrepo, P. (2018). Artificial Intelligence, Automation and Work. *NBER Working Paper*, No. 24196. Cambridge: National Bureau of Economic Research

Atkinson, A. (1996). The case for a participation income. *Political Quarterly*, 27(1), 67-70.

Baldwin, P. (1990). *The Politics of Social Solidarity: Class Bases of the European Welfare State, 1875-1975*. Cambridge: Cambridge University Press.

Hong, Kyung-Zoon. (2008). Neither hybrid nor unique: A reinterpretation of the east asian welfare regime. *Asian Social Work and Policy Review*, 2(3), 159-180.

Howard, C. (1997). *The Hidden Welfare State: tax expenditures and social policy in the United States*. Prinston: Princeton University Press.

OECD. (2020). *Social Expenditure [Data]*. Retrieved from http://stats.oecd.org/ 2020. 09. 28.

Offe, C. (1998). *Towards a new equilibrium of citizens' rights and economic resources? Societal Cohesion and the Globalising Economy: What Does the Future Hold?*(pp.81-108). Paris: OECD Publishing.

Rehm, P. (2009). Risks and redistribution; an individual-level analysis. *Comparative Political Studies*, 42(7), 855-881.

Saez. E., Zucman, G. (2019). *The triumph of injustice: How the rich dodge taxes and how to make them pay*. New York: W. W. Norton & Company.

World Economic Forum. (2016). *The future of jobs; Employment, skills and workforce strategy for the 4th Industrial Revolution Report*. Retrieved from http://www3.weforum.org/docs/ 2020.10.26.

World Economic Forum. (2018). *The future of jobs report 2018*. Retrieved from https://www.weforum.org/reports/ 2020. 10. 26.

제4장

보건의료 시스템의
위기요인 진단과
처방전략

이진형 경제학과 교수

I
서론

의료전달체계는 의료 서비스가 효과적이면서 효율적으로 전달되는지에 관한 문제이기 때문에, 우리나라 보건 의료분야의 성장과 함께 전달체계에 대한 개선 요구는 끊임없이 제기되어 왔다. 특히, 빠르게 진행되는 고령화 및 만성질환의 증가에 따라 적절한 개선이 요구되어 왔다. 하지만, 우리나라는 의료이용이 가장 많은 나라 중에 하나이면서도, 정부의 지속적인 정책개입에도 불구하고 의료인력 및 병상자원의 수급이 합리적으로 작동하지 않는 구조적 문제가 지속되고 있다(김대중 외, 2013).

코로나19는 우리나라의 보건의료 서비스와 관련된 의료의 공급과 의료의 이용에 많은 변화를 가져왔다. 코로나19 감염에 대한 두려움으로 대면 접촉을 피하거나 최소화했는데, 이 때문에 의료서비스 이용량(의료기관 방문 및 입원 등)이 감소하였다(윤강제, 2021).

본 연구를 통해 건강보험과 의료전달체계의 현황과 문제점을 살펴보고, 코로나19로 촉발된 의료 이용의 변화를 살펴보고자 한다. 특히, 전체 의료 이용, 수진자 연령별 의료 이용과 요양기관종별 의료 이용의 코로나19 전후의 변화를 분석한다. 또한, 코로나19로 촉발된 의료 이용의 변화로 인한 전달체계의 변화, 원격의료와 의료기관의 기능과 역할, 코로나로 인한 공중보건위기와 공공보건의료의 대응, 공공과 민간의 연계, 위기 대응 및 재난에 따른 불평등 해소를 위한 정보 활용에 대해서 다루고자 한다.

II
의료 시스템

1. 건강보험의 현황과 문제점

직장의료보험으로 1977년 출발한 우리나라의 건강보험은 지난 30년간 세계적으로 선례를 발견하기 어려울 정도로 급속도로 발전하여 현재는 많은 국가에서 부러워할 정도의 고효율 건강보험제도를 운영하고 있다. 하지만 여전히 현재의 건강보험제도는 많은 과제를 가지고 있다.

첫째, 선진국과 비교하여 여전히 낮은 보장성을 가지고 있다. 보장성의 대리지표로 이용되고 있는 경상의료비 중 정부 의무가입보험재원 비율은 2017년 기준 58.9%로 OECD 평균인 73.6%와 비교하여 많이 낮다(〈그림 1〉 참조)(보건복지부, OECD Health Statistics 2019). 경상의료비 중 가계직접부담 비율은 OECD 회원국 중 라트비아(41.8%), 멕시코(41.43), 그리스(34.8%) 등에 이어 네 번째로 높다(33.7%)(〈그림 2〉 참조). 우리나라가 1인당 GDP(구매력 보정후)가 29,000달러를 넘어선 시점의 주요 선진국들의 경상의료비 중 정부의무가입보험재원 비율이 74.9%이었던 점을 감안하면, 우리나라는 아직 많이 낮은 것으로 나타나고 있다(국민건강보험공단, 2012). 문재인 정부가 건강보험 보장률을 2022년까지 약 70%까지 확대할 것을 발표하였지만, 상대적으로 낮은 보장성으로 인해 취약계층의 의료빈곤이 증가하고 있으며, 이로 인해서 국민의 약 70%가 민간 실손보험에 가입하고 있다. 이처럼 보장성 확대의 필요성에 대해서는 국민 대부분이 공감을 하고 있으나 보장성 강화를 위한 재원 마련은 쉽지 않다.

둘째, 의료보험 보장률을 올리기 위해 많은 노력이 이루어졌음에도 불구하고 거의 변동이 없었다. 2004년 이후 5년마다 계획을 세워 매년 평균 5,000억 원 이상이 보장성 강화를 목적으로 투입되었고, 새로운 정부마다 보장성 확대 계획이 발표되어 실현되고 있지만, 건강보험 보장률은 거의 변동이 없었다(〈그림 3〉 참조). 즉, 보장률이 높아져도 그 이상의 비급여가 새로 생김에 따라 보장률이 높아지지 않았다. 또한 민간 실손보험에 가입한 사람들은 본인부담이 거의 없기 때문에 실손보험이 없는 사람에 비해 진료비 규모가 1.6배에 이른다.

	2012	2017
		(단위: %)
호주	67.5	68.9
오스트리아	74.7	74.0
벨기에	78.1	77.2
캐나다	70.9	69.8
칠레	60.0	59.9
체코	83.7	82.1
덴마크	84.0	84.0
에스토니아	76.7	74.7
핀란드	75.5	75.2
프랑스	76.2	83.4
독일	83.1	84.4
그리스	66.5	60.8
헝가리	65.5	69.2
아이슬란드	79.9	81.8
아일랜드	72.1	73.3
이스라엘	62.6	63.6
이탈리아	76.1	73.9
일본	83.9	84.1
한국	58.9	58.9
라트비아	60.3	57.3
리투아니아	67.3	66.5
룩셈부르크	82.9	83.8
멕시코	51.6	51.5
네덜란드	82.1	81.5
뉴질랜드	80.5	78.6
노르웨이	84.8	85.5
폴란드	70.0	69.5
포르투갈	65.6	66.3
슬로바키아	72.2	79.9
슬로베니아	72.0	72.2
스페인	72.2	70.6
스웨덴	83.6	83.7
스위스	63.5	63.6
터키	79.2	77.7
영국	82.9	78.8
미국	48.3	84.5
평균[1]	72.6	73.6

주) 1. 2012년과 2017년(혹은 인접 과거년도) 통계가 있는 각각의 평균으로, 2012년 2017년 모두 36개국의 평균임

발췌, OECD Health Statistics 2019, p. 109

〈그림 1〉 경상의료비 중 정부·의무가입보험재원 비중

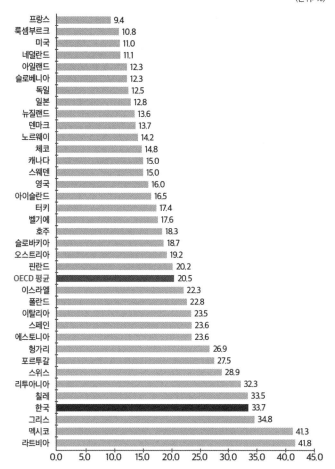

(단위: %)

프랑스	9.4
룩셈부르크	10.8
미국	11.0
네덜란드	11.1
아일랜드	12.3
슬로베니아	12.3
독일	12.5
일본	12.8
뉴질랜드	13.6
덴마크	13.7
노르웨이	14.2
체코	14.8
캐나다	15.0
스웨덴	15.0
영국	16.0
아이슬란드	16.5
터키	17.4
벨기에	17.6
호주	18.3
슬로바키아	18.7
오스트리아	19.2
핀란드	20.2
OECD 평균	20.5
이스라엘	22.3
폴란드	22.8
이탈리아	23.5
스페인	23.6
에스토니아	23.6
헝가리	26.9
포르투갈	27.5
스위스	28.9
리투아니아	32.3
칠레	33.5
한국	33.7
그리스	34.8
멕시코	41.3
라트비아	41.8

발췌, OECD Health Statistics 2019, p. 113

〈그림 2〉 경상의료비 중 가계직접부담 비중

셋째, 의료 자원 배분의 적절성이 재검토되어야 한다. 입원 병상 수는 OECD 평균에 비해 상당히 높다. 2019년 기준 우리나라는 인

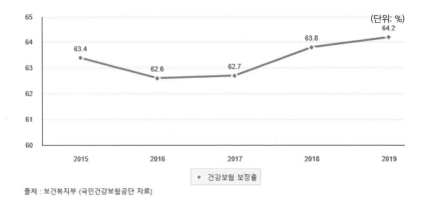

〈그림 3〉 건장보험 보장률 추이

구 1,000명당 12.4 병상으로 OECD 평균인 4.4 병상보다 2.8배 많다. 또한, 자기공명영상장치(MRI)와 컴퓨터단층촬영(CT) 등의 의료 장비 보유는 OECD 평균보다 높은 편이다. 하지만 의료 인력은 상대적으로 적게 나타났다. 2019년 기준 인구 천 명당 우리나라는 임상의사 수가 2.5명으로 OECD 국가(평균 3.6명) 중 최하위에 속한다. 간호사 또한 인구 천 명당 7.9명으로 OECD 평균인 9.4명에 비해 84% 정도 수준이다.

국민 1인당 외래 진료 횟수는 연간 17.2회로 OECD 평균(6.8회)보다 3배 가까이 높았으며, 환자 1인당 평균 재원 일수는 2019년 기준 18일로 OECD 평균인 8일에 비해 2배 이상 높게 나타나고 있다. 또한 자기공명영상장치(MRI)의 검사 건수는 OECD보다 2배 정도 높았다.

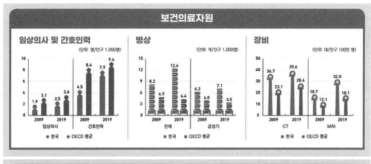

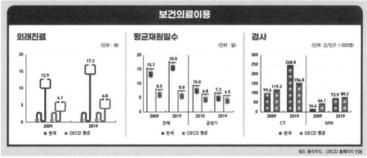

⟨그림 4⟩ Medical Observer, 발췌

또한 의료 종별 자원의 배분에도 문제가 있다. 우리나라의 의료 전달체계는 1차·2차·3차로 나누어지며, 각각의 전달체계가 제공해야 하는 의료서비스에 따라 의료기관의 역할이 부여된다. 1차 의료 기관인 보건소 및 의원급 의료기관은 경증질환을 책임지면서 문지기와 같은 역할을 하며, 2차 의료기간인 병원 및 종합병원은 1차 의료기관의 진단을 거친 일반적인 외래진료가 아닌 입원진료를 책임지고 있으며, 마지막으로 3차 의료기관인 상급종합병원급은 중증질환이나 전문인력 양성 등을 책임진다. 2020년 현재 1차 의료기관은 69,334개로 전체 의료기관에 94.4%를 차지하고 있으며, 2차 의료기관은 4,061개로 5.5%를 3차 상급종합병원으로 42곳으로 0.1%를 차지하고 있다.

또한 병상수에서는 1차 의료기관은 61,114개로 전체 의료기관에 8.5%를 차지하고 있으며, 2차 의료기관은 609,642개로 85.1%를 3차 상급종합병원으로 45,536개로으로 6.4%를 차지하고 있다.

〈표 1〉 2020년 의료기관수 및 병상수

구분별	기관수	병상수
전체	73,437	716,292
상급종합병원	42	45,536
종합병원	319	109,674
병원	1,515	165,107
요양병원	1,582	308,111
치과병원	235	256
한방병원	410	26,494
의원	33,115	55,418
치과의원	18,261	94
한의원	14,464	5,227
조산원	18	34
보건소	241	341
보건지소	1,317	
보건진료소	1,903	
보건의료원	15	

보건산업진흥원 발췌, http://opendata.hira.or.kr/op/opc/olapYadmStatInfo.do

한편, 의료기관별 종별에 따른 외래내원일수 및 입원일수의 점유율을 보면, 입원환자 수술 및 치료를 중심으로 해야 할 병원급 이상 의료기관들의 외래내원일수는 과거 10년간 두 자리 수 이상 증가했다(상급종합병원 19%, 종합병원 29%, 병원 13%). 하지만 외래환자 중심의 의료를 제공해야 할 의원급 의료기관은 8% 감소하였다〈표 2 참조〉(김성주 의원, 2021).

〈표 2〉〈의료기관 종별 외래내원일수 및 입원일수 점유율 추이〉

(단위: 만 일, %)

구분	외래내원일수					입원 일수				
	10년		20년		10 →20 증가율	10년		20년		10 →20 증가율
	일수	점유율	일수	점유율		일수	점유율	일수	점유율	
상급종합	3,343	4.7	3,965	5.6	19%	1,405	13.6	1,569	11.3	12%
종합병원	4,941	6.9	6,368	9.0	29%	2,362	22.9	2,517	18.2	7%
일반병원	4,885	6.8	5,532	7.8	13%	2,771	26.9	2,439	17.6	−12%
의원	50,542	70.8	46,255	65.1	−8%	1,198	11.6	617	4.5	−49%

*출처 : 보건복지부

의료 이용과 관련하여 진료비의 변화를 보면, 종합병원급 이상 대형병원 중심으로 진료비 점유율이 증가했다. 의료기관 종별 진료비 점유율 추이를 보면, 2020년에는 상급종합병원이 15.5조 원으로

28.2%, 종합병원이 14.9조 원으로 27.0%을 보이면서, 최근 10년 동안 상급종합병원 2.4%p, 종합병원이 3.2%p 점유율이 증가하였다. 반면, 의원급 의료기관의 경우 2020년 16.9조 원 30.8%으로 최근 10년간 4.8%p 정도 점유율이 감소하였다(〈표 3〉 참조).

〈표 3〉 〈의료기관 종별 진료비 점유율 추이〉

구분	2010년		2020년		점유율 현황 (2010 → 2020 증감)
	진료비 (조원)	점유율 (%)	진료비 (조원)	점유율 (%)	
상급종합병원 (42개)	7.0	25.8	15.5	28.2	(2.4%p)
종합병원 (319개)	6.4	23.8	14.9	27.0	(3.2%p)
일반병원 (1,515개)	4.0	14.9	7.7	14.0	(−0.9%p)
의원 (33,115개)	9.6	35.5	16.9	30.8	(−4.8%p)

*출처 : 보건복지부

지역별 자원 분포의 문제도 심화되고 있다. 최근 신설 병상은 수도권 중심에 밀집되었기 때문에, 지방의 26개 기초지방자치단체의 경우에 산부인과가 없어서 아기를 낳기가 힘들다. 또한, 수도권에 소재한 상급병원 중심으로 환자가 몰리고 있다. 최근 12년간 상급종합병원의 외래환자 점유율은 13.29%에서 18.47%로 5.18%p 상승하였지만, 의원은 65.46%에서 55.08%로 10.38%p 감소하였다.

상급병원으로 경증환자까지 몰리면서 1차 의료가 점점 설자리를 잃어가고 있다.

넷째, 치료 중심의 현행 의료체계에서 질병의 사전 예방으로 패러다임의 변환이 필요하다. 이를 위해서 정보기술(IT)과의 융합을 통해 생활습관, 식이, 운동량 및 유전적 위험 요소에 따라 개인에 맞는 맞춤형 프로그램을 제공해야 한다. 노령화와 더불어 생활 습관의 변화로 급성에서 만성으로, 전염병에서 비전염성 질병으로 급격히 전환하고 있는 추세이며, 이러한 변화는 기존의 방식과는 다른 새로운 형태로 질병에 대처해야 할 필요성이 증가하고 있다. 또한 최근에 메르스와 코로나와 같은 전염병의 유행으로 인해 의료이용의 변화에도 주의해야 한다.

마지막으로, 건강보험제도의 재정건전성에 지속적인 관심을 가져야 한다. 2010년 이후 최근 건강보험 재정이 지속적인 흑자를 보이고 있지만, 주요 기관(기획재정부, 국회예산정책처, 한국보건사회연구)의 건강보험 전망에 따르면 건강보험 재정 규모가 30년 후에는 500조 원을 상회할 것이라 예상한다. 반면 2020년 이후 경제성장률이 지속적으로 감소하여 의료비 증가 속도가 국민의 부담 능력을 넘어설 것으로 예상하였다(신영석 외, 2017).

2. 코로나19 유행 상황에서의 의료 이용의 변화

가. 코로나 전후의 의료서비스 이용의 변화

1) 전체 의료 이용

코로나19가 발생하고 우리나라의 의료서비스의 공급과 이용에 많은 변화가 있었다. 코로나 감염에 대한 두려움으로 의료기관 방문을 비롯한 의료서비스 이용량이 감소하였다. 〈표 4〉는 2019년과 2020년의 입원과 외래에 대한 전체 의료 이용량을 나타낸다. 입원과 외래를 포함한 전체 이용량은 12.7%가량 감소했으며, 특히 입원에 비해서 외래 이용량이 1,445,529건에서 1,260,218건으로 12.8% 정도 감소했다.

〈표 4〉

〈단위: 천 건〉

구분	입원외래구분	2019년	2020년	% change
전체	전체	1,462,495	1,276,343	−12.7
전체	입원	16,966	16,125	−4.9
전체	외래	1,445,529	1,260,218	−12.8

의료 이용의 98% 이상을 차지하는 외래이용 건에 대해서 좀 더 구체적으로 월별로 분석해 보았다. 〈그림 5〉는 2019년과 2020년 외래 청구 건수와 2020년의 확진자 수를 나타낸다. 2019년에 비해서 2020년의 외래 청구 건수가 감소했으며, 확진자 수가 증가하면

〈그림 5〉 건강보험 재정수지 추계

서 외래 청구 건수의 감소폭이 증가하였다. 12월에는 2019년에 비해서 2020년에 1,630만 건 정도가 감소하였으며, 이는 외래 의료 이용이 20% 정도 감소했다는 것을 의미한다.

2) 수진자연령별 의료 이용

코로나 이후에 수진자 연령별로 의료 이용은 많은 차이를 보여주었다. 19세 이하, 40-59세, 60-79세 순으로 의료 이용량이 크게 감소하였지만, 20-39, 80세의 의료 이용량에는 거의 변화가 없었다. 이는 청소년 자녀가 있는 40-59세의 연령대가 자녀들의 감염을 우려하여 사회적 거리두기를 실천하여 질병 확률이 낮았을 수도

구분	1월	2월	3월	4월	5월	6월	7월	8월	9월	10월	11월	12월
2019년 청구건수(건)	82,992,763	68,529,411	80,289,696	87,321,440	86,725,825	76,759,609	83,850,548	79,574,129	77,212,067	84,886,990	83,246,956	87,053,183
2020년 청구건수(건)	82,172,423	68,235,103	62,415,383	64,566,966	71,537,130	74,833,717	76,113,340	68,925,888	71,172,323	69,137,251	71,984,876	70,683,094
확진자수(명)	0	0	0	979	703	1,334	1,506	5,642	3,865	2,714	7,768	26,564

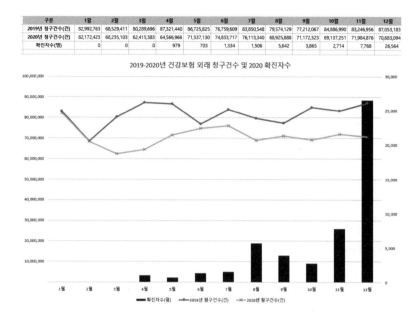

*출처: 건강보험 심사평가원

〈그림 6〉 2019년과 2020년 외래 청구 건수 및 확진자수

있지만, 병원 내에서의 감염을 우려하여 의료 이용을 기피하였을
수 있다. 또한 청소년들도 병원 내 코로나 감염이 학업에 영향을 줄
수 있으므로, 병원의료 이용을 줄였을 수 있다.

하지만 20−39세는 사회에 진출한 세대로 결혼 전이거나 결혼을
했어도 자녀가 없거나 어린 세대로 의료 이용은 거의 줄지 않았다.
마지막으로 80세 이상은 만성 질환이 있는 세대로 의료 이용이 꼭
필요해 코로나 전후로 의료 이용에 큰 변화가 없었다.

나. 요양기관종별

1) 의원, 한의원, 치과의원

코로나로 인한 의료 이용의 감소는 모든 의료기관 종별에서 공통적이지만, 그 크기는 의료기관 규모에 따라 차이가 있었다. 의료기

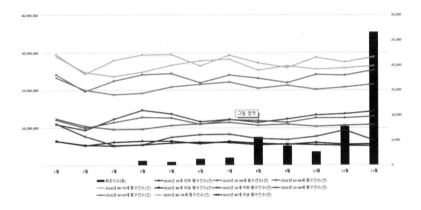

*출처: 건강보험 심사평가원

〈그림 7〉 2019년과 2020년 연령별 외래 청구 건수 및 확진자수

관 종별로 의료 청구 건수의 변화를 분석해보면, 먼저, 1차의료 기관인 의과의 코로나 전후의 청구 건수는 큰 차이를 보였다. 즉, 코로나 전과 비교하여 코로나 이후에 의원의 외래청구 건수는 1,500만 건 정도가 감소하였다(〈그림 8〉 참조). 또한, 한의원도 큰 폭으로 감소했지만, 치과는 감소폭이 거의 크기 않았다(〈그림 9〉 참조).

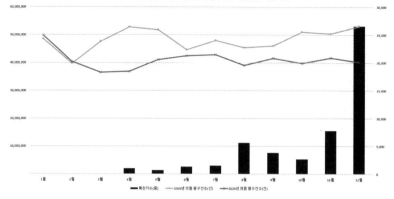

*출처: 건강보험 심사평가원

〈그림 8〉 2019년과 2020년 의원 외래 청구 건수 및 확진자수

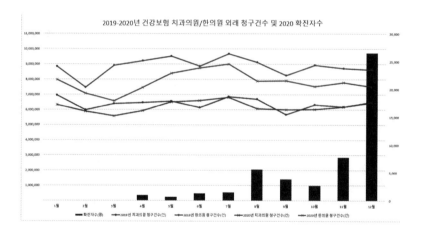

*출처: 건강보험 심사평가원

〈그림 9〉 2019년과 2020년 한의원 치과의원 외래청구 건수

2) 상급종합, 종합, 병원

코로나 이후에 병원, 종합병원의 의료 이용량은 크게 감소했지

만, 상급종합병원의 의료 이용량에는 많은 차이가 없었다. 병원과 종합병원의 의료 이용 감소는 두 가지로 해석이 가능하다. 첫째, 실제로 코로나 감염에 대한 두려움으로 의료 이용을 자제했을 수 있다. 이는 장기적으로 더 큰 문제를 야기시킬 수 있다. 둘째, 불필요한 방문을 자제했을 가능성이 있다. 이는 도덕적인 해이(Moral Hazard)를 나타내며, 수요자 관점에서의 의료 쇼핑이나, 공급자 관점에서의 유인수요(Supply Indeced Demand)가 감소하여 의료 이용이 줄어든 것일 수 있다. 하지만 이는 더 많은 분석이 필요하다. 상급종합병원에 대한 수요는 앞에서 언급한 것처럼 고난도의 서비스가 필요한 중증질환이 대부분이기 때문에, 코로나에 영향을 거의 받지 않았을 것이다.

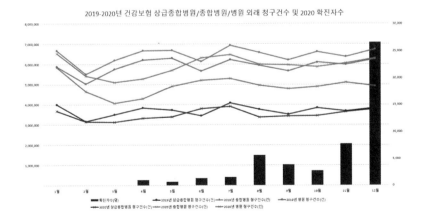

2019-2020년 건강보험 상급종합병원/종합병원/병원 외래 청구건수 및 2020 확진자수

*출처: 건강보험 심사평가원

〈그림 10〉 2019년과 2020년 병원, 종합병원, 상급종합병원
외래 청구 건수 및 확진자수

다. 위중증 병상 확보 현황

코로나19 확진자는 꾸준히 증가하는 추세이며, 특히 2021년 10월에 일상회복(위드 코로나) 조치를 시행하면서 확진자가 전국적으로 7,000명대로 증가하였다. 백신 접종으로 인해서 전체적인 중증 환자 비율이 지속적으로 낮아졌음에도 확진자 자체가 커지다 보니, 위중증 환자 또한 연동해 늘고 있다. 위중증 환자는 고유량 산소요법, 인공호흡기, 에크모, 지속적 신대체 요법(CRRT) 등으로 격리 치료 중인 환자에 해당하며, 입원 치료가 필요한 환자이다. 2021년 11월 현재 위중증 환자는 411명으로 이중 241명은 남성, 170명은 여성이다. 위중증 환자 대부분은 고령으로, 60대가 117명으로 가장 많고, 70대가 111명, 80세 이상이 97명이었다. 위중증 환자가 증가함에 따라 또한 사망자 수도 증가하고 있다.

코로나19 관련 위중증 환자 치료를 목적으로 하는 중환자 병상은 우리나라의 경우 전체 병상 중 6%로, 다른 유럽 국가들의 중환자 병상 비율(21%에서 최대 70%) 비하여 상당히 낮은 실정이다. 이는 우리나라의 병상수가 OECD 평균보다 2.8배나 많은 것이기에 더 큰 문제라고 하겠다.

최근에 위중증 환자 병상 부족으로 확진 판정을 받았지만 입원하지 못하는 환자가 서울만 580명이다(2021. 12. 18 기준). 중증 환자 병상이 이미 포화 상태나 다름없는 상황이며, 환자수가 계속 늘면서 확진을 받고도, 병상을 배정받지 못해 응급실에서 계속해서 기다리는 등 의료체계가 사실상 마비 상태에 빠졌다.

12월 중순 현재 전국의 중환자 병상 가동은 1,276개 중 1,031개

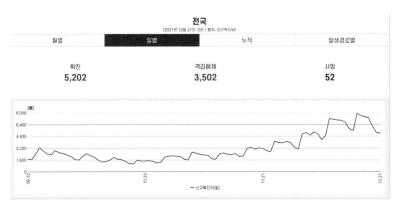

발췌, 통계청 (https://kosis.kr/covid/covid_index.do)

〈그림 11〉 일별 코로나 확진자수

발췌, 통계청 https://kosis.kr/covid/covid_index.do

〈그림 12〉 월별 코로나 확진자수

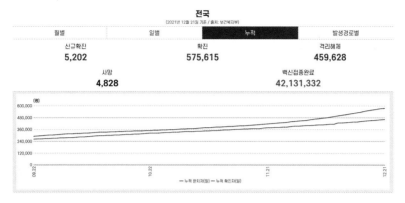

발췌, 통계청 https://kosis.kr/covid/covid_index.do

〈그림 13〉 누적 완치자 및 확진자 수

사용하여 가동률은 80.9%로 입원과 퇴원의 수속 과정을 고려하면 중증 병상 가동률 80%는 사실상 포화 상태이다. 특히, 중증 병상 가동률은 서울이 90.6%(361개 중 327개 사용), 인천은 92.4%(79개 중 73개 사용)이며, 경기도는 381개 중 310개 사용으로 81.4%를 기록 중이다.

이는 의료계가 주장하는 병상 부족이 원인이 아니라 병상이 있음에도 코로나19 환자 치료를 위해 의료기관들이 병상을 내놓지 않았고 또한 정부는 그 병상을 동원하거나 확보하지 못했기 때문이다(김윤, 2021).

III

의료 이용 전달체계의 변화

1. 코로나 유행 상황에서의 의료 이용 전달체계의 변화

가. 원격 의료

코로나 이후 세계적으로 나타나고 있는 가장 눈에 띄는 변화는 비대면 진료의 증가와 환자들의 인식의 변화이다. 이와 같은 비대면 진료의 증가는 환자와 의사가 만나는 물리적인 공간의 이동(오프라인에서 온라인) 이상의 의미를 가진다. 즉, 근대적인 의미의 병원이 생긴 이후, 지속적으로 유지되어 왔던 의료가 공급되고 소비되는 방식에 변화가 일어나고 있다는 것을 의미한다(이상규, 2021).

우리나의 현행 의료법상 의료 이용을 위해서는 대면 서비스가 필수이다(의료법 제34조 제1항). 즉, 서비스의 공급과 이용은 의료법과 약사법으로 의료기관과 약국에서만 가능하다. 따라서 의료인과 환자 간의 원격의료는 불법이며, 일부 예외를 제외하고 의약품을 약국 이외의 곳에서 구입하는 것은 허용되지 않는다.

하지만 앞에서 본 것처럼, 코로나 이후에 갑작스러운 의료 이용의 감소는 반드시 의료 이용이 필요한 환자에게 서비스가 제공되지 못함으로 인한 심각한 문제를 초래할 수 있다. 코로나 상황에서 공급자와 환자의 코로나 감염 방지를 위한 안전 보장과 의료서비스의 이용이라는 상충되는 상황임을 감수해야 한다. 이 두 가지를 확보하기 위해서 정부는 한시적으로 2020년 2월 24일부터 전화상담과 대리처방이라는 비대면진료를 허용하였다. "전화상담 처방은 의사 판단에 따라 안전성 확보가 가능한 경우 환자가 의료기관을 직접 방문하지 않고도 전화로 상담·처방을 받는 내용으로, 본인확인·진료내용 기록 등 대면진료 절차를 준용"(심사평가원, 2021)해야 하며, "대리처방은 취약계층의 감염병 노출 최소화를 위해 자가격리자·만성질환자·노약자·고위험군 환자 등에 한해 의사의 의료적 판단을 바탕으로 대리처방을 한시적으로 허용"하는 내용이다(심사평가원, 2021). 하지만 대리처방은 다음의 조건으로 한정하고 있다: 1) 같은 질환에 대해 계속 진료를 받아오면서 2) 오랜 기간 동일한 처방이 이뤄지는 가운데 3) 의료인이 해당 환자·의약품 처방에 대한 안전성을 인정하는 경우.

이와 같은 전화 상담의 한시적인 허용은 제한적이나마 대면 진료를 대체하는 진료 유형이 현실화되었다는 점에서 그 의의가 있다. 또한, 원격의료 참여를 유도하기 위해 2020년 5월부터 의원급 의료기관에서 전화 상담·처방을 시행한 경우 진찰료 외 진찰료의 30% 수준인 전화상담 관리료를 추가로 적용한다고 밝혔다(보건복지부, 2021).

전화상담 및 처방에 참여한 의료기관은 총 7,031개로 전체 의료기관의 10.2%였으며(2020년 2월 24일~6월 기준), 42만 1,053명의 환자가 56만 1,906건의 전화상담 및 처방을 이용해 전체 외래 진료 중 0.25%를 차지했다. 의료기관 종별 이용 비중을 살펴보면, 의원이 약 47% 정도로 전체 발생건수의 절반을 조금 못 미치는 비중을 차지하고 있다. 65세 이상의 노령인구에서 전체 전화처방 이용건수는 23만 7,640명으로 42%를 차지하고 있으며 만성질환에서 많이 발생했다.

〈표 5〉 종별 전화상담 진찰료 청구현황(2020.2.24.~6.28. 진료분)

(단위: 기관, 건, 천 원)

구 분		전 화 상 담		
		기관수	총횟수	진료금액
총계		5,909	453,937	5,859,239
상급종합		29	76,106	1,159,677
종합병원		169	140,570	1,878,833
병원급	병원	374	44,114	511,018
	요양병원	95	8,397	84,087
	치과병원	5	81	1,840
	한방병원	7	81	870
의원급	의원	4,573	176,454	2,142,440
	치과의원	41	140	1,548
	한의원	616	7,994	78,926

*출처: 보건복지부

전화상담 및 처방을 받은 대부분의 환자들은 높은 수용성과 만족도를 나타냈으며, 이와 같은 비대면의 큰 장점으로는 감염 노출 위험

감소와 편의성을 들었으며, 환자들은 지속적인 제도를 원하였다. 하지만 의료공급자는 비대면 제도에 낮은 수용성을 보였다(심사평가원, 2021).

나. 의료기관의 기능과 역할

코로나는 의료기관의 기능과 역할에도 변화를 줄 것이다. 앞에서 본 것처럼 코로나 유행의 가장 직접적으로 타격을 받은 곳은 의료의 감소로 인한 1차 의료기관들이며, 이는 경증질환을 책임지는 의료전달체계의 가장 핵심층의 약화를 의미하기 때문에, 간과할 문제는 아니다. 코로나로 인한 비대면 서비스의 이용 및 1차 의료의 위기 등은 코로나 상황을 계기로 의료전달체계의 개선이 필요함을 보여주고 있다. 현재는 종별체계로 운영이 되고 있지만, 중·장기적으로는 기능과 역할에 따라 재분류하고 주어진 역할을 충실이 이행하면서 의료기관 간 협력 및 연계에 따른 보상을 높이는 방안을 찾아야 한다.

현재 종별 구분 없이 입원과 외래가 이뤄지고 있기 때문에 의료기관을 입원중심기관과 외래중심기관으로 개편할 필요가 있으며, 이를 위해 광범위한 의료서비스를 제공하는 급성기 일반의료기관을 중심으로 의료전달체계를 재정립해야 한다. 이를 위해 국민 건강보험 공단은 "병원급 이상 요양기관의 종별 설립기준 적정화" 연구를 통해, 일반 의료기관을 포괄성과 질병 난이도를 기준으로 진료기능을 분석하여 1차 의료기관, 지역병원, 제한적 지역거점병원, 포괄적 지역거점병원, 권역거점병원으로 나누었다. 구체적으로 지역병원은 100~300병상 종합병원, 제한적 지역거점병원은 100~300병상 종합병원, 포괄적 지역거점병원은 300병상 이상 종합병원, 권역거점병원은 상급종합병원과 500병상 이상 종합병원이다. 이 같은 방법으로 의료기관을 기능에 초점을 맞춰 분류했을 때 권역거점병원은 79곳, 지역거점병원은 264곳, 지역병원 190곳, 단과병원 5,912곳, 아급성병원 158곳, 요양병원 1,736곳이었다(김윤 등, 2018). 의료기관 분류체계는 의료기관의 기능과 행태에 변화를 줄 수 있는 정책적 기반을 제공하기 때문에 정책적인 과제로 우서시되어야 한다(김윤 외, 2018).

2. 코로나의 공중보건 위기와 공공보건의료를 통한 대응

가. 공공보건의료의 대응

코로나를 겪으면서 코로나와 같은 감염병에 대응하기 위해 부족한 공공보건의료기관 확충과 이를 위한 효과적 자원 활용 방안이 제기되었다. 감염병 전문병원의 설립과 국가 지정 입원치료병상 등 전문진료체계는 2018년에 수립되어 발표된 법정계획인 제2차 감염병 예방관리 기본계획과 종합대책인 공공보건의료 발전 종합대책을 기반으로 하고 있다(〈표 6〉 및 〈표 7〉 참고). 국가 주도의 감염병 전문병원을 중앙과 권역에 설치 및 지정하여 대규모 지역감염에 대비하고, 중 진료권의 감염병 관리병원이 소규모 감염에 대응하는 체계이다.

〈표 6〉 제2차 감염병 예방관리 기본계획에서의 시니종 감영병 환자 전문진료체계

구분		중앙 감염병 전문병원	권역 감염병 전문병원	국가지정 입원치료 병상
시설기준		음압병상 100개	음압병상 36개	음압병실 3~10개
		음압수술실 2개	음압수술실 2개	(총 29개소, 199병상)
주요기능		고도위험, 중증, 원인불명 감염병 환자 진료	고위험, 권역 내 중증, 대규모 신종 감염병 환자 진료	시도 단위의 산발적 감염병 환자 등 진료
		인력 교육훈련, 연구	권역 내 인력 교육 훈련	
위기 대응		권역 전문병원 및 국가 지정 입원치료	중앙 전문 병원 및 국가 지정 입원치료	중앙 및 권역의 환자 진료 지원
		병상 등에 환자 배정 및 치료	병상 등과 협조하여 환자 진료	

*보건복지부, 제2차 감염병 예방관리 기본계획, p. 18

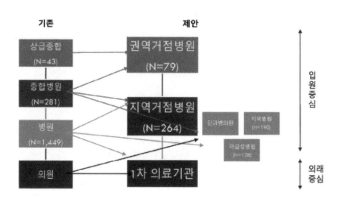

〈그림 14〉 병원급 이상 요양기관의 종별 설립기준 적정화 연구 보고서 발췌

〈표 7〉 공공보건의료 발전 종합대책에서의 감염병 환자 전문진료체계

구분	명칭	방법
국가	중앙 감염병 전문병원	설치(국립중앙의료권)
	권역 감염병 전문병원	지정(상급종합병원 또는 종합병원)
시/도	시/도 감염병 관리병원	지정(국립대병원 등 권역 책임의료기관)
중진료권	지역 감염병 관리병원	지정(지방 의료원 등 지역 책임의료기관)

*전국의 인구수, 거리, 의료이용률 등을 기준으로 70여 개 중진료권으로 구분
자료: 보건복지부(2018a) 공공보건의료 발전 종합대책 p. 17

하지만 코로나 확산 당시 공공보건의료기관의 인프라 구축은 많은 아쉬움을 남겼다. 중앙 감염병 전문 병원에 대한 투자는 지지부진하다가 코로나를 계기로 2개소만 신규 지정이 확정되었으며, 감염병 전문병원과 지역사회 책임의료기관의 연계·협력 역시 책임의료기관 지정 자체가 늦어지면서 가동에 어려움이 있었다(윤강재, 2020).

하지만 2020년 12월에 정부는 감염병 대응을 위해 지방 공공병원에 병상 5,000개를 확충하고 공공의료체계를 전면 개혁하고, 필수 의료 분야에서 일할 의사 양성을 위해 전공의의 피교육자 신분을 강화하는 방안도 추진하였다. 정부는 이번 대책을 통해 1) 중증응급과 중증감염병 분야를 집중적으로 지원하고 2) 필요성이 높은 지역을 중심으로 공공병원을 확충하여 의료의 질을 개선할 수 있도록 하는 한편, 3) 필수 의료 인력 확충을 하여 지역별 필수 의료 격

차를 해소하고, 진료권별 중증 응급 및 중증 감염병 진료에 공백이 없도록 지역 책임 병원 확충을 하여 지역완결적 의료체계를 확립할 계획이다(공공의료체계 강화 방안, 보건복지부, 2020).

우리나라의 공공병원 병상 수는 OECD 국가들에 비교해도 매우 낮은 편이며(〈표 8〉 참조), 공공병원들은 대부분 소규모 병원들(300 병상 이하)이어서 지역 내 거점병원 역할을 하기 힘들다.

〈표 8〉 사회보험 방식 국가의 공공병원 현황 (2018년 기준)

구 분	한국	미국	일본	독일	프랑스
전체 의료기관 중 공공병원 비율(%)	10.0	23.0	18.3	25.5	44.7
전체 병상 수 중 공공 병상 비율(%)	5.7	21.5	27.2	40.7	61.5
인구 백만 명당 공공기관 수	4.3	4.4	12.1	9.5	20.3
인구 천 명당 공공 병상 수	1.24	0.62	3.53	3.26	3.63

출처: OECD, 2020 OECD Health Data(2020년 9월 23일 자료추출) 김정회·이정면·이용갑. 공공의료 확충의 필요성과 전략. 건강보험연구원 2020에서 재인용

특히 이번 코로나 감염병 대응 과정에서 코로나 초기 약 80% 이상의 환자를 공공병원이 진료했지만, 공공병원의 대부분이(90%) 300병상 이하로 중증 환자 진료 능력 부족으로 중증 코로나 환자 진료 대응에 어려움을 겪었다.

의료기관들과 의료 전문가들은 코로나19 위중증 환자를 위해 더

많은 병상을 공급하면 응급·중증환자 진료에 영향을 받을 수 있다고 하지만, 대부분 300병상 이상 종합병원 중환자실 환자 중 응급환자는 40%, 중증환자는 30%, 경증환자는 15%로 비중증 환자 비율이 30% 이하이기 때문에 3,000병상가량 코로나19 위중증 환자를 위한 추가 병상 확보가 가능하다. 또한, 정부가 중환자실 기준 평균 병상당 2~3억 원가량을 지원하고 있기 때문에, 이중 10%만 써도 간호사 4~6명을 추가로 고용할 수 있다.

최근의 이와 같은 비판에 따라, 국립대학병원협회는 정부의 행정명령에 따라 이미 확보된 병상 외에 중증환자 치료병상을 추가로 200여 병상을 확보하려는 선제적인 노력을 하고 있다. 현재 국립대병원(총 10개)은 전체 허가병상 1만 5,672개 중 총 1,021개(12월 12일 기준)의 코로나 치료병상을 운영하고 있으며, 현재 국립대병원이 운영하고 있는 코로나 중증환자 병상은 470여 개로, 전국 코로나 중증환자 병상의 50% 수준을 감당하고 있다(의학신문(http://www.bosa.co.kr), 2021).

3. 보건 위기와 공공과 민간의 연계

우리나라의 공공의료 규모는 OECD 평균의 10분 1 수준으로, 공공의료 확충 필요성 논의는 지난 메르스 사태 당시부터 있었지만, 그 이후 코로나 확산 이전까지는 거의 변화가 없었다. 공공의료 확충은 국가경쟁력을 강화시키는 것으로 대규모 감염병에 대한 선제적인 대응뿐만 아니라 급격하게 변화하는 고령화에 대비해 필요하다 (청년의사, 2021).

또한 자원의 효과적 활용을 위해서는 공공과 민간 연계 및 지역 간 연계가 기본이다. 공공과 민간의 연계는 자원의 효과적 활용 측면에서 중요한데, 민간 영역에 공익 달성을 위해서는 합리적인 보상안 방안이 마련되어야 한다. 코로나19 대응을 위한 투자는 손실 발생과 연관되기 때문에 공익성만을 강조하는 것은 분명 한계가 있다.

메르스 사태 이후 300병상 이상 종합병원에 음압격리병실을 일정 수준 확보하고, 응급의료기관 지정에도 음압병상 설치를 의무화하는 법적인 조치가 마련되었지만, 지역거점 공공병원들의 음압격

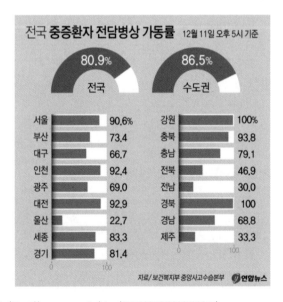

출처: 연합뉴스 (https://www.yna.co.kr/view/GYH20211212000700044)

〈그림 15〉 중증환자 전담병상 가동률

리병실 가동률은 평균 49.0%에 머문 상황에서 보여주듯(서지우 외, 2019) 민간 의료기관들이 손실을 감수하면서 투자를 늘리기에는 한계가 존재한다. 따라서 이를 보전해 주기 위해서 의료기관에 대한 손실 보상이 이루어졌다.

방역당국은 코로나 관련 환자치료 의료기관의 신속한 손실 보상을 위해 2020년 4월부터 매월 손실보상금을 지급하고 있다. 2021년 9월 현재 코로나19 감염병 의료기관에 투입된 손실보상금은 총 17차례 걸쳐 누적 402개소, 2조 5천억 원을 넘어섰다. 손실보상 목록은 정부의 지시에 따라 환자치료를 위해 사용한 병상 및 병상을 비웠지만 환자를 치료하지 못한 병상에서 발생하는 손실뿐만 아니라, 코로나 환자로 인한 일반 환자의 감소에 따른 손실도 포함된다. 또한 생활치료센터 진료 지원 및 선별진료소 운영으로 인한 진료비의 손실, 운영 종료된 감염병 전담병원의 의료부대 사업 손실과 회복기간도 포함된다(중앙사고수습본부, 2021).

또한 코로나19 대응 과정에서 정부나 지자체의 명령(폐쇄, 업무정지, 소독 등)을 이행한 의료기관, 약국 및 일반영업장 등에 대해서도 2020년 8월부터 매월 손실보상금을 지급하고 있다. 보상항목으로는 폐쇄, 업무정지, 소독 비용, 소독 명령 이행 기간 동안 진료를 하지 못해 발생한 손실, 의료기관 및 약국의 경우 회복기간, 정보 공개기간, 공급자의 격리로 인한 휴업기간으로 인한 진료 손실도 해당된다. 이와 관련한 손실보상금은 의료기관(520개소), 약국(348개소), 일반영업장(2,720개소), 사회복지시설(7개소), 의료부대사업(4개소) 등에 지급되었으며, 총 3,599개 기관으로 122억 원이다(보건복지부, 2021).

4. 위기 대응과 재난 불평등 해소를 위한 정보 활용

코로나 유행 상황은 감염병과 관련한 여러 가지 정보가 넘쳐나는 시기이다. 감염병에 대한 정보 전달은 매우 중요하며, 전문기관이나 전문가를 통해 대중들에게 정확하고 신속하게 전달되는 과정이다. 특히, 백신의 안전성과 접종 우선순위, 접종 방식의 결정 등에 대해서는 대중들에게 정확한 정보 전달이 필요하다.

또한 감염병으로 인해서 건강 불평등이 심화될 수 있다. 즉, 전통적인 대면 접촉이 필요한 계층은 건강취약 계층인데, 감염 방지를 위해서 대면 접촉을 줄이면 이러한 건강취약 계층(고령자, 장애인, 저소득층, 이주민 등)은 정보화 취약계층으로서 의료에 대한 접근과 활용이 줄어들 것이다. 이러한 취약계층의 디지털 정보화 수준은 일반 국민들보다 30% 낮은 수준으로(과학기술정보통신부·한국정보화진흥원, 2019), 코로나로 인한 보건의료 체계의 변화가 취약계층을 먼저 포괄하지 않을 경우 건강 형평성이 문제가 될 수 있다. 따라서 코로나 감염병의 시기에 취약계층을 우선에 둔 지원 대책이 마련되어야 한다.

코로나 방역 과정에서 많은 개인 정보가 축적되었다. 감염자 특성, 방역 과정에서의 각종 정책적 지침, 의료진의 활동, 완치된 환자들의 생체 정보 등이 효과적으로 활용된다면 앞으로 다시 발생할 수 있는 감염병에 대응하는 과정에 중요한 정보로서 활용될 수 있을 것이다.

IV
결론

세계보건기구는 세계 공중보건 위기 상황을 야기할 수 있는 감염병의 하나로 미지의 질병을 경고한 것처럼(채수미 외, 2019), 감염병은 미래 위기를 예상할 때 중요한 요인이다. 2020년의 코로나 유행 상황에서 감염병이 주는 공포와 불확실성은 전 세계인이 체험하고 있지만, 한국 보건 의료체계는 K-방역이라 불리며 국가의 보건의료체계에 잘 대응해 오고 있다. 특히, 의료진의 헌신과 국민들의 적극적 참여와 더불어 건강보장체계 등 건강보험이 생긴 이후 축적한 역량 덕분에 대응이 가능했던 것이다(윤강재, 2020). 하지만 코로나 발생 이후 2년여의 기간 동안 간과할 수 없는 것은 여전히 코로나 유행이 진행 중이라는 것이며, 앞으로, 세계적으로 코로나 팬데믹은 더욱 심각해질 것이다. 백신과 치료제 개발 등을 통해 코로나 바이러스와 싸우면서도 생활 속에서 방역 수칙을 준수해야 한다.

정부는 코로나 방역대책을 2021년 11월 위드 코로나, 즉 단계적 일상회복으로 전환했다. 이는 고령층 90%, 일반 국민 80% 정도가 예방접종을 받은 뒤, 2주가량이 지난 시점이다(보건복지부, 2021). 위드 코로나는 코로나 바이러스와 사람이 함께 살아가는 상태를 말하며, 확진자 수의 관리보다는 중증 등으로 입원하더라도 치료받을 수 있는 대응체계에 중점을 두는 정책이며, 앞으로는 치명률이나 중증 발생률을 활용하여 감염 유행의 판단 지표로 삼겠다는 것이다(한계레, 2021).

코로나 유행의 장기화로 한국 보건 의료체계는 중요한 변화를 맞이하고 있다.

첫 번째로, 지금까지 근대적인 의료 시스템이 생긴 이래로 변화 없이 유지되어 왔던 의료 시스템의 공급 방식에 변화가 생기고 있다. 즉, 코로나로 인한 비대면 환경은 보건의료 서비스 공급 및 이용에 대한 변화를 촉구하고 있다. 세계 각국이 코로나로 비대면 의료가 급속도로 확산되고 있으며, 원격 진료 시장은 앞으로 성장세를 계속 이어갈 것으로 보인다. 한국과학기술기획평가원에 따르면, 코로나 이전에는 미국 내 전체 환자 중 11% 정도만이 원격 진료 서비스를 받았지만, 코로나 이후 이 숫자는 46%로 증가했다. 또한 그랜드뷰리서치는 원격 진료 관련한 세계 시장 규모가 2019년 약 49조 1,400억 원에서 2027년 약 184조 1,037억 원으로 증가할 것이라고 예측했다. 성공적으로 원격 진료가 정착되면, 의료 취약 지역에서의 의료 접근성을 향상할 수 있으며, 질병 예방의 효과로 이어져, 건강보험 재정의 건전성 확보도 가능하다. 하지만 도입에 앞서서, 안전성과 효과성을 검증해야 한다(정연호, 2021).

둘째로, 공중보건 위기 상황에 대응하기 위해 의료전달체계의 개선과 공공보건의료체계의 역할 증대이다. 의료전달체계의 개선을 위해서는 전체 틀을 바꿔서 생각하지 않고서는 지속가능한 정책이 나올 수 없으며 기능 정립을 통해 역할을 분담하고 계획적인 상황이 만들어져야만 적정 비용, 적정 진료가 가능할 것이다. 또한 기능을 세분화하면서 접근해야 하며, 인프라 구축과 더불어 인력을 재배치하고 진료권 특성을 중심으로 지역의료를 강화하려는 방향을 고민해야 한다. 공공보건 의료체계의 역할 증대는 정부 조직체계를 개편하고 공공보건의료에 대한 정부 재정을 확대해야 한다. 이를 위해서 정부의 보건 분야의 거버넌스 역시 더욱 중요해질 것이다. 최근에 보건복지부는 제2차관이 신설되었고, 질병관리본부는 질병관리청으로 승격되었다. 2020년에 보건의료 분야의 주요 법정계획인 1) 제1차 보건의료인력종합계획, 2) 제5차 국민건강증진종합계획, 3) 제2차 공공보건의료기본계획이 발표되었다. 이 계획에는 공중보건 위기 상황 대응과 직접적 관련성을 가지는 인력 확보, 대응체계 구축 등의 내용이 담겨 있다.

마지막으로, 새로운 보건의료서비스의 정립 역시 '위드 코로나' 사회에서 중요한 과제로 대두될 전망이다. 코로나의 유행으로 한국 의료체계 변화의 모멘텀이 빠르게 진행되고 있으며, 이는 단기적으로는 코로나로 인한 공중보건 위기 상황 극복에 주력해야 하며, 중, 장기적으로 언제 올지 모르는 미래 위기 요인에 효과적으로 작동할 수 있는 시스템으로의 전환이 필요한 시점이다.

참고문헌

김성주. (2021). "과도한 수도권 집중 대현병원 쏠림 현상 개선해야." http://www.whosaeng. com/130494

김윤, 김태현, 박수경, 백해빈, 이예슬, 정유지, 조상현. (2018). 「병원급 이상 요양기관의 종별 설립기준 적정화 연구」, 국민건강보험 공단

보건복지부. (2020). 공공의료체계 강화 방안. http://www.mohw.go.kr/react/al/sal0301vw. jsp?PAR_MENU_ID=04&MENU_ID=0403&page=1&CONT_SEQ=361639

데일리메드. (2021). "의료기관 234곳 1808억 지급…누적 2조5473억." http://www. dailymedi.com/detail.php?number=873482

심사평가원. (2021). 「COVID-19 대응을 위해 한시적으로 허용된 전화상담·처방 효과 분석」.

신영석; 이진형; 김범준; 이재훈; 이영희; 황도경; 김소운; 박금령. (2017). 「제4차 산업혁명에 조응하는 보건의료체계 개편 방안」.

윤강재. (2020). 코로나19 유행 상황에서의 한국보건의료계의 변화와 과제, 보건복지 포럼.

이상규. (2020). COVID-19 이후, 의료시스템의 진화와 경계의 소멸. Future Horizon Focus

정연호. (2021). "원격 의료'의 시대 열린다, 효과성과 안전성 입증이 우선." https://it.donga. com/32579/

정윤, 임재민, 이견직. (2016). 시스템사고로 본 의료전달체계의 위기와 개선방안. 「한국 시스템다이내믹스 연구」, 17(1):5-24

청년의사. (2021). "공공의료 확충이 국가경쟁력을 강화시킨다." http://www.docdocdoc. co.kr

한계레. (2021). "'위드 코로나'는 작별 아닌 공존, 바이러스와 전투는 계속된다." https:// www.hani.co.kr/arti/society/society_general/1013613.html#csidxba16fd3d958 c097b9d1fd03a28178a2

Medical Observer. (2021). "여전히 외래진료 많고, 임상의사 수는 OECD 하위권." https:// www.monews.co.kr/news/articleView.html?idxno=305864

김윤. (2021). https://www.docdocdoc.co.kr/news/articleView.html?idxno=2017080

연합뉴스. (2021). "위중증 급증에 의료체계 마비 상태… 사망자 나와야 병상 생겨." https://www.yna.co.kr/view/AKR20211212025500530

청년의 니즈와
정책 정합성에 관한
고찰과 대응전략

조민효 행정학과 교수
양윤주 동아시아공존협력연구센터 연구원
유정호 국정평가연구소 연구원

I
서론

현재 한국 사회는 저출산, 고령화, 저성장, 실업난, COVID-19 등 여러 사회문제를 안고 있는 가운데, 미래 사회를 지탱해줄 청년세대의 위상이 매우 위태롭다. 청년세대는 활발한 경제활동을 통해 유아 보육 및 부모 부양이라는 중요한 사회적 역할을 수행하는 세대로 받아들여졌다. 그러나 오늘날에는 심각한 청년 실업 문제로 인해 삼포세대(연애, 결혼, 출산의 포기)를 넘은 오포세대(인간관계, 내 집 마련의 포기)로 언급된다. 유아·청소년 및 노인층이 사회적 약자로 인식되어 다양한 사회적·정책적 지원을 받는 데 반해, 청년을 위한 정책은 우선순위가 낮아 그동안 복지 사각지대에 놓이게 되었다는 지적도 있다. 가령, 2010년 무상급식 논의를 시작으로 무상보육 및 무상교육뿐만 아니라 최근에는 아동수당의 도입 등 유아·청소년을 위한 다양한 정책이 교육부와 보건복지부를 중심으로 꾸준하게 추진 중이다. 또한 OECD 국가 중 한국이 가장 높은 노인 빈곤율과 자살률을 보유하고 있다는 문제가 부각되면서, 보건복지부 내 노인 정책관이 신설되고 여러 중앙부처와 지방정부에서 다양한 노인 정책을 추진하고 있다. 이에 반해, 한국의 청년정책은 1997년 외환위기 이후 실업률이 급증하면서 실업대책과 고용촉진을 중심으로 고용정책만이 적극적으로 강조되었다(한국행정연구원, 2018: 57). 역대 정부의 청년정책이 고용정책 위주로만 진행되다보니, 상대적으로 복지적 측면에서는 소외받는 대상으로 간주된 것이다.

2002년도부터 2012년도까지 약 5.6% 수준을 유지하던 청년 실업률이 2017년도에는 7.6%로 약 36%가량 증가하면서, 청년의 고용문제가 사회적 관심의 대상이 되었다(한국행정연구원, 2020: 53)[1]. 이후 COVID-19 사태가 발생하면서 청년 실업률은 2021년 2월 10.1%로 급증하였다(통계청 경제활동인구조사, 2021). 그러나 청년층이 겪는 어려움은 비단 고용문제에 국한되지 않는다. 현재 청년의 비혼 증가, 출산율 저하, 주거빈곤, 니트족[2] 증가, 신용불량자 증가 등의 현상에서 보듯이 다양한 영역에서 청년들의 삶이 힘들어지고 있다. 2020년도 인구주택총조사에 따르면, 우리나라의 미혼 인구 비중은 모든 연령에서 증가하고 있고, 특히 결혼적령기인 30대의 경우 2015년 36.3%에서 2020년 42.5%로 6.2%p 증가하며 가장 큰 증가 폭을 보였다(통계청, 2021). 또한 저출산 대응 정책을 15년 넘게 시행해

---

1) 2012년부터 2017년도까지 전체 근로 연령대의 실업률이 3.2%에서 3.7%로 0.5%p 증가하였다. 이는 해당 기간 동안 청년 실업률이 전체 실업률보다 약 4배 증가했음을 의미한다.

2) 니트족은 경제활동인구조사에서 학생이나 취업자가 아니고, 정규 교육기관 또는 취업을 위한 학원·기관에 다니지 않고 있으며, 가사·육아 또한 주로 하지 않는 미혼의 15~29세 청년을 가리킨다.

왔음에도 불구하고 2020년 우리나라 합계출산율은 0.84명으로 역대 최저치를 기록했다(이찬주, 2021). 주거 문제의 경우, 최저 주거기준 미달의 이른바 '지옥고(지하방, 옥탑방, 고시원)'를 경험하는 청년이 매년 증가하고 있다(이보람 외, 2021). 2017년 한국복지패널 자료 중 청년 가구를 대상으로 주거 상황을 분석한 결과, 청년 가구의 33.1%가 최저주거기준을 충족하지 못하거나 주거비 과부담에 해당하는 주거빈곤 가구인 것으로 나타났다(김비오, 2019). 이외에도 2020년 기준 한국의 청년 중 니트족이 20.9%를 차지하며 OECD 국가 중 3위를 차지하였고(한국고용정보원. 2021), 부채 부담이 있는 청년의 비율이 2018년 대비 2.4%p 증가하여 27.5%에 달하고 있다(김형주 외, 2019).

청년을 둘러싼 사회적 문제의 심각성은 〈그림 1〉에서 나타나듯이, 언론에서 청년정책에 관해 언급한 빈도의 추세에서도 드러난다. 2010년부터 2021년 12월까지 빅카인즈[3]에서 청년정책 키워드로 검색된 중앙일간지의 기사 건수는 2010년도 3건, 2011년도 2건, 2012년도 38건 등 2014년도까지 연간 40건이 넘지 않았으나, 2015년도에 120건으로 급증하고 2019년도에는 351건의 기사가 검색되었다. COVID-19와 같은 재난상황 속에서 청년들이 겪는 어려움은 증폭되어 2021년도에는 기사 수가 급증하였으며, 현재 시점인 2021년 12월 14일까지 총 기사 수는 411건으로 가장 많았다. 즉, 그동안 소

---

3) 빅카인즈(Big Kinds)는 한국언론진흥재단이 운영하는 국내 최대의 뉴스기사 Database (DB) 서비스이다(www.bigkinds.or.kr).

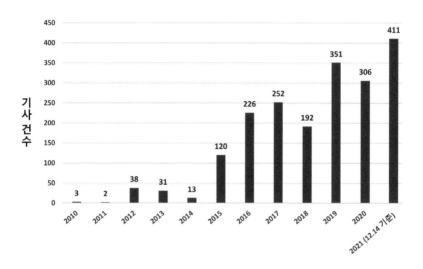

〈그림 1〉 청년정책 기사 건수

외되었던 청년에 대한 사회와 정부의 관심은 2015년을 기점으로 점차 높아지고 있으며 현재 가장 높은 수준임을 알 수 있다.

　최근 교육·일자리·주거·금융·생활복지 등 다양한 분야의 청년 정책들이 중앙부처뿐만 아니라 여러 지방정부에서 추진되고 있다. 정부는 청년정책을 2020년 182개 과제 16.9조 원에서 2021년 270개 과제 22조 원으로 급격히 확대하기도 했다(관계부처 합동, 제1차 청년정책 기본계획, 2020). 그러나 이렇게 많은 정책이 갑자기 만들어지다 보니 서로 유기적으로 연계하여 시행되기보다는 각자 분절적으로 운영되는 경향이 있어 효과적·효율적인 정책 집행이 어려운 상황이다. 이에 대응하고자 정부는 국무총리를 위원장으로 하는

'청년정책조정위원회'를 2020년 12월 신설하여 범정부 청년정책 컨트롤 타워로서 청년들과 직접 소통하면서 청년정책 기본계획과 시행계획을 수립·점검하고, 청년정책을 조정·분석·점검·평가하는 역할을 수행하게 하였다(청년정책조정위원회, 2021.08.02. 검색).

그러나 이러한 노력으로 과연 청년의 니즈를 제대로 반영한 정책이 형성되며 집행되고 있는지에 대해서는 의구심이 들 수 있다. 청년정책조정위원회는 1기 민간위원 20명 중 12명을 청년위원으로 위촉하였으나(국무조정실 보도자료, 2020.09.16.), 이들 중 4명은 특정 정당에서 당직을 맡고 있거나 총선 출마를 시도한 이력이 있음에도 불구하고 민간전문가로 위촉되어 정치적 편향성으로 인해 청년 대표성이 훼손되었다는 논란이 발생하기도 했다(세계일보, 2020.09.16.). 즉, 청년의 니즈가 정책에 적합하게 반영될 필요가 있음에도 아직 여러 가지로 미흡한 점이 있다.

본 챕터는 한국보건사회연구원이 인구통계학적 특성을 고려하여 표본으로 추출한 청년 3,018명을 대상으로 조사한 2019년 '청년층 생활실태 및 복지욕구조사' 자료를 분석하여 청년의 니즈를 객관적으로 분석하고자 한다. 그리고 중앙정부와 서울시에서 시행 중인 다양한 청년정책들을 분야별로 살펴보고, 정책들이 청년의 니즈와 부합하는지 분석한다. 청년이 응답한 2차 자료의 분석을 통해 청년의 니즈와 정책 간의 정합성을 고찰함으로써, 청년세대가 직면한 다양한 문제에 대한 정부의 대응 전략을 탐색하고 합리적인 정책 설계방안을 제언하고자 한다. 효과적인 정책을 위한 가장 기본적인 조건 중 하나가 정책 수혜자의 니즈에 부합하는 정책의 설계 및 집행이라는 점을 감안했을 때, 본 연구는 다양한 시사점을 제공해 줄 것으로 판단된다.

II
청년정책의 현황

먼저 한국의 청년정책 현황을 개괄하기 위해서, 중앙정부와 서울시에서 진행하고 있는 청년정책의 유형별 사업 수와 예산을 살펴보고자 한다. 본 챕터는 경제·인문사회연구원이 2020년에 발간한 '제1차 청년정책 기본계획 수립 연구[4]'를 기반으로 청년정책을 살펴보았는데, 정책유형별 분류는 청년정책조정위원회에서 사용하는 유형의 대분류 체계(취업, 창업, 주거·금융, 생활·복지, 정책참여)를 조금 수정하여 사용하였다. 구체적으로, 대분류 체계 중에서 주거와 금융을 분리하고, 정책참여 유형을 제외[5]하여 '취업, 창업, 주거, 금융, 생활·복지'라는 5개 유형으로 구성하였다.

---

4) 경제·인문사회연구원이 2020년에 발간한 '제1차 청년정책 기본계획 수립 연구'에서는 청년정책을 일자리, 교육·훈련, 주거, 참여·문화·활동, 복지·금융·건강 등 크게 5개 유형으로 분류하였다.

5) 정책참여 유형은 각종 청년 관련 위원회에 청년 대표 참여 유무 혹은 청년의 이익을 대변하는 집단의 구성 등과 관련된 것으로, 정책형성 과정에 청년이 참여하는지 살펴보는 유형으로 본 챕터의 분석 내용에는 부적합하다고 판단했다.

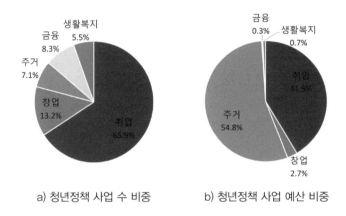

〈그림 2〉 중앙정부의 청년정책 사업 수 및 예산 비중 (단위:%)

a) 청년정책 사업 수 비중　　　b) 청년정책 사업 예산 비중

1. 중앙정부

경제·인문사회연구원이 발간한 '제1차 청년정책 기본계획 수립 연구'에 나온 수치를 인용하여 재산정한 결과, 2019년 기준으로 중앙정부 차원에서 추진 중인 청년정책은 총 182개 사업이다. 〈그림 2〉에 나오듯이, 182개 사업들은 유형별로 일자리와 교육훈련을 포함한 취업 분야가 120개로 65.9%를 차지하고 있으며, 창업이 24개(13.2%), 주거가 13개(7.1%), 금융이 15개(8.3%), 생활·복지가 10개(5.5%)로 나타나고 있다. 한편 2019년도 예산을 반영해 분석한 결과, 사업 수와는 다른 결과를 보였다. 청년정책 예산 중 주거 분야가 11조 9,537억 원(54.8%)로 가장 많았고, 취업 분야가 9조 665억 원(41.5%), 창업이 5,826억 원(2.7%), 생활·복지가 1,454억 원(0.7%),

금융이 695억 원(0.3%)을 차지하는 것으로 나타났다.

중앙부처 청년정책의 사업 수와 예산을 비교하면, 사업 수는 취업과 창업을 포함하는 일자리 분야가 압도적으로 높은 비중인 79.1%를 차지하고 있어, 우리나라 청년정책이 주로 일자리 중심으로 이루어지고 있음을 알 수 있다. 다만, 예산 규모를 함께 고려한다면, 일자리보다는 주거 유형의 예산이 전체의 54.8%를 차지해 가장 많은 예산이 배분되고 있는 것을 확인할 수 있다. 이는 사업비용이 클 수밖에 없는 주거 분야 정책의 특성이 일부 반영된 결과로 해석된다.

2. 지방정부 – 서울시

서울시는 중앙정부와 달리 청년정책을 일자리, 살자리, 설자리, 놀자리의 네 가지 유형으로 분류하고 있다. 먼저 중앙정부의 청년정책 분석 결과와 비교하기 위해 서울시의 개별 정책들을 '취업, 창업, 주거, 금융, 생활·복지' 유형으로 재분류하였다. 2019년 기준으로 서울시가 추진 중인 청년정책은 총 23개 사업이다. 23개 사업은 유형별로 취업 8개(34.8%), 주거 6개(26.1%), 금융 4개(17.4%), 생활·복지 4개(17.4%), 창업 1개(4.3%) 순으로 나타났다. 또한 서울시의 2019년도 청년정책 예산 현황을 분석한 결과, 취업이 1,509억 원(50.8%)으로 가장 비중이 크고, 주거가 1,163억 원(39.2%), 생활·복지가 149억 원(5%), 금융이 92억 원(3.1%%), 창업이 55억 원(1.9%) 순으로 나타났다.

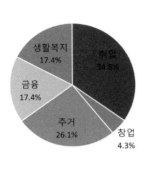

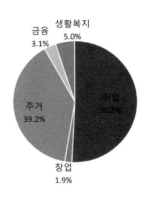

a) 청년정책 사업 수 비중   b) 청년정책 사업 예산 비중

　이처럼 서울시의 청년정책 현황은 중앙정부 청년정책의 유형별 사업 수 및 예산과는 약간 다른 것으로 나타났다. 먼저 사업 수 차원에서 중앙정부와 서울시 모두 취업 분야에서 가장 많은 수의 사업을 지원하고 있었다. 그러나 전체 사업 수 대비 취업 분야가 차지하는 비중에서는 차이가 난다. 구체적으로 중앙정부는 120개(65.9%) 사업을 취업 유형에서 추진하였으나, 서울시는 8개(34.8%) 사업을 추진하여 비율이 두 배 가까이 차이가 나는 것을 확인할 수 있다. 또한 예산 차원에서도 중앙정부가 주거에 11조 9,537억 원(50.8%)을 배정하여 가장 높은 반면, 서울시는 취업에 1,509억 원(50.8%)을 배정하였다는 차이가 있다.

Ⅲ
청년의 생애주기별 니즈

1. 청년의 생애주기별 니즈에 관한 연구

생애주기적 관점에서 보면 청년이 연령별로 경험하는 주요 사건이 다르므로, 체계적이고 효과적인 청년정책 수립을 위해서는 청년을 연령 범위로 나누어서 각각의 니즈를 살펴볼 필요가 있다. 생애주기적 관점에서 청년의 주요 연령별 사건을 살펴보면 〈그림 4〉와 같다. 먼저 청년은 고등학교 또는 고등교육기관 졸업 후 노동시장으로 진입하여 경제활동을 시작한다. 20대 초반에 고등교육을 받는 청년들은 부모의 사회경제적 지위에 따라 교육기회의 불평등 문제가 발생하기도 하며, 학자금 대출 문제에 노출된다. 변수용·김경근(2010)에 의하면, 고등교육 진학 여부에 대해 사회경제적 배경의 영향력은 미미하나 교육기회의 질 측면에서는 사회경제적 배경의 효과가 뚜렷하게 나타난다. 즉, 가구소득이 높을수록 2년제 대학보다는 4년제 대학으로, 4년제 대학 내에서는 상위권 대학으로 진학하는 경향이 나타났다. 또한 황남희(2013)에 따르면, 한국교육고용

패널조사(KEEP) 분석 결과 40%의 표본이 학자금 대출 상환을 위해 소비와 지출을 감소한 경험이 있으며, 33%의 표본이 원금 또는 이자를 연체한 경험이 있는 것으로 나타났다.

청년은 20대 중후반을 거치며 경제활동준비시기와 경제활동기를 보낸다. 이때 고용불안, 저임금, 실직의 문제에 노출되고, 주거비 부담으로 인한 주거빈곤 문제에 부딪힌다. 백학영(2013)에 따르면 연령집단별 임금과 고용수준 불평등을 살펴본 결과, 청년층에서 비정규직과 정규직의 임금격차가 심각한 것으로 나타났다. 또한 김종욱(2017)의 연구에서 청년 니트의 특징 및 변화 추이를 분석한 결과, 구직활동을 포기한 청년 니트의 장기화와 고학력화 현상이 증가하고 있었다. 선행연구를 통해 청년의 고용불안과 저임금 그리고 계속되는 구직난으로 인해 취업포기 현상이 나타나는 것을 확인할 수 있다.

마지막으로 청년은 30대를 거치며 결혼, 출산, 경력단절의 문제에 부딪히게 된다(안홍순, 2016). 이삼식(2015)의 연구에서 30세 이상 청년세대가 결혼을 하지 않는 이유를 살펴보면, 남성의 경우 '기대치에 맞는 사람을 만나지 못해서(17.2%)', '소득이 적어서(10.9%)', '이성을 만날 기회가 없어서(8.6%)', '집이 마련되지 않아서(8.3%)', '결혼 생활의 비용에 대한 부담이 커서(7.9%)' 등의 순으로 응답하였다. 또한 여성의 경우는 '기대치에 맞는 사람을 만나지 못해서(32.5%)', '결혼할 생각이 없어서(11.0%)', '결혼보다 내가 하는 일에 더 충실하고 싶어서(9.2%)', '결혼생활과 직장일 동시 수행 곤란, 결혼생활로 본인의 사회활동에 지장이 있을까봐(7.7%)'의 순으로 나타났다. 이를 통해 청년세대가 적당한 이성을 만나지 못하는 것과 별개로 저소득과 경력단절 문제를 이유로 결혼을 망설인다는 것을 확인할 수 있다. 이러한 문제는 다른 연구를 통해서도 확인할 수 있는데, 출산의 경우, 배우자가 있는 청년 세대 여성이 출산을 하지 않는 이유의 1순위가 자녀 교육비 부담(16.8%), 2순위가 고용 상태 불안정 및 소득이 적음(7.9%)인 것으로 나타났다(이소영 외, 2018). 또한 신혼부부를 대상으로 자녀 양육에서 힘든 점을 조사한 결과, 여성의 18%가 경력단절을 꼽았다(조성호 외, 2019).

앞서 살펴본 선행연구에 따르면, 청년의 연령대별 생애주기에 따라 주요 사건과 문제 사건이 다르게 나타나고 있다. 청년세대는 20대 초반에 교육기회의 불평등에서 시작하여, 노동시장 진입의 어려움을 겪고, 30대에 들어서면서 결혼 및 출산 포기라는 문제 사건에 노출될 위험성을 안고 있다(안홍순, 2016). 따라서 안홍순(2016)은 청년의 연령별 주요 사건을 제때에 이행하지 못하면, 문제 사건과 빈곤에 노출되어 노후에도 안정된 삶을 영위하기 어렵다고 주장한다. 이를 통해 청년은 연령대별로 각기 다른 니즈를 가지며, 청년의 생애주기에 따른 정책적 대안이 필요할 것으로 유추해 볼 수 있다.

그렇다면 청년들의 실제 연령대별 니즈는 무엇일까? 한국보건사회연구원에서 실시한 2019년 '청년층 생활실태 및 복지욕구조사' 자료를 활용하여 일자리를 비롯하여 교육, 주거, 금융, 생활·복지 등 다양한 분야에 대한 청년들의 니즈를 분석해보고자 한다. '청년층 생활실태 및 복지욕구조사'는 전국에 거주하는 만 19세 이상 34세 이하의 모집단을 대상으로 노동 및 사회보험 실태, 경제, 건강, 주거, 사회적 지지 및 관계망, 주거, 청년정책 전반의 내용을 조사

주요 사건				고등교육	노동시장 진입	주거	결혼
	고등학교 졸업 후	20대 초반	20대 중반	20대 후반	30대		
문제 사건		• 교육기회의 불평등 • 학자금 대출 • 생활비	• 고용불안 • 저임금 • 실직	• 주거빈곤	• 결혼 포기 • 출산 포기 • 경력 단절		

자료: 안홍순, 2016: 62의 재구성

하였으며, 총 표본은 3,018명이다. 전체 표본을 생애주기에 맞추어 20대 초반(19-24세), 20대 중후반(25-29세), 30대 초반(30-34세)의 세 가지 연령별 유형으로 나누어 분석하였다.

2. 청년 니즈에 대한 자료 분석 결과

가. 표본 특성

먼저 분석 표본에 대한 인구통계학적 특성은 〈표 1〉과 같다. 응답자의 성별 분포는 남성과 여성이 각각 52.09%와 47.91%이며, 연령별 분포도 세 가지 유형별로 큰 차이는 없으나 20대 초반이 가장 많다. 최종학력 수준은 대졸 이상이 가장 많고, 대학 재학/휴학/수료와 대졸 이상을 합하면 78.2%로, 2020년 70.4%를 기록한 고등교육기관 취학률을 잘 반영하고 있다고 본다(교육부, 2021). 다음으로 응답자의 취업 여부를 살펴보면, 임금근로자가 53.55%으로 가장 많고, 정규교육기관에 재학 중인 재학생이 22.40%, 학업 외 미취업자는 15.51%, 비임금근로자가 8.55% 순으로 나타났다. 응답자의 절반 이상이 부모와 함께 거주하는 가구로 가장 많고, 거주지역은 수도권이 비수도권에 비해 약간 높은 것으로 나타났다.

〈표 1〉 청년 표본의 인구통계학적 특성

구분			빈도	비율(%)
성별		남성	1,572	52.09
		여성	1,446	47.91
연령		20대 초반(19세-24세)	1,135	37.61
		20대 중후반(25세-29세)	988	32.74
		30대 초반(30세-34세)	895	29.66
최종학력		고졸 이하	658	21.80
		대학 재학/휴학/수료	861	28.53
		대졸 이상	1,499	49.67
취업여부	취업	임금근로자	1,616	53.55
		비임금근로자 (자영업)	258	8.55
	미취업	정규교육기관 학업	676	22.40
		학업 외 미취업	468	15.51
가구유형		부모와 함께 거주	1,672	55.40

가구유형	부모와 따로 거주	독립	결혼	402	13.32
			미혼	665	22.03
		경제적 지원		241	7.99
	기타 (조손 가구, 친인척 동거 등)			38	1.26
거주지역	서울			641	21.36
	경기			946	31.46
	비수도권			1,431	47.18
합계				3,018	100.00

나. 정부 지원 정책에 대한 인지도 및 만족도

청년의 연령별 정책에 대한 니즈를 분석하기에 앞서 정부 지원 정책에 대한 청년의 인지도를 살펴보았다. 정책인지도는 정책이해도 혹은 정책리터러시(policy literacy)라고도 불리며, 정책과 관련된 복잡한 지식과 정보를 효과적으로 활용할 수 있는 능력으로 정책 참여를 위한 필수요소라고 할 수 있다(임도빈 외, 2012). 즉, 정책인지도는 정책과정에서 참여를 결정짓는 기본조건이라는 점에서 매우 중요하다(배귀희·임승후, 2009).

청년의 정부 지원 정책에 대한 인지여부는 〈표 2〉와 같다. 분석 결과, 청년 표본의 25.65%가 정부의 청년 지원 정책에 대해 전혀 모르고 있는 것으로 나타났다. 뿐만 아니라 청년 표본의 49.6%가 정부 청년 지원 정책에 대해 알고 있으나, 제도의 내용은 거의 알지 못한다고 답했다. 정광호(2008)에 따르면, 아무리 일상생활과 밀접한 정책일지라도 정책에 대한 인지도 없이는 정책 내용의 파악뿐 아니라 정책참여와 서비스 수혜에 있어 국민 간 격차와 갈등이 발생할 수 있다고 지적했다. 〈표 2〉를 통해 청년정책에 대한 홍보 부족 문제 해결 및 인지 제고를 위한 노력이 필요함을 알 수 있다.

다음으로 〈표 2〉에서 정부 지원 청년정책에 대해 조금이라도 알고 있다고 답한 청년 표본(2,244명)을 대상으로 중앙정부 및 지방정부의 지원 수준 만족도 분석을 진행했다. 중앙정부 및 지방정부의 지원 수준 만족도는 〈표 3〉과 같다. 분석 결과를 살펴보면, 청년이 중앙정부 및 지방정부의 지원수준에 대해 부정적으로 답변하고 있지 않음을 확인할 수 있다. 응답자의 42.52%가 중앙정부의 지원수준이 충분 혹은 매우 충분하다고 응답하였고, 지방정부의 지원수준에 대해서도 33.56%의 응답자가 긍정적으로 답변하고 있다. 보통이라고 응답한 수를 합하면 대부분의 청년이 중앙정부 및 지방정부의 지원수준에 대해 불만을 가지지 않고 있음을 확인할 수 있다.

〈표 2〉 청년의 정부 지원 정책에 대한 인지 여부

구분		빈도	비율(%)
정부 청년 지원제도 인지 여부	몰랐음	774	25.65
	알고 있으나, 주요 제도의 내용은 거의 알지 못함	1,497	49.60
	알고 있으며, 주요 지원제도의 내용을 대략적으로 알고 있음	689	22.83
	알고 있으며, 주요 지원제도의 내용을 구체적으로 알고 있음	58	1.92
계		3,018	100.00

<표 3> 중앙정부 및 지방정부의 지원수준 만족도

단위: 명(%)

구분	전혀 충분하지 않다	충분하지 않다	보통	충분하다	매우 충분하다
중앙정부 지원수준 만족도	48 (2.14)	558 (24.87)	684 (30.48)	911 (40.60)	43 (1.92)
지방정부 지원수준 만족도	75 (3.34)	634 (28.25)	782 (34.85)	721 (32.13)	32 (1.43)
계	2,244 (100.00)				

다. 청년의 생애주기별 선호 정책 영역

청년의 생애주기별 정책적 니즈는 무엇일지 실제 데이터 분석을 통해 알아보자. '청년층 생활실태 및 복지욕구조사'에서는 정부가 청년 정책에서 우선적으로 강화해야 할 영역이 무엇이라고 생각하는지에 대해 묻는 문항의 1순위 답변을 활용하여 연령별 청년의 정책 니즈를 살펴보았다. 먼저 20대 초반(19세-24세)의 경우 취업·창업 정책이 가장 중요하다는 응답이 63.17%로 가장 많았고, 금융 17.35%, 주거 8.55%, 교육 8.46%, 생활·복지 1.5%, 기타 0.97% 순으로 나타났다. 다음으로 20대 중후반(25세-30세)의 경우 20대 초반과 마찬가지로 취업·창업 정책이 가장 중요하다는 응답이 62.34%로 가장 많았고, 금융 17.71%, 주거 12.15%, 교육 4.76%, 생활·복지 2.23%, 기타 0.81% 순으로 나타났다. 마지막으로 30대 초반(30-30세) 역시 취업·창업 정책이 가장 중요하다는 응답이 62.35%로 가장 많았고, 금융 15.98%, 주거 13.63%, 교육 6.43%, 생활 · 복지

1.79%, 기타 0.83% 순으로 나타났다.

분석 결과를 종합하면, 청년의 전 연령대에 걸쳐 취업 및 창업지원 정책에 대한 니즈가 가장 크다. 주목할 만한 것은 우선순위뿐 아니라 그 선호 비율마저 연령대별로 유사한 결과를 나타낸다는 것이다. 앞에서 살펴본 선행연구에 따르면, 청년의 연령대별 주요 사건과 겪는 어려움이 다르게 나타나기 때문에 각기 다른 니즈가 존재할 것으로 예측하였다. 그러나 실제 자료를 분석한 결과, 전 연령에서 청년의 생애에 있어 가장 큰 문제는 취업과 창업인 것으로 나타난 것이다.

〈표 4〉 청년의 연령대별 선호 정책 영역

단위: 명(%)

구분	19세-24세	25세-29세	30세-34세	합계
취업·창업	717 (63.17)	616 (62.34)	558 (62.35)	1,891 (62.66)
금융	197 (17.35)	175 (17.71)	143 (15.98)	515 (17.06)
주거	97 (8.55)	120 (12.15)	122 (13.63)	339 (11.23)
교육	96 (8.46)	47 (4.76)	51 (5.70)	194 (6.43)
생활복지	17 (1.50)	22 (2.23)	15 (1.68)	54 (1.79)
기타	11 (0.97)	8 (0.81)	6 (0.67)	25 (0.83)
합계	3,018 (100.00)			

X^2=28.1212, df=10, p=0.002

여기서 한 가지 살펴볼 것은 청년의 연령대별 취업 상태이다. 즉, 청년들이 전 연령대에서 취업·창업 분야의 지원을 1순위로 꼽는 이유가 이들의 취업 상태와 연관이 있지 않을까 싶어서다. 그러나 〈표 5〉에서 나타나듯이, 청년의 취업 상태는 연령별로 다르게 나타난다. 즉, 19-24세인 20대 초반의 경우, 과반이 재학 중인 학생으로 나타났고, 36.56%만이 취업을 했다. 25-29세인 20대 중후반의 경우, 과반 이상의 응답자인 62.65%가 취업자로 가장 많았고, 미취업자는 19.53%에 그쳤다. 마지막으로 30-34세인 30대 초반의 경우, 취업자가 65.03%로 가장 많았고, 자영업자는 17.54%, 그리고 미취업자는 16.65%이다. 결국, 연령대별로 취업 상태는 다르게 나타남에도 불구하고, 정책에 대한 니즈는 취업·창업이 전 연령대에서 동일하게 1순위인 것이다.

〈표 5〉 청년의 연령대별 취업 상태

단위: 명(%)

구분	재학	미취업	취업	자영업
19세-24세	569 (50.13)	126 (11.10)	415 (36.56)	25 (2.20)
25세-29세	100 (10.12)	193 (19.53)	619 (62.65)	76 (7.69)
30세-34세	7 (0.78)	149 (16.65)	582 (65.03)	157 (17.54)
계	3,018 (100.00)			

라. 청년의 취업 상태별 선호 정책 영역

다음으로, 청년의 연령대별이 아닌 취업 상태별 선호 정책 영역에는 차이가 있을까? 청년의 취업 상태별 선호 정책 영역은 〈표 6〉과 같다. 먼저 재학의 경우 취업·창업 정책이 가장 중요하다는 응답이 71.30%로 가장 많았고, 금융 15.83%, 교육 9.62%, 주거 9.02%, 생활복지 1.83%, 기타 1.04% 순으로 나타났다. 다른 유형과 달리 교육 영역에 대한 선호도가 주거 영역에 대한 선호도보다 높게 나온 것은 재학 유형이 아직 정규교육기관에 다니는 학생들인 만큼 학자금대출 지원과 같은 교육지원 정책에 관심이 많은 것으로 해석할 수 있다. 취업 상태가 미취업, 취업, 자영업인 경우, 연령대별 선호 정책 영역과 비교하여 그 우선순위와 비율이 모두 유사한 결과를 나타낸다. 모두 취업·창업 정책이 가장 중요하다는 응답이 60%대 초반으로 가장 많았고, 금융, 주거, 교육, 생활·복지 순으로 선호 정책 영역이 나타났다.

〈표 6〉을 통해 취업 상태와 상관없이 청년들이 우선적으로 강화해야 한다고 생각하는 정책 영역이 취업·창업인 것을 확인할 수 있다. 이미 취업했거나 자영업을 하는 청년들도 모두 본인의 상황과 별개로 청년의 생애에서 취업과 창업이 니즈의 핵심이라고 응답한 것이다. 이러한 결과는 고용 문제로 인한 경제적 불안이 주거와 교육, 자산형성, 생활 영역에도 영향을 준다는 선행연구와도 일맥상통한다고 볼 수 있다. 결국 경제적 불안이 해결되어야 주거비용, 교육비용에도 투자할 수 있으며, 그와 더불어 자산형성에도 관심을 가질 수 있기 때문이다(이수욱 외, 2015).

〈표 6〉 청년의 취업 유형별 선호 정책 영역

단위: 명(%)

구분	재학	미취업	취업	자영업	합계
취업·창업	428(71.30)	303(64.74)	994(61.51)	166(64.34)	1,891(62.66)
금융	107(15.83)	72(15.38)	300(18.56)	36(13.95)	515(17.06)
주거	61(9.02)	51(10.90)	196(12.13)	31(12.02)	339(11.23)
교육	65(9.62)	30(6.41)	84(5.20)	15(5.81)	194(6.43)
생활복지	8(1.83)	8(1.71)	32(1.98)	6(2.33)	54(1.79)
기타	7(1.04)	4(0.85)	10(0.62)	4(1.55)	25(0.83)
합계	676(22.40)	468(15.51)	1,616(53.55)	258(8.55)	3,018(100.00)

$X^2=29.4700$, df=15, p=0.014

마지막으로, 현재의 일자리에 대한 불만이 이러한 결과를 유도한 것이 아닌지 확인하기 위해서 취업한 청년 표본의 일자리 만족도 및 직무적합도에 관해 분석하였다. 청년 취업자의 일자리 만족도 결과는 〈표 7〉과 같다. 분석 결과, 과반인 54.16%의 응답자가 본인의 일자리에 만족한다고 답하였다.

청년 취업자의 직무불일치 결과는 〈표 8〉과 같다. 직무불일치 현상은 개인의 인적자본이 부족하거나(Duncan & Hoffman, 1981; Sicherman, 1991), 부적합한 인적자본을 형성했을 때(Rumberger, 1987; Sloane, 2003) 일어나게 된다. 분석 결과, 71.82%의 응답자가 본인의 교육수준과 일의 수준이 알맞다고 답하였다.

〈표 7〉 청년 취업자의 일자리 만족도

단위: 명(%)

구분	매우만족	만족	보통	불만족	매우 불만족
일자리 만족도	140 (7.47)	875 (46.69)	761 (40.61)	88 (4.70)	10 (0.53)
계	1,874 (100.00)				

〈표 8〉 청년 취업자의 직무 불일치 수준

단위: 명(%)

구분	일의 수준이 매우 높다	일의 수준이 높다	일의 수준이 알맞다	일의 수준이 낮다	일의 수준이 매우 낮다
직무불일치	27 (1.44)	158 (8.43)	1,346 (71.82)	315 (16.81)	28 (1.49)
계	1,874 (100.00)				

〈표 7〉과 〈표 8〉의 분석 결과를 통해 청년들은 본인의 취업 여부, 취업 만족도, 직무불일치 같은 개인적 요소와 상관없이 취업·창업 문제를 심각한 사회문제라고 인식하는 것으로 유추해볼 수 있다. 청년들이 겪는 고용불안으로 인해 경제적 독립에서 어려움을 느끼고, 이에 따라 생애주기의 다음 단계인 독자적인 가구 형성을 연기할 수밖에 없는 처지에 놓이게 되는 것으로, 취업·창업 문제는 생애주기 전반에 매우 큰 영향을 미치는 것이다(이태진 외, 2016).

IV
청년정책과 니즈 간 정합성

지금까지 앞에서 자료 분석을 통해 청년의 정책에 대한 니즈가 생애주기별로 크게 다르지 않다는 것을 확인하였다. 그렇다면 실제 청년정책이 청년들의 니즈를 잘 대변하고 있는가? 먼저 청년정책을 영역별로 상세하게 살펴보고, 현존하는 정책과 청년들의 니즈 간 정합성을 분석하고자 한다. 분석의 편의상 취업 및 창업, 금융, 주거, 교육, 생활·복지 정책 순으로 중앙정부에서 추진 중인 182개의 청년정책과 서울시의 23개 청년정책 중에서 예산이 많고 대표적인 사업들을 선정하여 정책 현황을 살펴보고자 한다.

1. 취업 및 창업

취업·창업 정책은 청년정책의 핵심으로 다음과 같이 다양한 유형을 보인다. 첫째, 청년의 취업 및 기업의 고용을 장려하는 정책이 다수 존재하는데 대부분 고용노동부가 중심이 되어 추진 중이다. '청년추가고용지원금' 사업은 고용노동부가 지원고용위기지역의 기업이 청년을 고용하도록 장려하기 위해 추가로 고용한 1인당 연간 1,400만 원의 인건비를 지급하고 청년에겐 연간 900만 원씩 3년간 총 2,700만 원을 지원하는 사업이다. '청년 디지털 일자리 사업은 고용노동부가 ICT 시대에 적합한 인재가 연관 기업에 취업할 수 있도록 임금에 비례하여 인건비를 최대 월 180만 원까지 지원하는 사업이다. 서울시도 중앙부처의 사업들과 유사하게 청년에게 최대 235만 원의 인건비를 최대 23개월 동안 지원하여 기업의 청년고용 및 청년취업 기회 향상을 지원하도록 841억 원의 예산으로 '서울형 뉴딜 일자리' 사업을 시행 중이다.

둘째, 청년의 취업활동을 위한 교육 및 훈련 지원 사업으로, 고용노동부는 '국민내일배움카드' 사업으로 인당 3~500만 원의 취업 관련 훈련비를 지원하고 있다. '청년해외진출 멘토링'은 고용노동부가 해외 진출을 희망하는 청년을 대상으로 해당 국가의 취업에 필요한 역량, 준비사항 등을 멘토링하는 사업이다. 이 외에도 서울시는 청년 인당 50만 원씩 지급하는 '미취업청년 긴급취업 장려금'과 일 경험 및 직무교육을 제공하는 '지역주도형 청년일자리' 사업을 통해 청년의 취업 기회를 제공하고 있다. 한국의 청년정책이 1998년 외환위기 이후 10여 년간 취업 위주로 시행된 만큼, 중앙정부 부처와 서울시는 유사한 목표와 지원 내용을 가진 취업 장려 사업을 추진 중인 것으로 볼 수 있다.

셋째, 청년의 창업 정신을 고취하고 창업을 지원하는 정책은 중소벤처기업부가 중심이 되어 시행 중이다. 중소벤처기업부는 청년들의 창업 아이템의 사업화를 위한 금융서비스 및 교육을 지원하는

'청년전용 창업자금' 사업 그리고 성공한 벤처인들이 청년층 기술창업팀을 선발하여 정부가 R&D, 창업사업화, 해외 마케팅 등의 매칭을 지원하는 '민간투자주도형 기술창업지원' 사업을 시행 중이다. 교육부도 중소벤처기업부의 예산 규모보다는 적지만 대학 내 창업생태계 조성 및 대학 중심의 창업 붐 확산을 위해 학생·교원 등 초기 대학 창업기업에 대한 '대학창업펀드 조성' 사업을 시행 중이다. 서울시 또한 34개 캠퍼스타운에서 청년창업을 활성화하기 위한 '캠퍼스타운 혁신을 통해 청년희망, 지역경제 활성화' 사업을 시행 중이다.

앞에서 살펴본 바와 같이, 중앙정부와 서울시는 이미 다른 어떤 청년정책 분야보다도 취업·창업지원 분야에 가장 많은 수의 정책을 선보이고 있다. 이는 정부의 정책이 청년들의 니즈에 어느 정도 부합한다고 볼 수도 있다. 그러나 다른 한편으로는 이렇게 많은 수의 사업이 존재함에도 불구하고 여전히 청년들이 전 생애주기에서 취업·창업 분야에 대한 지원을 강화해야 한다고 말하는 것은 현재 시행되고 있는 사업의 실효성에 문제가 있는 것은 아닌지 살펴봐야 함을 의미하기도 한다. 실제로 청년 일자리 창출이 단기 일자리 중심으로 집중되어 있고, 구직자에 대한 직접적인 장려보다는 기업에 대한 지원금 형식으로 이루어지고 있어 정책의 효과성에 한계가 있다는 지적이 있다(한성민 외, 2016). 또한, 창업지원 사업의 경우, 중소벤처기업부에서 5,396억 원 규모로 지원을 하고 교육부와 서울시의 창업지원 사업까지 포함하면 정부는 총 약 6,000억 원을 집행 중임에도 불구하고, 만족도는 다른 사업들에 비해 상대적으로 낮은 편이다. 구체적으로, 청년층 생활실태 및 복지욕구조사(2020)에 따르면 청년정책 중 창업자금 지원 정책의 만족도는 53.5%로 조사된 프로그램 중 가장 낮았고, 불만족도 또한 19.9%로 가장 높았다. 이렇게 저조한 만족도의 원인을 정확하게 규명하기는 어려우나, 아마도 정부의 지원 형태 혹은 지원 대상 등 정책의 세부적인 내용이 청년의 니즈와 정확하게 부합하지 않기 때문일 것이다. 가령, 2019년 창업기업 실태조사에 따르면, 20대 청년 창업자의 경우 숙박 및 음식업에서, 30대 청년 창업자의 경우 보건 및 사회복지 업종에서 가장 활발하게 창업이 일어났다. 그러나 〈표 9〉에 나타나듯이 정부의 창업지원 정책은 대부분 IT와 R&D에 집중되어 있어 미스매치가 존재함을 확인할 수 있다.

〈표 9〉 취업·창업 정책 현황

(단위:억 원)

구분	대표 사업	지원 내용	예산	담당부처
취업	청년추가 고용 장려금 지원사업	청년: 3년간 연 900만 원 지원고용위기지역의 기업: 1인당 연 최대 1,400만 원 지원	14,259	고용 노동부
	국민 내일배움카드	인당 3~500만 원 훈련비 지원	9,943	고용 노동부
	청년 디지털 일자리 사업	임금 비례 인건비 지급 (최대 180만 원)	5,611 (5만명 목표)	고용 노동부
	청년 해외진출 멘토링	해외취업을 희망하는 청년들이 원활한 해외취업 및 정착을 할 수 있도록 해당국 취업에 필요한 역량, 준비사항, 현지정보 등 멘토링 지원	526	고용 노동부

취업	미취업청년 긴급 취업장려금	1인당 50만 원 (지역사랑상품권 지급)	868	서울시
	서울형 뉴딜 일자리	월 최대 임금 235만 원 지급 최대 23개월간 안정적으로 근무가능 최대 130시간 취업 교육, 자격증 응시비 지원	841	서울시
	지역주도형 청년일자리	청년의 지역정착을 위해 유형별 일경험, 직무교육 등으로 취·창업 지원	106	서울시
창업	청년전용 창업 자금(창업기반 지원자금)	청년들의 창업 아이템의 사업화를 위한 금융서비스 지원 및 교육 제공	2,500	중소벤처 기업부
	TIPS(민간투자주도형 기술창업지원, Tech Incubator Program for Startup) 사업	성공벤처인 등이 주도하는 민간의 액셀러레이터(TIPS 운영사, 엔젤투자·보육 전문회사)가 유망한 기술창업팀을 선발하여 투자·보육하면, 정부가 R&D, 창업사업화, 해외마케팅 등을 매칭 지원하는 민간주도의 기술창업 프로그램	1,896 (1,050 팀 이상)	중소벤처 기업부
	청년창업펀드 추가 조성	청년창업기업의 창업 및 성장 지원을 위한 전용 벤처펀드 조성을 통해 투자자금 공급 확대	1,000	중소벤처 기업부
	대학창업 펀드 조성	대학 내 창업 생태계 조성 및 대학 중심의 창업 붐 확산을 위해 학생·교원 등 초기 대학 창업 기업에 대한 투자 펀드 조성 사업	150	교육부
	서울시 자영업지원센터 운영	창업준비부터 사업의 안정적 운영까지 맞춤컨설팅 및 창업자금, 멘토링, 사후관리 등소상공인의 경쟁력을 강화하는 자영업지원센터 운영	–	서울시

창업	캠퍼스타운 혁신을 통해 청년희망, 지역경제 활성화	서울 전역 34개 캠퍼스타운에서 창업을 확산하고, 지원 시스템을 강화하여 청년창업을 활성화하고자 함	410	서울시

자료: 청년정책조정위원회 홈페이지에서 180여개 청년정책 자료를 수집하여 재구성, 2021

2. 금융

다음으로, 청년을 대상으로 하는 대표적인 금융지원 정책은 〈표 10〉과 같다. 최근 대학생 학자금 대출을 포함하여 청년부채로 인해 청년세대 내 자산 격차가 심화되는 문제가 불거지고 있어 이러한 격차 해소를 위한 금융 정책이 다수이며 보건복지부가 중심이 되어 진행하고 있다. 구체적으로, 본인저축액 1에 정부가 3배로 매칭 적립하여 만기수령액을 최대 1,440만 원까지 받음으로써 근로를 장려하는 '적립청년저축계좌' 사업에 73.2억 원을, 근로 및 사업소득 공제액 10만 원에 근로소득 장려금(1인 평균 31만 6천 원)을 지원하는 '청년희망키움통장' 사업에 13억 원을 배정하였다. 서울시도 보건복지부 사업과 유사하게 서울시 거주 근로청년의 근로소득 저축액에 서울시 예산을 1:1로 매칭하여 적립함으로써 경제적 자립을 지원하는 '희망두배 청년통장' 사업을 72.5억 원으로 시행 중이다.

금융지원 정책은 앞서 살펴본 청년의 생애주기별 선호 정책에서 2순위를 차지했다. 이러한 결과는 최근 부채의 확산이 청년층에까지 번지고 있는 현상을 통해 그 이유를 확인할 수 있다(박나리·김교성, 2021). 오욱찬 외(2020)의 연구에서 2018년 가계금융복지조사 데이터를 통해 각 연령별 부채보유 비율을 조사한 결과, 청년층의 부채보유 비율은 24.5%로 나타났다. 이는 중장년층의 부채보유 비율인 42.5%보다는 낮지만, 노년층의 16.5%보다는 높게 나타났고, 가구주로 한정한다면 그 비율이 61.5%로 모든 연령대에서 가장 높은 수준이다(오욱찬 외, 2020). 물론 현재의 부채 개념은 신용카드가 보편화되면서 가계의 구매력을 유지시켜주는 핵심적 정책수단으로 활용되고 있다(김도균, 2018). 하지만, 청년의 부채는 이들이 경험하는 고용불안과 소득불안, 주거불안 등 다차원적으로 발생하는 문제를 기반으로 살펴봤을 때, 기초적인 생활 유지를 위해 발생하는 빚일 가능성이 높다(한영섭·이유란, 2015). 즉, 청년 채무의 경우 투자의 개념보다는 주거, 생활과 같은 기본적 욕구의 해결이나 학자금 등과 같이 필수적인 역량 강화를 목적으로 발생한다는 점에서 다른 세대와는 차이를 갖는 것이다(박나리·김교성, 2021).

그러나 〈표 10〉에서도 나타나듯이 금융지원 정책은 다른 정책에 비해 예산이나 사업 수가 턱없이 부족하다. 특히 청년부채는 학자금만의 문제가 아닌, 창업비용, 생활비, 주거문제, 가족문제 등 다양하게 발생하지만, 현 금융지원 정책은 한정적으로 이루어져 있다.

〈표 10〉 금융 분야 정책현황

(단위:억 원)

구분	대표 사업	지원 내용	예산	담당부처
금융	청년희망 키움통장	근로/사업소득공제액 10만 원 + 근로소득 장려금 (1인 평균 31만 6천 원) 지원 → 3년 후에는 평균 1천 5백만 원 적립	13	보건 복지부
	청년저축 계좌	본인저축액에 1:3 매칭하여 근로소득장려금 적립	73.2	보건 복지부
	희망두배 청년통장	서울시 거주 근로청년이 매달 근로소득 10만/15만 원 중 선택하여 2년/3년간 저축하면 동일한 금액을 서울시 예산으로 적립 지원하여, 근로청년의 경제적 자립을 지원 하는 사업	72.48	서울시 복지 재단
	내일채움 공제	청년: 5년 만기재직 후 본인 납입금 3배 이상 수령 기업: 연구인력개발비 세액 공제	14,017	중소벤처 기업부
금융	청년내일 채움공제	청년 2년간 300만 원+정부(600만 원)+ 기업(300만 원) 공동 적립 → 2년 후 만기 공제금 1,200만 원+α	4,936 (10만명 목표)	고용 노동부
	서울시 청년수당	서울시에 거주하고 있는 만 19−34세 미취 업 청년들의 구직 활동을 촉진하는 수당으 로 매월 50만 원, 최대 6개월 간 지급	900 (기수당 4,000명)	서울시

자료: 청년정책조정위원회 홈페이지에서 180여 개 청년정책 자료를 수집하여 재구성, 2021

3. 주거

최근 가파르게 상승하는 부동산 가격에 따라 청년층의 주거비에 대한 부담이 커지고 있다. 주거정책은 〈표 11〉에 나타나듯이 크게 금융 지원과 공간 지원으로 나눌 수 있다. 먼저 주거 금융 지원 정책을 살펴보자면, 국토교통부가 중심이 되어 중소기업에 취업한 청년들에게 낮은 이자율로 전월세보증금을 대출해주는 '중소기업 취업청년 전월세보증금 대출' 사업과 39세 이하 청년에게 월세 비용을 저리로 융자하는 '주거안정 월세대출' 등이 있다. 서울시도 서울에 거주하는 만 19~39세 이하 청년 가구에게 최대 20만 원의 월세를 10개월간 지원하는 '청년월세지원금' 사업, 신혼부부에게 임차보증금 90% 이내 혹은 2억 원 중 적은 금액을 기준으로 대출 및 금리를 지원하는 '신혼부부 임차보증금 지원' 등을 국토교통부와 별도로 시행 중이다.

주거 공간 지원 정책을 살펴보면, 교육부는 대학생의 열악한 주거 환경 및 주거비 부담을 완화하기 위한 정책으로 '행복기숙사' 사업을 운영하고 있다. 또한 국토교통부는 '집주인 임대주택' 사업으로 집주인에게 저금리의 기금 융자를 지원하는 대신, 해당 주택을 무주택 청년이나 고령자에게 8년간 임대하는 사업을 추진하고 있다. 서울시는 '한지붕세대공감', '사회주택 공급' 사업을 지자체 차원에서 시행하여, 대학생과 청년의 주거 니즈에 정책적으로 대응하고 있다.

그러나 이러한 정책에도 불구하고 청년층이 느끼는 주거비 부담은 여전히 매우 높은 것이 현실이다. 2017년도 한국복지패널 자료를 활용해 청년 가구의 주거빈곤 문제를 분석한 결과, 청년 가구의 24.7%는 월 소득 대비 주택임대료 비율이 20%를 초과해 주거 과부담에 해당했으며, 최저주거기준을 충족하지 못하거나 주거비 과부담에 해당하는 주거빈곤 가구는 33.1%로 나타났다(김비오, 2019). 또한 오욱찬·김현경(2020)의 연구에서 청년부채는 주거 마련을 위한 비율이 65.1%로 나타나 청년부채의 대부분이 주거로 인해 발생하는 것을 알 수 있다. 박미선(2017)의 연구 결과에 따르면, 청년들은 주거비 보증금의 71%, 월 임대료의 65%를 부모에게 의존하고 있어 부채 발생마저 어려운 청년들은 경제적 독립이 어렵다는 것을 확인할 수 있다. 적은 부담으로 양질의 주거에 거주할 수 있는 공공임대주택의 경우, 그 수가 부족해 수혜 대상이 매우 한정적이며(최은영, 2014), 청년을 대상으로 공급하는 공공임대 주택의 경쟁률은 최근 치솟고 있다. 가령, 행복주택의 경우 2020년 8월 말 기준 경쟁률이 9배 이상 증가했다. 전문가들은 이와 같은 현상을 두고 청년 대상의 주택 공급 물량이 적고, 정부의 주거지원 정책이 신혼부부 등 특정 계층을 중심으로 이루어져 청년 가구는 지원 대상에서 소외되고 있기 때문이라고 지적한다(쿠키뉴스, 2021.07.16.). 주거 금융 지원 정책의 경우 소득 기준이 까다롭고 대출 한도가 낮아 실효성에 문제가 있다는 비판을 받고 있으며, 청년들이 주거지원 대출 상품에 대한 정보획득이 어렵다는 문제도 지적된다(오마이뉴스, 2021.10.25.). 이러한 높은 주거비 부담 문제는 청년들의 결혼과 출산, 양육 등의 미래의사결정에도 영향을 미치기 때문에 그 문제가 더욱 심각하다.

〈표 11〉 주거 분야 정책 현황

(단위:억 원)

구분	대표 사업	지원 내용	예산	담당부처
금융지원	중소기업 취업청년 전월세보증금 대출	중소기업에 취업한 청년들에게 1.2% 이자로 전월세보증금 대출 (전세금액의 80~100% 대출, 최대 1억 원)	96,442	국토교통부
	주거안정 월세대출	월세비용을 저리로 융자하여 호당 대출한도(최대 960만 원(매월 최대 40만 원 이내)와 담보별 대출한도 (한국주택금융공사 보증규정) 중 작은 금액으로 산정하여 대출		
	청년전용 보증부 월세대출	보증금 대출 최대 3,500만 원 지원 및 월세금 대출 최대 960만 원 (24개월 기준 월 최대 40만 원 이내) 지원		
	청년전용 버팀목전세자금	대출한도 7,000만 원 이하 (임차보증금 80% 이내)에 한하여 연 1.5%~2.1%의 금리로 전세자금 대출		국토교통부
	청년 임차보증금 지원	임차보증금의 90% 또는 7,000만 원 중 적은 금액을 기준으로 대출 및 최대 연 2%의 이자를 지원 (본인 부담금리는 최소 1%)	3,300명	서울시청 주택 공급과 (SH신청)
	서울시 청년월세 지원금	서울 거주 만 19세 ~ 39세 이하 청년 1가구에 최대 20만 원 월세를 10개월간 지원	22,000 가구	서울시 주택 건축본
	신혼부부 임차보증금 지원	임차보증금 90% 이내 혹은 2억 원 중 작은 금액을 기준으로 대출 및 금리 지원	10,500 세대	서울시 주택 공급과
공간지원	행복기숙사 (사립)	월 기숙사비 24만 원 내외의 행복기숙사 건립 및 제공	5,660	교육부

공간 지원	집주인 임대주택 사업	대학생, 독거노인 등에게 시세 85%의 수준으로 주택 공급	1,500	국토 교통부
	한지붕 세대공감 사업	어르신 (방 1실당 100만 원 이내 환경 개선공사, 생활상의 필요 활동 분담), 학생 (무보증금, 학교와 근접한 주거공간)	200건	서울시 주택 공급과
	행복주택	대학생, 사회초년생, 신혼부부 등 젊은 층의 주거 불안 해소를 위해 직장과 학교가 가까운 곳이나 대중교통 이용이 편리한 곳에 짓는 임대료가 저렴한 공공임대주택		국토 교통부 서울시 주택 공급과
	사회주택 공급	시세의 80% 수준으로 주택 공급 및 안정적인 거주기간 보장 (최장 10년 거주 가능)	1,000호	서울시 주택 공급과

자료: 청년정책조정위원회 홈페이지에서 180여개 청년정책 자료를 수집하여 재구성, 2021

4. 교육

교육 분야에서는 〈표 12〉에 나타나듯이 학자금 지원 정책이 가장
대표적이라고 할 수 있다. 이명박 정부 후반기에 반값 등록금을 둘러
싼 대학생의 시위와 정치권의 논쟁이 발생하면서(한겨레, 2011.07.06.),
2012년도 대선 공약에서 국가장학금 정책이 도입되고 박근혜 정부
가 출범하면서 국가장학금 정책이 본격적으로 추진·확장되었다.

학자금 지원 정책에서 가장 큰 비중을 차지하는 '국가장학금' 사
업은 등록금 부담을 경감하기 위해 소득연계형으로 장학금을 지급

하는 정책으로 3조 8,788억 원을 2021년 예산으로 배정하였고, 대학 입학금의 일부를 지원하는 '입학금 지원 장학금'의 예산을 2020년 기준으로 900억 원을 배정하여 추진 중이다. 교육부와 서울시는 학자금 대출 부담을 줄이기 위해 각각 학자금 대출 상환 부담 경감 및 학자금 대출이자 지원 사업을 추진함으로써, 대학생의 교육비 부담을 줄이는 정책을 추진하고 있다.

앞서 살펴본 생애주기별 청년의 니즈에 따르면, 청년들이 교육지원 정책에 대해 느끼는 필요성은 상대적으로 높지 않았다. 특히, 교육비 지출이 가장 큰 20대 초중반 청년들도 8.46%만이 교육 분야 지원 강화를 1순위로 지목하여 전체 청년정책 영역 중 4순위에 그쳤다. 심지어 재학생의 니즈만 분석한 경우에도 교육지원 정책에 대한 관심은 3순위(9.62%)에 그쳤다. 이러한 결과는 일자리, 금융, 주거 등 앞으로 다가올 문제에 대한 걱정이 더 큰 청년들의 미래지향적 성향 때문일 수도 있겠으나, 다른 한편으로는 교육 분야 정책에 대한 인지도 부족 때문일 수도 있겠다. 가령, 최근 5년간 저소득층 대학생들을 위한 학자금 대출 신청률이 떨어지고 있고, 국가장학금의 수혜율은 30%대에 머물러 있다. 감사원의 조사에 따르면, 국가장학금 신청에 대한 정보 부족으로 신청하지 못한 경우가 77.2%에 달한다고 한다(매일경제, 21.10.05.).

강지영 외(2018)에 따르면 대학생 10명 중 3명은 학자금 대출을 이용하고 있어 많은 수의 대학생들에게 직접적인 영향을 미치는 중요한 요인이다. 하지만, 2017년 학자금 일반상환 대출 장기연체자가 36만 1천 명으로, 2012년 17만 9명에 비해 두 배 가까이 늘어나 사회적 문제가 심각해지고 있다(감사원, 2018). 또한, 최근 재난상황으로 인해 더욱 어려워진 고용시장까지 고려한다면 채무 부담을 호소하는 사회초년생은 앞으로도 증가할 가능성이 높아 정책적 지원을 재검토할 필요가 있을 것이다.

〈표 12〉 교육 분야 정책 현황

(단위:억 원)

구분	대표 사업	지원 내용	예산	담당부처
학자금	입학금 지원 장학금	입학금의 20% (전문대의 경우 33%) 수준으로 지원	900	교육부
	국가장학금	등록금 부담을 경감하는 소득연계형 장학금	38,788	교육부
	학자금 대출 상환 부담 경감	재학 중 학자금 상환 유예 및 무이자 생활비 대출 지원	827	교육부
	학자금 대출이자 지원	학자금 대출 이자 지원	72.48	서울시 청년청

자료: 청년정책조정위원회 홈페이지에서 180여개 청년정책 자료를 수집하여 재구성, 2021

5. 생활·복지

청년정책 중 생활·복지 분야의 대표적인 사업은 육체적·정신적 건강의 회복을 목표로 이루어진다. 보건복지부는 20~30대 청년 720만 명에게 2년마다 1회씩 무료로 건강검진과 정신건강검사를 지원한다. 정신건강검사는 학업 혹은 취업난으로 인해 발생할 수 있는 우울증 및 공황장애 등의 정신질환을 조기에 발견하고 치료를 지원하는 사업으로 2019년부터 시행 중이다. 서울시 청년청도 경제적·심리적인 어려움으로 인해 정신적으로 고립된 청년을 대상으로 정신건강을 회복할 수 있는 맞춤형 상담 서비스를 지원하고 있다.

〈표 13〉 생활·복지 분야 니즈와 정책현황

(단위:억 원)

구분	대표 사업	지원 내용	예산	담당부처
생활 복지	청년층에 대한 정신건강 지원 (마인드링크)	마음이 힘들거나 스트레스로 지친 청소년 및 청년들에게 정신건강 상담과 서비스를 무료로 제공		보건 복지부
	청년 신체건강 인프라 확대	20~30대 청년의 국민건강 무료 건강검진 지원		보건 복지부
	청년 마음건강 지원 (마음잇다)	예방적 차원의 청년 마음건강 증진을 위한 일대일 심층상담 지원	2,000명	서울시 청년청
생활 복지	서울시 고립청년 지원사업	경제적 심리적인 어려움으로 인해 고립상황에 놓인 청년들에게 맞춤형 지원으로 다양한 경험을 제공하고, 세상으로 나아갈 수 있도록 지원	400명 내외	서울시 청년청

자료: 청년정책조정위원회 홈페이지에서 180여개 청년정책 자료를 수집하여 재구성, 2021

생활·복지 분야는 복지, 건강, 문화 등 생활 전 영역의 안정성 향상 지원을 말한다(관계부처합동 제2차 청년의 삶 개선방안, 2020). 2021년 청년정책 시행계획에 따르면, 생활·복지 분야의 주요 추진 목표는 마음건강 바우처 지원 등 청년의 건강 증진에 있다(국무조정실 보도자료, 2021). 따라서 이 분야에서는 저소득층을 대상으로 한 문화누리 카드 지원, 신진예술인 대상 창작준비금 지원, 콘텐츠 제작 지원 등의 정책이 존재하기는 하나, 대부분 청년층의 건강 지원 위주로 제공되고 있다.

V
결론

  본 연구는 중앙정부와 서울시에서 시행 중인 다양한 청년정책을 살펴보고, 실제 청년의 니즈와 정책 간 정합성을 분석하였다. 구체적으로 2019년 '청년층 생활실태 및 복지욕구조사' 자료를 활용하여 다양한 정책들에 대한 청년들의 인지도 및 만족도를 살펴보고, 청년의 취업·창업, 교육, 주거, 금융, 생활·복지 분야에 대한 니즈를 파악하였다. 특히 본 연구에서는 청년들이 생애주기별로 마주하고 있는 문제 사건에 초점을 맞춰 연령별 선호 정책 영역과 취업 유형별 선호 정책 영역이 어떻게 나타나는지에 주목하고자 하였다. 또한 청년 니즈와 실제 시행 중인 정책들 간 비교를 통해 다양한 시사점들을 제공할 수 있었다.

  2019년 '청년층 생활실태 및 복지욕구조사' 자료를 이용한 분석 결과는 다음과 같다. 먼저 정부의 청년 지원 정책에 대한 인지도는 전반적으로 낮은 것으로 나타났다. 청년 표본의 25%가량이 정부의 청년 지원 정책에 대해 전혀 모르고 있었으며, 49%는 청년 지원 정책에 대해 알고 있으나 그 내용은 거의 알지 못한다고 답했다. 정책

인지도는 정책 참여를 결정짓는 기본조건으로(배귀희·임승후, 2009), 정책에 대한 수혜 격차가 인지도 차이로 인해 발생하는 경우가 빈번하여 중요한 요인으로 간주된다(정광호, 2008). 이에 본 연구 결과는 정부가 현존하는 여러 청년정책에 대한 청년들의 인지도 제고를 위해 다양한 홍보 등을 통해 우선적으로 노력할 필요가 있음을 시사한다.

다음으로 청년들이 생애주기별로 선호하는 정책 영역을 분석하기 위해 청년들이 우선적으로 강화해야 할 청년정책 영역 중 1순위로 답변한 분야를 활용하였다. 이 분석 결과에서 흥미로운 점은 표본을 연령별 및 취업 유형별로 나누어 분석해도 결과는 차이가 없었다는 점이다. 즉, 전 생애주기에 걸쳐 그리고 취업 상태와는 상관없이 취업·창업 정책이 가장 중요하다는 응답이 나왔다. 즉, 본인의 현 상황과는 별개로 청년의 생애에서 핵심 니즈는 취업·창업인 것을 알 수 있다. 이 밖에도 청년의 전 생애주기에서 금융, 교육, 주거, 생활·복지 분야의 정책 순으로 선호도가 나타나 생애주기별로 청년의 니즈가 크게 다르지 않다는 것을 확인할 수 있다.

마지막으로 실제 청년정책과 청년의 니즈 간 정합성을 분석하였다. 중앙정부와 서울시 모두 취업·창업 분야에서 가장 많은 사업을 선보이고 있었다. 그러나 취업 분야에서는 단기 일자리 중심의 지원과 기업에 대한 형식적인 지원금 제공이 정책의 대부분을 차지한다는 점에서 한계가 있으며, 창업 분야에서는 청년들이 실제 창업을 하는 업종과 정부의 지원 업종 간 미스매치가 있음을 확인하였다. 금융 지원의 경우도 실제 사업의 수나 예산이 매우 한정적이어서 정책

지원은 제한적인데 반해, 청년들은 고용불안과 소득불안, 주거불안, 학자금 문제 등 다차원적인 이유로 부채 증가를 경험하고 있어 어려움을 확인할 수 있었다. 나머지 주거, 교육, 생활·복지 분야의 경우도 크게 다르지 않다. 공통적으로 청년층이 느끼는 부담이 높은 것에 비해 수혜받는 과정이 까다롭거나 정보가 부족해 실효성이 낮고 지원 분야의 다양성도 제한적이라는 지적을 받고 있었다.

2020년 8월 청년기본법이 첫 발을 내딛었다. 청년기본법은 "청년이 인간으로서의 존엄과 가치를 실현하고 행복한 삶을 영위할 수 있는 권리를 보장받으며 건전한 민주시민으로서의 책무를 다할 수 있도록 하는 것을 기본 이념으로 한다(청년기본법 제1장 제2조 제1항)." 청년기본법의 시행이 제대로 이루어지고, 청년층이 겪고 있는 고용불안, 저소득, 주거불안 등의 문제 사건을 함께 풀어나가기 위해서는 현실적이고 합리적인 맥락에서 청년의 니즈를 파악하는 것이 보다 적합한 처방일 수 있다. 현재 청년정책조정위원회는 청년의 정책참여를 위해 과학기술정보통신부의 '국가연구개발사업 학생인건비 통합관리', 행정안전부의 '청년공동체 활성화' 등과 같은 5개 부처에서 6개 정책이 운영되고 있다고 발표하나, 이러한 제도가 과연 청년의 참여 제고 및 실효성 있는 정책개발에 얼마나 기여하는지는 의문이다. 그러므로 청년층의 불안에 대해 함께 고민하고 그들의 목소리를 수용하는 것, 그리고 합리적인 정책 설계를 통해 해결해 나가는 것이 필요하다.

참고문헌

감사원. (2018).「감사보고서: 대학생 학자금 지원사업 추진 실태」.

강지영·윤정윤·최현자·손상희. (2018). 학자금 대출이 대학생의 삶의 질에 미치는 영향. 「한국FP학회지」, 11(4): 21-53.

국무조정실 보도자료. (2021.03.30).「제3회 청년정책조정위원회 보도자료」.

국민의힘. (2020.11.).「국민의힘 2020 국정감사 백서」.

김도균. (2018).「한국 복지자본주의의 역사: 자산기반복지의 형성과 변화」. 서울: 서울대학교출판문화원.

김비오. (2019). 청년가구의 주거빈곤에 영향을 미치는 요인에 관한 연구.「보건사회연구」, 39(3): 408-436.

김유빈·강동우·오선정·유동훈·이지은. (2018).「청년 삶의 질 제고방안 연구」. 한국노동연구원.

김종욱. (2017). 최근 청년층 니트 (NEET) 의 특징과 변화.「노동리뷰」, 97-110.

김형주·연보라·유설희. (2019).「청년 사회·경제 실태 및 정책방안 연구IV」. 세종: 한국청소년정책연구원.

관계부처 합동 보도자료. (2020.09.18).「제 2차 청년의 삶 개선방안」

관계부처 합동 보도자료. (2020.12).「제1차 청년정책 기본계획 ['21-'25]」.

문화체육관광부. (2016).「국민여가활동조사」.

박나리·김교성. (2021). 청년 불안정성의 궤적과 유형: 20 대 청년의 고용, 소득, 부채를 중심으로.「한국사회정책」, 28(3): 45-74.

변수용·김경근. (2010). 한국사회 고등교육 계층화의 영향요인 분석: 일반계 고등학교 졸업생을 중심으로.「교육사회학연구」, 20: 73-102.

배귀희·임승후. (2009). 정부신뢰가 공식적 시민참여에 미치는 영향에 관한 연구.「한국행정논집」, 21(4): 1421-1449.

백학영. (2013). 정규직과 비정규직의 임금 격차와 불평등 그리고 빈곤: 연령집단별 차이를 중심으로.「사회복지정책」, 40(3): 75-105.

세계일보. (2020.09.16). "총리실 청년정책위 뚜껑 열어보니… 친문 청년 '스펙 퍼주기' 논란". http://www.segye.com/newsView/20200916507778?OutUrl=naver.

안홍순. (2016). 청년세대를 위한 사회적 형평성 제고 방안.「사회복지정책」, 43(3): 59-83.

오마이뉴스. (2021.10.25). "청년 주거정책, '3부족' 정책?"

오욱찬·김현경. (2020). 청년층의 자산 및 부채 보유 실태와 특성. 정해식 외.「소득불평등 심화의 원인과 정책적 대응 효과 연구 3: 자산불평등을 중심으로」. 세종: 경제·인문사회연구회. 253-284.

이보람·박이수·서경희. (2021). 청년주거문제의 대안으로서 국내 셰어하우스에 관한 연구. *Journal of Korea Planning Association*, 56(2): 235-251.

이삼식. (2015. 「2015년 전국 출산력 및 가족보건·복지실태조사」. 세종: 한국보건사회연구원

이소영·김은정·박종서·변수정·오미애·이상림·이지혜. (2018). 「2018 년 전국 출산력 및 가족보건·복지 실태조사」. 세종: 한국보건사회연구원.

이수욱·김태환·황관석·변세일·이형찬. (2015). 「저성장시대 청년층 주거안정을 위한 정책방안 연구」. 경기: 국토연구원.

이찬주. (2021). 우리나라 저출산 대응 정책 실효성에 대한 여성의 인식 차이-Q 방법론을 중심으로. 「한국정책학회보」, 30(3): 77-115.

이태진 외. (2016). 「청년 빈곤 해소를 위한 맞춤형 주거지원 정책방안」. 세종: 한국보건사회연구원.

임도빈·정현정·강은영. (2012). 정책이해도가 정책성과 인지도에 미치는 영향에 관한 연구-정부경쟁력의 관점에서. 「한국거버넌스학회보」, 19(2): 1-30.

정광호. (2008). 정책 리터러시 (policy literacy) 함수 분석: 시민활동변인을 중심으로. 「행정논총」, 46(4): 73-104.

정세정. (2020). 「청년층 생활실태 및 복지욕구조사」. 세종: 한국보건사회연구원.

조성호·변수정·김문길·김지민. (2019). 「청년세대의 결혼 및 출산 동향에 관한 조사 연구」. 세종: 한국보건사회연구원.

중소벤처기업부·창업진흥원. (2020). 「2019년 창업기업실태조사」. 대전: 창업진흥원.

청년정책조정위원회. https://2030.go.kr/main.

최은영. (2014). 서울의 청년 주거문제와 주거복지 소요. 「도시와 빈곤」, 107: 5-61.

쿠키뉴스. (2021.07.16). "행복주택 인기 고공행진…"청년임대 공급, 부족하다는 의미.""

통계청. (2021). 「2020 인구주택총조사 표본집계 결과 인구·가구 기본항목」.

통계청 국가통계포털(인구주택총조사). (2021.07.30). http://kosis.kr/index/index.do.

통계청 국가통계포털(경제활동인구조사). (2021).

한겨레. (2011.07.06). "김 총리, 무상급식·반값등록금 정면 비판".

한국고용정보원. (2021). 「2021 청년정책포럼」.

한국행정연구원. (2018). 「청년정책 수립을 위한 종합연구」.

한국행정연구원. (2020). 「청년정책 현황 진단 및 정책추진 실효성 제고 방안 연구」.

한성민·문상호·이숙종. (2016). 청년취업 결정요인에서 본 청년 취업대책 개선책 연구. 「정책분석평가학회보」, 26(2): 187-212.

한영섭·이유란. (2015). 「청년층 부채악성화 경로추적과 해결방안에 대한 연구」. 서울시 청년허브 기획연구.

황남희. (2013). 대졸자의 학자금대출 상환부담요인 분석. 「교육재정경제연구」, 22(2):

115−136.

Duncan, G. J., & Hoffman, S. D. (1981). The incidence and wage effects of overeducation. *Economics of education review*, 1(1): 75−86.

Rumberger, R. W. (1987). The impact of surplus schooling on productivity and earnings. *Journal of Human resources*, 22(1): 24−50.

Sicherman, N. (1991). "Overeducation" in the labor market. *Journal of labor Economics*, 9(2): 101−122.

Sloane, P. J. (2003). Much ado about nothing? What does the overeducation literature really tell us. *Overeducation in Europe*, 11−45.

제6장

정보통신 환경의
구조적 변화와
한국의 소프트웨어 전략

김광수 소프트웨어학과 교수

I
서론

  우리 ICT 산업은 80년대 이후 빠른 성장을 통해 우리 경제를 견인해왔을 뿐만 아니라 IMF 외환위기, 금융위기 등 위기 상황에서도 버팀목 역할을 해왔다. 최근에도 우리나라 수출의 35%를 ICT 산업이 담당하고 있을 정도로 글로벌 ICT 선도국가로서의 위상을 유지하고 있으며 ICT 기술을 활용하여 경제 사회 전반의 혁신과 생산성 향상에도 크게 기여하고 있다. 초기 ICT 산업은 정부 주도의 선택과 집중 전략, 수요 창출 및 창업 생태계 활성화 등에 힘입어 유례없는 성장을 이루었지만 최근 4차 산업혁명의 시대가 도래한 상태에서 미·중 간 패권 경쟁, 코로나 사태 등으로 인해 새로운 도전에 직면해 있는 상황이다. 산업혁명의 시기마다 우리는 상상하지 못했던 격변을 겪어왔으며 인공지능과 SW 기술이 불러일으킨 4차 산업혁명의 시기 또한 마찬가지이다. ICT 산업 육성을 위해 우리가 취해왔던 전략이 상당한 성과를 거둔 것도 사실이지만 인공지능의 시대에 우리는 새로운 발상의 전환과 혁신적인 전략이 필요한 시점이다. 따라서, 과거부터 현재까지 우리 ICT 산업의 성장 과정을 돌아보고 성공 요인을 분석해 본 다음 4차 산업혁명이라는 거대한 변화의 시대에 우리는 어떤 새로운 전략을 가져야 할지 논의해 보고자 한다.

II
대한민국의 정보통신 산업

1. ICT Global Leader로 자리매김한 대한민국

가. 초기 ICT 산업의 성장

전후 눈부신 성장을 거듭해온 우리나라의 전략 품목을 살펴보면 1960년대의 경공업 제품, 1970~80년대의 TV, 자동차를 거쳐 1990년 대부터는 메모리 반도체, LCD, 이동통신 등 ICT 제품이 주류를 이루게 된다. 정부의 전략적 투자로 시작된 전전자교환기, 주전산기, CDMA, DRAM 등이 성공적으로 개발되고 기업에서 상용화됨으로써 90년대 이후 ICT 산업은 눈부신 성장을 거듭하게 되었다. IMF 외환위기가 발생한 1997년을 살펴보면 우리나라의 실질 GDP 성장률이 5.0%인데 반해 ICT 산업은 30.5%의 고속 성장을 보이며 대 GDP 비중이 7.7%까지 높아지게 되었다.

〈표 1〉 초기 ICT 산업 생산 규모 추이

(단위 : 백억 원,%)

구분 / 연도	1991	1992	1993	1994	1995	1996	1997	1998	1999	2000
정보통신서비스	500	661	743	849	1,114	1,481	1,705	1,787	2,172	2,865
	(25.8)	(20.2)	(12.4)	(14.3)	(31.3)	(32.9)	(15.1)	(4.8)	(21.5)	(31.9)
정보통신기기	1,243	1,438	1,727	2,473	3,863	4,196	5,498	6,557	8,679	10,516
	(16.8)	(15.6)	(20.1)	(43.2)	(56.2)	(8.6)	(31.0)	(19.3)	(32.4)	(21.2)
소프트웨어	25	72	96	117	168	267	350	468	650	790
	(92.9)	(183.8)	(32.8)	(22.1)	(42.8)	(59.4)	(31.2)	(33.7)	(38.8)	(21.5)
계	1,818	2,171	2,566	3,439	5,145	5,944	7,553	8,812	11,501	14,170
	(20.1)	(19.4)	(18.2)	(34.0)	(49.6)	(15.5)	(27.1)	(16.7)	(30.5)	(23.2)

출처 : 한국정보통신진흥협회 정보통신산업통계집, 2001.5

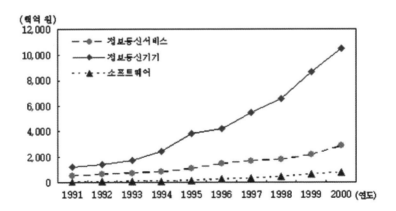

〈그림 1〉 연도별 ICT 산업 생산 추이

이러한 ICT 산업의 성장은 우리 경제 성장을 주도하게 되었을 뿐만 아니라 IMF 외환위기, 금융위기의 상황에서도 우리나라 GDP 성장률 하락에 비해 ICT 산업의 성장률 하락이 상대적으로 적어 경제 위기 극복에도 큰 기여를 하게 된다. 결과적으로 ICT 산업은 우리나라 전체 GDP의 약 12%를 차지하는 핵심 산업으로 성장하게 된 것이다.

〈표 2〉 2000년대 ICT 산업 생산 규모 추이

(단위 : %)

항목	2000	2001	2002	2003	2004	2005	2006	2007	2008	2009	2010
경제성장률 (실질)	9.1	4.9	7.7	3.1	5.2	4.3	5.3	5.8	3	0.8	6.8
ICT산업의 GDP비중 (실질)	4.4	4.8	5.3	5.7	6.3	6.7	7.1	7.4	7.8	8.2	8.6
ICT산업 성장률(실질)	0	14.7	18.1	11.5	15.8	11.5	11	10.2	8.9	5.5	12.4

항목	2011	2012	2013	2014	2015	2016	2017	2018	2019	2020	
경제성장률 (실질)	3.7	2.4	3.2	3.2	2.8	2.9	3.2	2.9	2.2	−0.9	
ICT산업의 GDP비중 (실질)	9	9.1	9.3	9.4	9.2	9.7	9.7	10.4	10.8	11.4	
ICT산업 성장률(실질)	8.6	2.8	5.7	4	1.6	8.1	3.5	9.5	6.7	4.7	

자료 : IT Statistics of Korea

이러한 ICT 산업의 성장은 90년대부터 추진한 국가 사회 정보화의 흐름과 상호 보완적인 측면이 있다. 국가 운영의 근간이 되는 행정정보 시스템의 구축, 재정관리 시스템, 국세청 HomeTax 등 다양한 공공정보 시스템의 구축과 함께 전 국민 정보화 교육, 초고속정보통신망 보급 등이 체계적으로 추진됨에 따라 2001년 말에는 초고속 인터넷 이용가구가 781만 가구에 달해 세계 최고 수준의 초고속 인터넷 이용 환경을 구축하게 되었다. 결과적으로 국민 두 명 중 한 명 (51.5%)이 인터넷을 이용하고 절반 이상의 가구(54.3%)가 초고속 인터넷에 가입함으로써 인터넷 이용률 세계 5위, 보급률 세계 1위를 기록하게 된다. [1]

ICT 수요를 촉진하는 정책과 공급자로서 ICT 기술과 산업이 상호 보완적으로 발전하게 되면서 우리나라의 ICT 수준은 현재에도 세계 최고 수준을 유지하고 있다. 2010년 이후 ICT 기술을 활용하여 우리 경제와 사회의 혁신이 가속화되고 있는 것도 초기 ICT 기술과 산업의 성장에 기인하고 있다고 할 수 있겠다.

나. ICT 산업의 현재

ICT 부문의 현재 상황을 살펴보기 전에 각종 평가에서 우리나라의 경쟁력 순위를 살펴볼 필요가 있다. ICT를 비롯한 과학기술은 국가의 경쟁력을 좌우하는 중요 요소이며 특히 ICT 기술은 경제 사회 전반의 혁신을 촉발한다는 점에서 매우 중요한 요인이다.

---

[1] 국내 정보통신산업의 성장요인과 향후 전망, 전자통신동향분석 제17권 제6호 2002년 12월

우선 IMD 경쟁력 평가[2] 순위를 보면 우리나라는 20위권에 머물러 있다. IMD에서는 경제성과, 정부 효율성, 기업 효율성, 인프라 부문 등 4가지 부문에 대한 평가를 종합하여 국가 경쟁력 순위를 평가하는데, 상대적으로 낮은 기업 효율성이나 정부 효율성에 비해 인프라 측면에서는 매우 높은 평가를 받고 있다. 이는 향후의 기술 인프라 및 과학 인프라의 경쟁력을 바탕으로 제도적인 개선이 뒷받침될 경우 국가 경쟁력의 향상을 기대할 수 있다는 것을 보여준다.

기술 인프라 부문에는 다양한 평가 요소들이 존재하지만 대부분 ICT 분야의 경쟁력과 관련된 지표들이 많이 있다. 특히 브로드밴드 가입자, 기업 요구에 대한 통신기술의 충족도, 인터넷 이용자 수 등이 대표적인 세부 지표라고 할 수 있다.

〈표 3〉 우리나라의 IMD 국가 경쟁력 순위 변화

구분	2017	2018	2019	2020	2021
국가경쟁력 평가	29	27	28	23	23
경제성과	22	20	27	27	18
정부효율성	29	29	31	28	34
기업효율성	44	43	34	28	27
인프라	24	18	20	16	17

출처 : IITP, 2021년 기준 64개국 대상, 4대 분야, 20개 부문, 335개 세부항목 조사

---

2) 스위스 국제경영연구원(IMD)이 실시하는 국가경쟁력 평가임.

〈표 4〉 우리나라 기술 인프라 세부 지표(ICT 관련 부문)

구분		2018	2019	2020	2021
기술인프라		14	22	13	17
GDP 대비 통신 분야 투자 비중	정량	47	46	42	44
모바일 브로드밴드 가입자 비중	정량	5	10	10	9
1인당 월평균 이동전화 요금	정량	52	57	55	57
기업의 요구에 대한 통신기술의 충족도	설문	14	12	10	12
전 세계 사용 컴퓨터 수 대비 점유율	정량	11	11	11	12
인구 천 명당 컴퓨터 수	정량	17	17	17	26
인구 천 명당 인터넷 사용자 수	정량	16	16	16	7
인구 천 명당 브로드밴드 가입자 수	정량	22	21	27	26
평균 인터넷 대역폭 속도	정량	1	27	2	12
디지털 기술의 사용 용이성	설문	26	26	18	33
수준급 엔지니어 공급 정도	설문	32	31	25	37
공공 및 민간부문의 벤처가 기술개발을 지원하는 정도	설문	37	41	29	38
법적환경이 기술개발 및 응용을 지원하는 정도	설문	52	50	44	45
기술개발자금의 충분성	설문	46	42	38	34
첨단기술제품의 수출액	정량	6	8	4	6
제조업 수출액 중 첨단기술제품 비중	정량	9	19	6	7
서비스 수출액 중 ICT 서비스 비중	정량	32	28	41	41
사이버보안이 기업에서 적절히 다루어지는 정도	설문	24	23	21	23

또 다른 국가 경쟁력 평가인 WEF(World Economic Forum) 경쟁력 순위에서 우리나라의 국가경쟁력은 2019년 세계 13위로 평가되었다. 하지만 평가의 세부 항목을 살펴보면 우린 나라는 기본환경 부문의 ICT 보급 지표에서 전 세계 1위로 평가받고 있다. ICT 보급 수준이 높다는 것은 경제와 사회의 혁신 역량이 매우 높다는 것을 의미하며 실제 평가 결과에서도 이를 알 수 있다.

이외에도 우리 나라의 ICT 수준이 세계 일류 수준이라는 것은 다양한 평가에서 확인할 수 있다. 우리나라는 UN 전자정부 평가에서 지속적으로 3위 이내로 평가 받고 있으며 ITU(International Telecommunication Union) 글로벌 정보보호지수 4위(2021년), WIPO(World Intellectual Property Organization) 글로벌 혁신지수 10위 등 국제기구의 평가에서 매우 높은 평가를 받고 있다.

〈표 5〉 2019 WEF 경쟁력 순위 평가 중 4대 분야 12개 부문별 우리나라 순위

분야	기본환경				인적자원		시장				혁신생태계	
부문	제도	인프라	ICT 보급	거시 경제 안정성	보건	기술	생산물 시장	노동 시장	금융 시스템	시장 규모	기업 활력	혁신 역량
'18	27	6	1	1	19	27	67	48	19	14	22	8
'19	26	6	1	1	8	27	59	51	18	14	25	6

이러한 ICT 경쟁력을 뒷받침하고 우리 경제의 핵심 성장 동력으로서 ICT 산업의 위상도 눈부시게 발전하고 있다. 2020년 기준 우

리나라의 ICT 산업의 생산액은 479조 원으로서 전체 산업 생산의 11.3%에 달한다. GDP 기준으로 살펴볼 때 ICT 산업은 최근 우리나라의 GDP 성장의 20~30%를 기여하고 있다.

〈표 6〉 ICT 산업 생산 현황

(단위 : 조 원)

구분	2016	2017	2018	2019	2020	2021
전체산업	3,807.5	4,042.8	4,207.7	4,212.3	4,224.1	−
	2.1%	6.2%	4.1%	0.1%	0.3%	−
ICT산업	431.0	471.7	501.7	462.9	479.4	519.8
	△0.7%	9.4%	6.4%	△7.7%	3.6%	8.5%
(비중)	11.3%	11.7%	11.9%	11.0%	11.3%	−

〈표 7〉 ICT GDP 현황

(단위 : 조 원)

구분		2016	2017	2018	2019	2020
GDP(명목)		1,741	1,836	1,898	1,924	1,933
(성장률)		2.9%	3.2%	2.9%	2.2%	△0.9%
ICT GDP(명목)		163	193	206	185	190
(성장률)		8.1%	3.5%	9.5%	6.7%	4.7%
비중	(명목)	9.4%	10.5%	10.9%	9.6%	9.8%
	(실질)	9.7%	9.7%	10.4%	10.8%	11.4%
기여도		0.7%	0.3%	1.0%	0.7%	0.5%
기여율(%p)		25.3	10.3	34.4	32.2	△53.1

우리 경제가 수출 주도형 경제 구조를 가진 점을 고려할 때 ICT 산업의 수출입 현황을 살펴보면 보다 극명하게 ICT 산업이 우리 경제에 얼마나 많이 기여하고 있는지 확인할 수 있다. 이미 2010년대 후반 전체 수출액 중 ICT 산업의 수출액은 30%를 넘어 40%에 육박하고 있다. 특히 반도체와 평판디스플레이, 휴대 단말기 등은 우리 ICT 산업 수출의 핵심 품목으로 자리 잡은 지 오래이며 2010년 이후 지속적으로 경쟁력을 유지하고 있다.

〈표 8〉 ICT 산업 수출 현황

(단위 : 억 달러)

구 분			2016	2017	2018	2019	2020	2021
수출		전산업 (증감률)	4,954.3 △5.9	5,736.9 15.8	6,048.6 5.4	5,422.3 △10.4	5,125.0 △5.5	6,445.4 25.8
		ICT (증감률)	1,624.6 △6.0	1,975.7 21.6	2,203.4 11.5	1,768.6 △19.7	1,835.1 3.8	2,276.2 24.0
		전산업 대비 비중	32.8	34.4	36.4	32.6	35.8	35.3
	주요 품목별	반도체	622.2	996.7	1,281.5	951.6	1,002.5	1,287.0
		(증감률)	△1.1	60.2	28.6	△25.7	5.4	28.4
		ICT산업 내 비중	38.3	50.4	58.2	53.8	54.6	56.5
		평판 디스플레이	281.0	302.9	277.6	218.4	207.1	246.6

수출	주요 품목 별	(증감률)	△14.4	7.8	△8.4	△21.3	△5.1	19.1
		ICT산업 내 비중	17.3	15.3	12.6	12.3	11.3	10.8
		휴대단말기	267.3	190.4	146.0	119.8	112.3	140.0
		(증감률)	△11.0	△28.8	△23.3	△17.9	△6.3	24.7
		ICT산업 내 비중	16.5	9.6	6.6	6.8	6.1	6.2

2. ICT 산업의 성공 요인

우리 ICT 산업이 이렇게 급속히 성장할 수 있었던 요인을 살펴보면 크게 세 가지로 요약할 수 있다. 우선, 초기 단계에서 선택과 집중에 의한 핵심 장비의 국산화 그리고 이를 활용한 인프라 구축에 성공하였다. 두 번째로는 이러한 국산 인프라를 바탕으로 다양한 ICT 수요를 창출해 나감으로써 수요와 공급의 선순환 구조를 만들어낼 수 있었다. 세 번째로는 선도적인 R&D 투자와 함께 이를 사업화할 수 있는 창업 생태계 조성이 중요한 역할을 한 것으로 판단된다.

가. ICT 인프라 구축을 위한 선택과 집중 전략

1970년대까지 우리나라는 한 집에 전화 한 대가 있기 어려운 실정이었으며 전화를 신청하면 설치되기까지 2~3년은 족히 걸리던 시기이다. 그 이유는 통신망의 핵심인 전전자교환기를 외산에 의존하고 있었으며 당시의 경제 여건으로는 수요를 충족시킬 수 있을 만큼 대규모 투자도 어려운 상황이었다. 이러한 상황에서 정부와 ETRI, 그리고 기업이 협력하여 과감하게 국내 기술로 전전자교환기 개발에 투자하여 성공함으로써 우리나라는 ICT 산업의 핵심 인프라인 통신 장비 분야에서 경쟁력을 갖출 수 있게 되었다. ICT 산업의 육성을 위해 반드시 필요한 핵심 인프라 기술을 선택적으로 선정하여 과감하게 투자하는 전략에 성공함으로써 컴퓨팅이나 부품 소자 분야에도 도전할 수 있는 자신감을 얻을 수 있게 된 것이다. TDX 개발을 통해 확보된 통신 인프라 기술은 90년대 CDMA 기술을 국내에서 세계 최초로 상용화하는 데에도 크게 기여하였으며 우리나라는 유·무선 통신 기술의 선도 국가로 발돋움할 수 있게 되었다.

통신 인프라와 함께 ICT 기술의 기반이 되는 분야는 바로 컴퓨팅 인프라이다. 1980년대 중후반에는 행정전산망 등 국가의 기간 시스템에 사용하는 메인 컴퓨터는 IBM과 같은 외국 제품이 주를 이루고 있었다. 단순히 외산 제품을 국산화할 필요성을 넘어서 앞으로 국내 ICT 산업이 발전할 수 있는 기반 기술로서 컴퓨팅 기술의 중요성이 매우 컸기에 1987년부터 4년에 걸쳐 행정전산망용 주전산기 개발을 추진하여 타이컴 개발에 성공하게 되었다. 물론 타이컴 자체가 국내외 시장에서 성공을 거두었다고 평가하기는 어렵지만, 메인 프레임을 개발하는 과정에서 얻게 된 경험과 기술력은 이후 중형 컴퓨터 하드웨어 설계 및 소프트웨어 기술, 시스템 생산기술을 향상하는 데 큰 공헌을 하게 되었으며 현재도 우리나라는 PC

와 그 주변 부품 시장에서 매우 높은 경쟁력을 유지하고 있다.

통신과 컴퓨팅 분야의 핵심 기술과 함께 ICT 산업의 지속 성장을 위해서는 부품 소자 기술 경쟁력을 확보하는 것이 매우 중요하다. 이러한 필요성에 따라 80년대 후반 정부와 연구소, 기업체 간 협업을 통해 메모리 반도체 개발이 추진되었다. 이를 통해 1989년 4M DRAM 개발에 성공한 이후 1992년부터는 세계 최초로 64M DRAM 개발에 성공하는 등 전 세계 메모리 반도체 시장을 선도하게 된다. 90년대 초반 세계적인 수준의 기술력을 확보한 결과 현재에도 우리나라는 삼성전자, SK하이닉스 등의 주도하에 ICT 수출의 56%를 반도체 부문에서 달성하고 있다.

〈표 9〉 메모리 반도체 연구개발 과정

시기	주요내용
1986년 10월	초고집적 반도체 기술 공동개발사업 발족(과학기술처)
1989년 2월	4M DRAM 회로 설계 및 공정 기술 개발
	4M DRAM 양산 시제품 개발
1991년 3월	16M DRAM 개발 성공
1992년 6월	세계 최초 64M DRAM개발 성공
1993년 11월	차세대 반도체 기반기술 개발사업 시행
1994년 8월	세계 최초 256M DRAM개발 성공

출처 : 전자통신연구원

70~80년대 ICT 기술과 산업의 기반이 거의 갖추어지지 않은 상태에서 우리나라는 국내의 연구개발과 산업 역량을 결집하고 향후 ICT 산업 발전에 핵심이 될 인프라 기술의 확보에 과감히 투자하는 전략을 매우 성공적으로 추진했다. 구체적으로는 정부 주도하에 대상 기술을 선정하고 전자통신연구원과 같은 국책연구소를 중심으로 R&D와 상용화 개발까지 주도하여 기업에 이전함으로써 단기간에 제품이 양산될 수 있는 전략을 채택한 것이다. 또한 개발된 제품에 대해서는 국내 시장에서 우선적으로 채택함으로써 초기 단계에서 시장 진입 장벽을 낮추어 주었던 것도 향후 세계 시장에 진출할 수 있는 경쟁력을 갖추는 데 크게 기여했다고 할 수 있다. 물론 지금은 자국 기업 보호를 위한 정부의 시장 개입이 어려운 상황이지만 80~90년대 당시 ICT 후발 국가로서는 매우 현명한 선택이었다고 할 수 있다.

나. 적극적인 ICT 수요 창출 전략

ICT 산업은 그 자체로서도 산업 규모 측면에서 중요한 산업이지만 ICT 기술을 활용한 경제와 사회 전반의 혁신을 추구할 수 있다는 점에서 더 큰 의미가 있다. 즉, ICT 산업이 성장하기 위해서는 기반이 되는 기술력 확충뿐만 아니라 ICT 기술, 제품에 대한 시장 확대가 병행되어야 한다. ICT 기술을 활용함으로써 경제 사회 각 분야에서 효율이 개선되는 효과가 발생하고 이에 따라 ICT 기술, 제품에 대한 수요가 증가하게 된다. 이를 바탕으로 ICT의 공급, 즉 통신이나 컴퓨팅 장비, 서비스, 부품 산업이 동반 성장하게 되는 것이다. 90년대 말부터 국가 사회의 정보화를 적극 추진함으로써 ICT의 수요와 공급이 선순환되는 구조가 창출되었다고 할 수 있다. 대표적으로 1999년 당시 정보통신부에서 수립한 Cyber Korea 21 전략은 공공부문과 민간 부문에서 체계적으로 ICT 기술을 활용하여 혁신을 추진하는 한편, 이에 필요한 통신 인프라와 컴퓨팅 인프라를 최우선 공급하기 위한 체계적인 전략이었다. 정부 재정 투자에 의해 공공부문의 정보 시스템 구축 투자가 확대되고 공무원, 학생, 취약 계층 등 전 국민에 대한 정보화 교육이 추진됨으로써 우리 ICT 산업이 급성장할 수 있는 수요 기반이 단기간에 구축될 수 있었다고 볼 수 있다.

〈표 10〉 Cyber Korea 21 주요 목표 및 추진 내용

주요 목표	정보화 수준(세계 22위 → 10위) 100만 개의 일자리 창출, 118조 원의 생산유발 효과	
주 요 내 용	정보인프라 확충	초고속기간통신망 구축 운영 시스템의 세계화 지식기반사회에 맞는 법·제도 정비 안전한 정보이용체계와 건전한 정보문화 정립 1인 1컴퓨터 보유 100배 빠른 인터넷
	지식정보기반을 활용한 국가전반 의 생산성 향상	작은 규모의 효율적인 정부 지식경영체제 구축을 통한 기업의 생산성 향상 신지식인화 운동으로 개인의 역량 강화

		전자공간에 제2의 국토 개척을 통한 일자리 창출
주 요 내 용	정보 인프라를 활용한 새 비즈니스 육성	전자상거래 활성화 정보제공 산업 육성 SW산업 활성화 정보통신 전문인력 양성 및 자격제도 정비 정보통신 기기 및 장비산업 활성화 정보통신 유망품목의 기술개발 및 수출 촉진 디지털 TV의 2001년 방영개시

출처 : 대한민국 정책 브리핑 : 사이버 코리아 21 추진

다. 선도적 R&D 투자와 창업 생태계 조성

ICT 산업은 대표적인 기술 집약 산업이며 독자적인 ICT 원천 기술의 확보는 ICT 산업의 지속 성장을 위한 핵심 경쟁력이라 할 수 있다. 80~90년대를 지나며 정부 주도하에 선택과 집중 전략으로 유·무선 통신 인프라 기술을 확보했을 때만 해도 우리나라의 기술개발은 원천 기술보다는 해외의 원천 기술을 상용화하는 단계라고 할 수 있다. 우리나라의 대표적인 R&D 성과라고 할 수 있는 CDMA 기술만 해도 Qualcomm의 원천 기술을 국내에서 상용화한 것이었다. 하지만 ICT 기술의 후발 국가로서 이러한 선택은 불가피하였으며 오히려 이러한 상용화 기술개발 투자로부터 확보된 기술력을 바탕으로 90년대 이후에는 원천 기술 확보를 위한 투자에 집중할 수 있게 되었다. 정부의 대규모 R&D 투자에 비해 그 성과가 미미하다는 비판도 존재하지만 우리 ICT 산업의 규모는 80~90년대와 비교할 수 없을 만큼 성장했으며 과거의 전략과 같이 특정

제품이나 기술을 선택하여 투자함으로써 대규모 성과를 창출하는 전략을 적용하기는 어려운 상황이다. 오히려 새로운 혁신 기술에 대한 집중적인 투자를 통해 ICT 산업 전반의 기술 역량은 크게 성장했다고 할 수 있다. 최근 ICT 산업의 연구개발 투자 규모는 전 산업 분야의 약 60%에 달할 만큼 기술 혁신에 바탕을 둔 ICT 산업의 지속 성장 구조가 만들어졌다고 평가할 수 있다.

〈표 11〉 ICT 기업의 연구개발 투자 규모

단위 : 십억 원

구분	2016	2017	2018	2019
전산업	53,952.5	62,563.4	68,834.4	71,506.7
(증감률)	5.5%	16.0%	10.0%	3.9%
ICT산업	31,220.0	35,948.8	40,220.2	41,443.3
(증감률)	8.5%	15.1%	11.9%	3.0%
비중	57.9%	57.5%	58.4%	58.0%

출처 : IITP, 2021.4

특히, 우리나라의 기술 무역수지 현황을 살펴보면 ICT 부문의 기술수출의 비중은 ICT 산업의 GDP 비중 약 11%의 약 7배에 해당하는 73%에 육박하고 있다. 이러한 지표를 통해 중국 등 후발 국가의 공격적인 투자 공세에도 당분간은 우리나라의 지위가 흔들리지 않을 것으로 예상할 수 있다. 물론 기술 도입의 규모도 커서 기술 무역 수지를 보면 연간 32억 달러의 적자 상태이지만 기술 수출 규모가 급속히 증가하고 있어 향후 개선을 조심스럽게 기대해볼 수 있다.

ICT 기술은 경제 사회 모든 분야에서 활용되면서 생산성의 향상과 혁신을 창출할 수 있다. 따라서 다른 산업 분야에 비해 특히 혁신적인 벤처 기업의 창업이 활발하며 오히려 혁신적인 아이디어에 기반한 창업 기업들로 인해 산업의 외연이 확장되며 성장하는 특징을 가지고 있다고 할 수 있다. 우리 ICT 산업이 초기 단계에서 급속히 성장할 수 있었던 요인 중 하나는 바로 벤처 육성을 적극적으로 추진함으로써 ICT 산업의 기술 혁신과 저변 확대가 빠른 속도로 이루어졌기 때문이라고 할 수 있다. 대표적으로 김대중 정부에서는 외환위기 극복 방안으로서 벤처기업을 적극 육성하고자 했다. 스톡옵션 제도를 최초로 도입함으로써 창업 기업이 우수한 인재를 유치할 수 있는 길을 열어주었으며 스톡옵션 행사 이익에 대해서도 연간 5,000만 원까지 비과세라는 파격적인 혜택을 부여함으로써 벤처 창업 붐이 일어나는 데 크게 기여했다고 볼 수 있다. 이 외에도 투자지분 양도소득에 대한 비과세 제도를 도입하였으며 자금 사정이 어려운 벤처기업들을 지원할 수 있도록 벤처기업 전용 Primary 채권담보부증권(CBO)을 발행하기도 했다. 물론 이 당시 벤처 버블이 발생하고 많은 투자자들이 자금을 회수하지 못하는 부작용이 나타나기도 했지만 이러한 현상은 우리나라에만 국한된 것이 아니라 미국 등 주요 선진국에서도 과도한 벤처 버블로 인한 부작용이 나타나던 시기로서 오히려 우리나라 ICT 산업이 성장하는 데에는 크게 기여한 정책이라고 판단된다.

이러한 벤처 육성 정책은 그 이후 정부에서도 지속 추진되어 노무현 정부에서 패자부활 프로그램 도입이나 코스닥 시장 활성화, 이명박 정부에서 기술창업 기업 자금 지원 확대, 박근혜 정부에서 벤처자금 생태계를 조성하여 회수단계에서도 자금지원을 통해 인수합병, 기업공개, 재기 지원 등에 대한 지원이 가능하도록 하는 등 지속적으로 추진되었다. 문재인 정부에서도 스톡옵션 비과세 제도를 재도입하고 연기금에서 코스닥 투자를 확대함으로써 제2의 벤처 붐이 일어날 정도로 벤처 창업이 활성화되고 있다.

과거 우리나라 ICT 산업이 정부 주도하에 국책 연구소 등을 중심으로 역량을 집중하여 기술을 개발하고 이를 대기업을 통해 상용화하고 초기 시장을 정부가 확보해주는 전략을 통해 초기 성장을 이루었다면 벤처 창업이 확산되면서 제품의 다양화나 시장 확대 등 우리 ICT 산업의 다양성과 외연 확장이 이루어지고 있어 매우 긍정적인 상황이라고 평가할 수 있다.

〈표 12〉 ICT 기술 무역수지 현황

단위 : 백만 달러

구분		2016	2017	2018	2019
기술 수출	전산업	10,687	11,798	12,430	13,756
	ICT	7,350	8,912	9,193	10,028
	비중	68.8%	75.5%	74.0%	72.9%
	전기전자	3,672	4,315	4,036	4,071
	정보통신	3,678	4,597	5,157	5,957

기술 도입	전산업	14,842	16,476	16,292	17,876
	ICT	10,578	12,598	11,947	13,266
	비중	71.3%	76.5%	73.3%	74.2%
	전기전자	7,738	8,516	8,419	8,167
	정보통신	2,840	4,082	3,528	5,100
기술 무역 수지	전산업	−4,155	−4,678	−3,862	−4,121
	ICT	−3,228	−3,686	−2,754	−3,238
	전기전자	−4,065	−4,200	−4,383	−4,096
	정보통신	837	515	1,629	858

출처 : 과학기술정보통신부, 2021.3

현재 우리나라의 벤처기업은 2020년 기준 약 4만 개에 달하며 이 중 34%인 13,000개 기업이 ICT 분야에서 창업한 기업이다. 전체 벤처 기업 중 ICT 분야 벤처 기업의 비중은 매년 증가하는 추세이며 벤처 기업에 대한 신규 투자에서 ICT 벤처 기업이 차지하는 비중도 빠른 속도로 증가하고 있다. 이는 ICT 산업이 유행처럼 성장했다 주저앉는 산업이 아니라 경제 사회 모든 분야에서 지속적으로 활용되고 확산되는 산업이며 국가 전체의 경쟁력 확보를 위해서도 지속적으로 육성해야 할 필요가 있다는 점을 보여준다.

〈표 13〉 ICT 벤처 기업 현황

단위 : 개, %

구분	2016	2017	2018	2019	2020
전체산업	33,360	35,282	36,820	37,008	39,511
(증감률)	6.7%	5.8%	4.4%	0.5%	6.8%
ICT산업	10,514	11,466	12,096	12,477	13,382
(증감률)	4.3%	9.1%	5.5%	3.1%	7.3%
ICT산업 비중	31.5%	32.5%	32.9%	33.7%	33.9%
ICT기기	5,474	5,583	5,782	5,806	5,994
(증감률)	2.5%	2.0%	3.6%	0.4%	3.2%
ICT서비스	694	803	894	976	1,183
(증감률)	19.9%	15.7%	11.3%	9.2%	21.2%
소프트웨어	4,346	5,080	5,420	5,695	6,205
(증감률)	4.5%	16.9%	6.7%	5.1%	9.0%

자료 : 과학기술정보통신부, 2021.5

〈표 14〉 업종별 벤처 신규투자 현황

단위 : 억 원, %

구분	2016	2017	2018	2019	2020
전산업	21,503	23,803	34,249	42,777	43,045
(증감률)	3.1%	10.7%	43.9%	24.9%	0.6%
ICT산업	5,021	6,725	8,957	11,939	12,634
(증감률)	△8.4%	33.9%	33.2%	33.3%	5.8%
ICT산업 비중	23.4%	28.3%	26.2%	27.9%	29.4%
ICT제조	959	1,566	1,489	1,493	1,870

(증감률)	△34.4%	63.3%	△4.9%	0.3%	25.3%
ICT서비스	4,062	5,159	7,468	10,446	10,764
(증감률)	1.1%	27.0%	44.8%	39.9%	3.0%

자료 : 한국벤처캐피탈협회, 2021.5

III

ICT 산업의 새로운 도전과 기회: 4차 산업혁명 시기의 도래

　정부 주도의 정책적인 육성 전략과 수요와 공급의 선순환 체계 구축 등을 통해 초기 ICT 산업의 급속한 성장이 이루어졌고 이동통신 단말, 반도체, 디스플레이 등 주요 품목의 안정적인 성장을 통해 최근까지도 우리 ICT 산업은 글로벌 선도국의 위치를 차지하고 있다. 하지만 4차 산업혁명이라는 전 세계적인 ICT 환경의 급격한 변화가 진행되고 있으며 이러한 상황에서 적절히 대응할 수 있는지 여부에 따라 우리 ICT 산업이 현재 상태에서 정체될 것인지 아니면 새로운 도약을 할 수 있을 것인지 결정될 것이다. 여기에 최근 미·중 간 패권 경쟁으로 인한 국제 정세의 변화, 코로나 상황으로 인한 경제 사회의 변화 등이 겹치면서 ICT 산업의 새로운 도전과 기회의 시기가 펼쳐지고 있다.

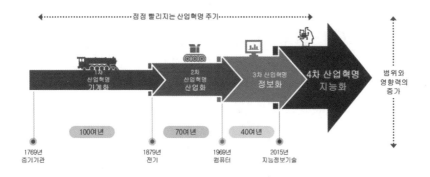

2차
산업혁명
산업화

3차 산업혁명
정보화

4차 산업혁명
지능화

산업혁명
기계화

범위와
영향력의
증가

100여년

700여년

400여년

1769년
증기기관

1879년
전기

1969년
컴퓨터

2015년
지능정보기술

〈그림 2〉 산업혁명의 흐름

1. 4차 산업혁명 시대의 도래

가. D(Data)-N(Network)-A(AI)가 불러일으킨 새로운 산업혁명

1700년대 말 증기기관의 발명으로 인해 촉발된 산업혁명은 기계화를 통해 인류의 생산성을 드라마틱하게 개선하였다. 가내 수공업에 의존하던 산업은 기계의 힘을 빌려 대량생산 체계로 전환되었으며 여기에서 발생한 엄청난 경제적 가치는 단순히 생산량의 증가뿐만 아니라 인류 사회와 경제 구조의 근본적인 변화를 일으키게 되었다. 긍정적인 측면뿐만 아니라 부의 쏠림 현상으로 인한 사회의 양극화 현상, 식민 제국주의 등 부작용도 컸으나 1차 산업혁명의 시대에 적극적으로 대응하고 수용한 국가는 강대국으로 발전하게 되었다. 이러한 변화는 1800년대 말 전기 기술이 활용되고 공작 기계의 발전 등으로 인해 가속화되게 된다. 1차 산업혁명의 시기에 기계의 힘을 활용하게 되었다면 2차 산업혁명의 시기에는 전기 동력에 기반한 정밀 가공 기계의 등장으로 인해 본격적인 산업화의 시기가 시작되었다. 제1차, 제2차 세계대전의 시기와 맞물려 기계 기술의 발전과 산업 생산력의 발전은 엄청난 속도로 진행되었다.

1969년 최초의 컴퓨터가 개발되면서 새로운 산업혁명의 시대가 시작된다. 3차 산업혁명 즉 정보화 혁명의 시대가 시작되며 전통적인 생산요소인 인력, 자본, 기술 외에 정보라는 새로운 가치 생산 요소의 중요성이 대두되며 ICT 기술을 활용한 경제 사회 전반의 혁신과 생산성 향상이 이루어졌다. 우리나라의 ICT 산업이 단기간에 성장할 수 있었던 것도 정보화 혁명의 시기에 국가의 역량을 결집

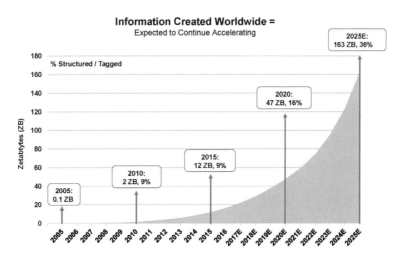

출처 : IDC DataAge 2025 Study

〈그림 3〉 글로벌 Data 생성량 예측

하여 효과적으로 대응했기 때문이라고 할 수 있다. 1차 산업혁명의 시기를 주도한 유럽 국가들이, 2차 산업혁명의 시기를 주도한 미국, 일본 등이 강대국으로 성장할 수 있었던 것처럼 3차 산업혁명, 즉 정보화 혁명의 시기에 효과적으로 대응한 우리나라도 ICT 분야의 선진국으로 발전할 수 있었던 것이다.

하지만 2010년을 중심으로 새로운 산업혁명의 시대가 본격화되고 있다. 4차 산업혁명은 지능화 혁명이라 정의할 수 있으며 과거의 산업혁명의 시기가 그러했던 것처럼 적용 범위와 영향력은 더 커지고 있다. 또한 1차 산업혁명의 시기가 약 100여 년에 걸쳐 진행되었다면 그 이후의 산업혁명은 점차 그 주기가 단축되고 있다. 3차 산업혁명의 시기가 불과 40년 전에 시작되어 컴퓨팅 파워와 인터넷 등 통신 기술에 기반한 획기적인 변화가 이루어졌다고 한다면 4차 산업혁명의 시기에는 보다 더 단기간에 더 큰 변화가 이루어질 것으로 예상된다. 급속한 변화에 적절한 대응이 이루어지지 못한다면 짧은 기간에 몰락의 시기가 될 수도 있다는 의미이다. 우리 ICT 산업이 단기간에 급속히 성장함에 따라 산업의 체력이 미, 일 등 선진국에 비해 취약한 점이 있다는 점을 고려할 때 4차 산업혁명의 시기는 우리 ICT 산업에는 큰 도전의 시기라 할 수 있다.

각 산업혁명의 시기에 그 시기를 주도한 범용기술(General Technology)이 존재했던 것처럼 4차 산업혁명의 시기에는 인공지능 기술(Artificial Intelligence)과 Big Data, Mobile, IoT 기술이 범용기술의 역할을 하고 있다. 사실 본격적으로 4차 산업혁명이라는 용어를 사용하기 전부터 우리는 4G, 5G로 이어지는 모바일 네트워크의 혁신과 스마트폰의 보

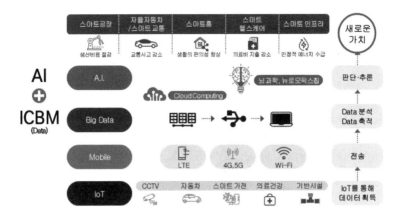

출처 : 과학기술정보통신부

〈그림 4〉 4차 산업혁명의 범용기술

급, 확산, 그리고 다양한 센서의 발전과 보급으로 인한 IoT 기술의 적용으로 인해 엄청난 양의 데이터를 확보할 수 있게 되었다.

전 세계적으로 2025년이 되면 약 163ZB(ZettaByte=1021 Byte)의 데이터가 생성될 것으로 예상되며 이러한 데이터의 많은 부분이 개인이 소지하고 있는 스마트 기기로부터 생성될 것이다. 과거 3차 산업혁명의 시기부터 IoT 센서, 스마트폰 등을 통해 데이터가 생성이 되면 네트워크를 통해 전송되고 축적되며 이를 분석하여 새로운 판단이나 추론을 하게 된다. 이를 통해 새로운 가치가 창출된다고 할 수 있다. 하지만 생성되고 축적되는 데이터의 양이 과도하게 증가하게 된다면 이를 적절한 시간 안에 분석하고 판단하기 쉽지 않

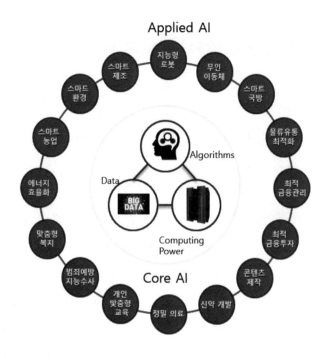

〈그림 5〉 인공지능 융합의 범위

게 되며 특히 개인의 경우 과도하게 많은 시간을 정보의 수집, 분석
과 판단에 사용하게 되는 상황이 오게 된다.

　3차 산업혁명의 시기를 지나며 막대한 데이터의 수집과 축적, 그
리고 실시간 데이터 전송이 가능하게 되었으며 이를 인공지능 기술
을 통해 분석, 판단, 추론할 수 있게 되면서 4차 산업혁명의 시기가
본격적으로 시작되었다고 할 수 있다. 막대한 데이터 처리의 생산
성이 급격하게 향상되면서 이를 통해 창출되는 가치 또한 급격히

증가하는 메커니즘은 과거 세 차례의 산업혁명과 유사한 구조라고 할 수 있다.

4차 산업혁명이 진행되면서 인공지능 기술은 우리 사회와 경제의 모든 분야에 융합되면서 생산성의 급격한 향상을 불러일으키게 될 것이다. 이미 온라인 쇼핑, 금융, 교육, 의료, 콘텐츠 등 다양한 분야에서 인공지능 기술의 활용을 실감할 수 있으며 앞으로 이러한 변화는 경제 사회 모든 분야로 확대될 것이다. 이미 각광받고 있는 자율 주행 자동차나 자동 통·번역 기술뿐만 아니라 전통 제조업 분야에서도 스마트 팩토리를 통한 무인 최적화 생산이 시도되고 있다. 유전 등 거대 구조물이나 항공기 등의 경우 정비 시기를 예측하여 운행의 효율성을 극대화하고 에너지를 최적화하는 서비스가 개발되고 있으며 신약 개발, 신물질 개발 과정에도 최적의 후보 물질을 탐색하는 데 인공지능 기법이 활용되고 있다. 도시나 건물, 가정에서도 인공지능에 기반한 교통 신호 체계의 도입, 스마트 건물 에너지 관리, 스마트 홈 서비스 등이 보편화되고 있는 추세이다. 불과 10여 년의 시간 동안 제조에서 서비스 산업 전반에 인공지능 기술의 활용이 보편화되고 있으며 향후 이러한 추세는 더욱 가속화될 것이다. 각 분야에서 인공지능 기술과의 융합을 통해 새로운 서비스가 출현하고 생산성이 높아지게 되는 현상은 결국 경제 전반에서 산업 구조와 경제 구조의 변화를, 그리고 우리의 삶에서는 편의성과 함께 계층 구조의 변화 등을 초래하게 될 것이다.

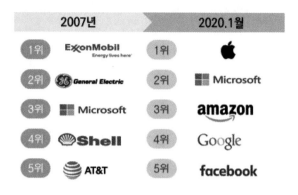

〈그림 6〉 미국 시가총액 Top 기업

나. 4차 산업혁명이 가져올 구조적 변화

우선 기업 간 경쟁의 원천이 과거 자본력, 기술력, 마케팅 파워 등을 넘어 데이터·지식의 확보 여부에 따라 변화하고 있다. 이를 극명하게 보여주는 것이 주식 시장에서 시가 총액 상위기업군의 변화라고 할 수 있다. 과거 석유회사, 통신회사 등 거대한 자본력과 기술력을 갖춘 기업이 상위 기업에 포진하고 있었다면 최근에는 플랫폼을 통해 대규모의 데이터를 확보하고 있는 기업이 이들을 대체하고 있다. 이는 과거 전통 제조업에서 엔지니어의 역량이나 노하우에 따라 생산성이 좌우되던 부분을 데이터에 기반한 인공지능이 이를 대체할 수 있게 되면서 자연스러운 현상이라고 할 수 있다. 더구나 5G 통신망의 보급에 따라 원격지에서 무인으로 생산시설을 관리할수 있게 됨에 따라 더 이상 대규모 자본과 기술이 경쟁력을 좌우할 수 없게 된 것이다.

데이터 확보 기업이 부상하는 현상과 궤를 같이하여 리쇼어링의 추세도 가속화될 것으로 예상된다. 과거 노동력과 생산 비용이 저렴한 곳으로 공장 시설이 이전되어 갔으나 최근에는 인공지능 기술과 데이터, 그리고 빠른 이동통신망에 기반하여 생산에 투입되는 인력을 최소화할 수 있게 됨에 따라 오히려 데이터의 축적과 분석 역량을 갖춘 선진국으로 다시 제조시설을 이전하는 것이 더 경쟁력을 갖출 수 있게 된 것이다. 대표적으로 EU에서는 2014년부터 2018년까지 5년간 235개 기업이 저임금 국가에서 EU 역내로 복귀하였으며 미국의 경우 제조시설 이전 실태를 보여주는 Reshoring 지수가 2018년 −18에서 2019년 +59로 급격히 반전하고 있다.

기업 간 경쟁의 방식 또한 플랫폼이나 생태계를 선점하기 위한 방식으로 변화하고 있다. 과거 단품(Stand Alone) 형태의 제품의 성능이나 가격에 따라 경쟁력이 좌우되었으나 이제는 제품과 서비스가 연결된 통합서비스, 즉 플랫폼의 범위와 영향력이 경쟁력을 좌우하게 된 것이다. 예를 들어 과거 빠르고 튼튼한 자동차가 경쟁력을 가졌다면 인공지능과 데이터가 결합한 자율 주행차 시장이 열리면서 이제는 자율 주행, 자동 정비, 자동차 관리, 차량 내 엔터테인먼트 서비스 등 다양한 서비스를 결합한 자율 주행차 플랫폼을 누가 선점하느냐가 중요한 경쟁력의 변수가 된 것이다. 이러한 플랫폼 경쟁은 널리 알려진 구글, 애플의 스마트폰 플랫폼 경쟁뿐만 아니라 클라우드 서비스나 AI 플랫폼에서도 치열하게 진행되고 있다.

기업들이 플랫폼 경쟁에 치열하게 뛰어드는 또 다른 이유는 데이

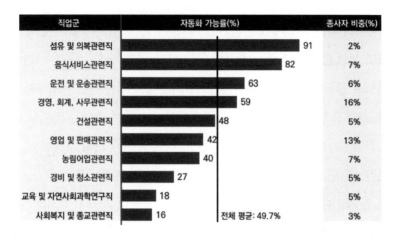

직업군	자동화 가능률(%)	종사자 비중(%)
섬유 및 의복관련직	91	2%
음식서비스관련직	82	7%
운전 및 운송관련직	63	6%
경영, 회계, 사무관련직	59	16%
건설관련직	48	5%
영업 및 판매관련직	42	13%
농림어업관련직	40	7%
경비 및 청소관련직	27	5%
교육 및 자연사회과학연구직	18	5%
사회복지 및 종교관련직	16 전체 평균: 49.7%	3%

출처 : 2016 미래창조과학부 (McKinsey)

〈그림 7〉 4차 산업혁명으로 인한 일자리 영향 분석

터가 경쟁의 원천이 되면서 생태계를 선점하는 기업이 시장을 독과
점하는 승자독식 구조가 보편화될 것이기 때문이다. 많은 데이터를
수집, 축적한 기업은 더 낮은 비용으로 질 좋은 서비스를 제공할 수
있게 된다. 후발 기업의 경우에는 서비스를 개발할 수 있는 기술력
은 확보하더라도 이를 학습시킬 수 있는 데이터의 확보가 어려워
선발 기업만큼의 성능을 제공하기 어려워지는 것이다. 알파고를 통
해 혁신을 선보였던 구글이 알파고 프로그램을 소스코드까지 공개
하고 인공지능 개발 플랫폼인 텐서플로우를 누구나 사용할 수 있도
록 개방하는 이유도 바로 인공지능 시대의 플랫폼을 확보하고 이를
통해 충분한 데이터를 확보하는 한편, 시장에 대한 독점적 영향력

을 유지해나가기 위한 전략이라고 할 수 있다.

인공지능 기술이 축적된 데이터를 바탕으로 분석, 판단, 추론할 수 있게 됨에 따라 필연적으로 고용구조에서도 큰 변화가 발생하고 있다. 인공지능 기술의 초기 단계임에도 단순, 반복 업무의 자동화가 추진되고 이에 따라 일자리 감소 현상이 일어나고 있다. 일례로 FOXCONN은 생산로봇 2천 대 도입을 통해 약 6만 명의 제조 인력을 감축하였다. 향후에도 이러한 현상은 지속적으로 진행될 것으로 예상된다. 하지만 전체적인 고용의 모수가 줄어들 것으로 보이지는 않는다. 단순 반복 업무의 자동화가 진행되는 것과 함께 창의적인 직무로 재편이 이루어지면서 데이터 분석가, SW 개발자, 로

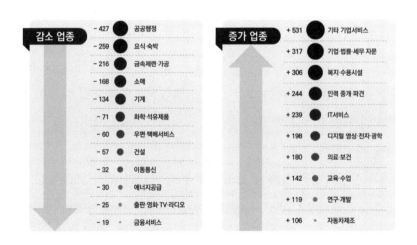

출처 : 독일 노동 4.0(2016.12)

〈그림 8〉 4차 산업혁명에 따른 독일의 업종별 고용 전망

봇 전문가 등 새로운 직업군이 부상될 것으로 전망된다. 이러한 일자리 형태의 변화는 각 자동화 가능률에 따라 각 직업군별로 다른 형태로 진행될 것으로 보인다. 〈그림 6〉에서 볼 수 있듯이 2016년 발표된 독일의 노동 4.0 전략에서는 독일 내에서 향후 27개 업종에서 75만 개의 일자리가 줄어드는 반면 12개 업종에서 약 100만 개의 일자리가 증가해서 총 25만 개의 신규 일자리가 창출될 것으로 전망하고 있다. 하지만 이렇게 급격한 일자리의 변화는 사회적 혼란을 불러일으킬 수 있으며 변화의 부작용을 최소화할 수 있도록 정규교육과 재교육 정책의 재편, 사회적 안전망의 강화 등 대응 정책이 시급하다고 할 수 있다.

고용 구조의 변화에서 일자리의 재편과 함께 고용 형태에서도 큰 변화가 예상되고 있다. 3차 산업혁명의 시기까지 평생직장의 개념이 컸다면 앞으로는 비전형적 고용이 좀 더 일반화될 것으로 예상된다. 플랫폼 경제가 일반화되면서 이제는 본인이 원하는 시기에 원하는 형태로 근무하는 고용 형태가 필연적으로 확대될 것이며 대표적인 예가 바로 UBER와 같은 공유서비스, 배달 서비스 등이 여기에 해당한다.

4차 산업혁명은 경제 구조의 변화뿐만 아니라 삶의 모습에도 큰 변화를 불러일으킬 것으로 예상된다. 과거 다른 산업혁명의 시기에서도 산업혁명은 인류의 삶에 순기능과 함께 역기능도 발생시켰다. 4차 산업혁명의 순기능적인 측면을 보면 우선 인공지능을 활용한 예방 의료, 맞춤 진단 등 국민 건강이 증진되고 가정에서도 통번역, 가사노동 지원 등을 통해 편의성이 향상될 것이다. 범죄나 사고를 사전에 예방하고 차단하는 한편 재난이나 대외적 위협에서 효과적으로 국민을 보호할 수 있게 됨에 따라 보다 안전한 생활 환경이 갖추어질 것으로 예상된다. 학생 수준에 맞는 개인 맞춤형 학습, 도우미 로봇을 통한 취약 계층 지원 등 다양한 맞춤형 서비스를 통해 보다 평등한 서비스 구현이 가능하게 된 것도 긍정적 측면이라 할 수 있다.

반면, 전력, 교통 등 인프라의 관리에 네트워크와 데이터, 인공지능 기술이 많이 활용될수록 해킹 등 악의적 공격에 의한 국가적 위험이 확대될 가능성도 있다. 경제적 구조 변화에서 기업 간 경쟁의 승자독식 구조를 예상한 것처럼 데이터와 AI 기술의 활용 능력이 우수한 계층에 부가 편중되는 현상이 우리 사회의 갈등을 심화시킬 우려도 있다. 또한 데이터에 기반한 경제 구조에서는 개인의 프라이버시가 침해될 가능성이 훨씬 높아지게 되며 단순히 개인정보가 유출되는 수준을 넘어 가짜 이미지나 가짜 기사 등 딥페이크 기술로 인한 새로운 피해에 노출될 우려도 높아지고 있다.

IV
결론 및 정책 함의:
2030년을 대비한 새로운 ICT 전략

1980년대부터 본격적으로 ICT 산업을 육성해온 이후 우리나라는 불과 40년 만에 전 세계가 인정하는 ICT 선진국으로 발전할 수 있었다. 앞서 살펴본 바와 같이 우리 ICT 산업이 단기간에 성장할 수 있었던 데에는 80~90년대 상황에 맞는 적절한 정책과 전략이 크게 기여했다고 볼 수 있다. 하지만 최근 4차 산업혁명의 시대에 인공지능·SW 기술의 발전과 글로벌 ICT 환경의 변화는 과거와는 다른 새로운 전략을 요구하고 있다. 정부나 기업이 과거의 성공 전략에 머무르게 된다면 우리 ICT 산업은 현재에 정체되거나 오히려 퇴보하게 될 가능성도 크다. 보다 과감한 전략적 선택과 방향의 전환이 필요한 시점이라고 할 수 있다.

1. 혁신의 추종자에서 진정한 혁신의 선도자로의 전환

ICT 산업은 대표적인 기술 기반 산업으로서 지속적인 혁신 기술의 확보가 가장 근본적인 경쟁력이라고 할 수 있다. 특히 4차 산업혁명의 시기에는 창의적인 AI · SW 융합기술이 확보되어야만 ICT 산업뿐만 아니라 타 산업의 경쟁력도 확보할 수 있을 것이다. 그렇다면 현재 우리의 ICT 기술 혁신 전략이 4차 산업혁명의 시기에도 유효한지 돌아보고 만일 적절하지 않다면 빠른 전략적 전환이 필요할 것이다. 물론 우리 ICT 산업의 생산액이 520조 원에 이른 만큼 정부 정책의 변화만으로 근본적인 변화를 이끌어내기는 어려울 수 있다. 하지만 민간과 적절한 역할 분담과 함께 민간 부문의 기술 혁신에 대한 트리거 역할을 적절히 할 수 있다면 정부의 기술 혁신 전략의 변화로도 큰 변화를 이끌어 낼 수 있을 것으로 기대한다.

1990년대 이후 정부의 ICT R&D 전략에서 가장 흔히 사용되는 용어는 바로 선택과 집중 전략이라고 할 수 있다. 즉 우리나라의 부족한 혁신 역량을 결집하여 시장 성장성이 크고 성공 가능성이 높은 기술과 제품을 선정하여 집중 지원함으로써 적은 투자로 큰 효과를 내기 위한 전략이다. 물론 ICT 산업의 초기 단계에서는 국내 연구개발 투자 재원이나 연구개발 역량이 부족한 상황에서 불가피한 선택이었다고 판단된다. 더구나 이러한 전략을 통해 메모리 반도체, 이동통신, 디스플레이 등 몇 가지 품목에서 막대한 성과를 창출함으로써 매우 성공적인 전략이었다는 평가를 받고 있다. 최근에는 정부에서 대규모 R&D 투자를 하면서도 왜 과거와 같은 성공을 거두지 못하느냐는 비판을 받을 정도로 우리는 과거의 성공에 대한 향수를 가지고 있다.

과거 Fast Follower로서 선택과 집중 전략을 취했을 때 우리는 개발하고자 하는 선진 기술을 타겟팅하고 이를 우리 힘으로 구현하기 위한 개발 계획을 마련하였다. 구체적인 개발 계획에 따라 국책연구소를 중심으로 연구 역량을 집중함으로써 단기간에 선진 기술을 따라 할 수 있었다. 단순히 따라 하는 수준을 넘어 일부 제조 기술 분야에서는 선진 기술을 앞서가는 성과를 내기도 하였다.

하지만 2010년 이후 우리는 선택과 집중이라는 전략 대신 First Mover라는 전략을 사용하기 시작했다. 즉, 어느 정도 ICT 기술 혁신 역량을 갖추었으므로 이제는 우리가 전 세계 ICT 기술을 선도해 나가야 한다는 당위성에서 시작된 전략이다. 과거 Fast Follower 전략을 버리고 혁신적이고 창의적인 기술개발에 대한 투자를 늘리겠다는 정책 방향을 수차례 천명하였지만 실제 기술 혁신의 현장에서는 그 변화가 크게 느껴지지 않고 있는 상황이다. 더구나 4차 산업혁명의 시기에는 혁신을 선도하고 이에 기반한 플랫폼 경쟁력을 확보한 기업이 이익을 독점하는 승자독식 구조가 일반화될 것으로 예상된다. 이제는 본격적으로 First Mover로서의 변화가 필요한 시점이라고 할 수 있다.

First Mover로서 변화하기 위해서는 정부의 R&D 기획 및 관리 체계에 대해 근본적인 혁신이 필요하다. 10년 가까이 First Mover로서의 전환을 표방했음에도 불구하고 정부의 ICT R&D 사업 기획 과정은 아직 과거의 R&D 방식에서 크게 변화하지 못하고 있는 것으로 보인다. R&D 과제 기획 이후 제공되는 RFP에는 개발할 기술의 내용과 목표가 매우 구체적으로 제시되고 연도별로 개발해야 할 내용도 상세하게 제시된다. 세계 최고 수준과 대비하여 달성하고자 하는 목표도 함께 제시되어 있다. 이러한 RFP는 과거 30년 전에도 유사한 내용을 담고 있었다. 우리가 선진 기술을 뒤따라 개발해야 하는 입장에서 마치 건축 설계도면과 같이 개발 계획을 미리 마련하고 이를 구현하도록 한 것이다. 우리가 기대하는 것처럼 세계 최초의 기술을 개발하고자 한다면 이러한 상세한 설계를 제시하지는 못할 것이다. 창의적인 기술은 다양한 시도와 실패로부터 얻어지는 것이며 그 미래를 예측하지 못하기 때문에 미리 계획하지도 못하는 기술이라고 할 수 있다.

이제 정부의 R&D 정책을 근본적으로 바꾸어야 한다. 우선, 연구자의 창의적인 연구를 지원할 수 있도록 해결하고자 하는 문제만 제시하고 이를 해결하고자 하는 시도에 대해서는 연구자의 자율에 맡겨두는 전략이 필요하다. 연구자의 도덕적 해이는 연구 결과에 대한 혹독한 평가를 통해 해결할 수 있다. 현재 거의 100% 가까운 연구에 대해 성공으로 평가하고 있는 상황을 냉정한 동료 평가, 이해 집단별 다회 평가 방식의 적용 등을 통해 연구 성과를 진정 깊이 있게 평가하는 시스템으로 전환할 수 있다.

〈표 15〉 정보통신 연구개발사업 제안요청서(RFP) 양식

1. 개념
   - 개념
   - 목표
     - As−is → To−Be
     - 개념도, 접근 방법

2. 필요성
   - 정부지원 필요성
   - 기술성
   - 경제성

3. 수요분석
   - 주요 수요처, 수요자의 핵심 문제

4. 연구 목표
   - 최종 목표
   - 정략적 개발목표

핵심 기술/제품 성능지표	단위	달성목표	국내 최고수준	세계최고수준 (보유국, 기업/기관명)

o 연차별 개발목표

구분	연도별 연구목표
2022년	
2023년	
2024년	

5. 연구내용
   - 개발기술내용, 기존 기술

6. 운영계획

7. 지원기간/예산/추진체계

과거 정부 주도의 ICT 산업 육성 정책을 적용하기 위한 연구 시스템도 전면 개편이 필요하다. 80~90년대 국내 ICT 혁신 역량이 부족했을 때에는 어쩔 수 없이 국책연구소를 중심으로 역량을 결집할 수밖에 없었다. 하지만 지금은 대기업, 중견 기업의 R&D 역량이 이미 국책연구소의 개발 역량을 넘어서고 있다. 국책연구소를 기초 원천연구에 집중하도록 하되 과거의 대규모 조직을 소규모 조직으로 개편할 필요가 있다. 보다 자유롭고 창의적으로 연구에 집중할 수 있도록 소규모 연구조직화할 필요가 있다는 의미이다. 해외의 유수 인공지능 연구소들이 불과 수십 명에 불과한 조직으로 운영되고 있는 점은 우리 국책연구소 조직의 전환에 시사하는 바가 크다.

2. Domain Knowledge에 기반한 데이터 중심 사회로의 전환

4차 산업혁명의 범용 기술인 인공지능 기술의 경쟁력은 대량의 정제된 데이터에 의해 좌우된다. 특정 분야의 인공지능 모델을 구축하는 과정에서 데이터를 수집하고 정제하는 데 90%의 노력이 필요하다. 실제 인공지능 모델을 개발하는 데에는 오픈 소스 활용 등을 통해 10%의 리소스가 필요할 뿐이다.

이러한 인공지능 기술의 핵심인 데이터의 구축은 과거 디지털화를 통한 DB 구축과는 다른 접근 방법이 필요하다. 과거 오프라인 데이터를 디지털화하는 과정에서는 IT 전문가가 현재 상태를 그대로 디지털 형태로 전환하면 되었지만, 인공지능 시대에 필요한 데이터는 해당 분야의 Domain Knowledge를 갖춘 전문가가 데이터의 의미를 해석하고 어떤 데이터가 더 의미가 있는지, 어떤 형태로 정제해야 하는지 알려줄 수 있어야 한다. 현재 정부의 데이터 댐 구축 사업 등 많은 데이터 구축 사업이 해당 분야 전문가의 충분한 수요와 데이터 분석이 이루어지지 않은 상태에서 소위 AI 전문가의 수요에 의해 구축되는 경우가 많다. 이렇게 되면 구축된 데이터를 바탕으로 개발된 인공지능 모델이 충분한 성과를 내지 못하는 경우가 발생하기 쉽다. 해당 분야 전문가가 판단하는 것보다 더 정확한 인공지능 모델을 기대하지만 그 기반이 되는 데이터에 대해 해당 분야 전문가의 지식과 분석이 충분하지 않기 때문에 인공지능 모델의 판단 결과가 전문가가 판단하는 것보다 더 정확하지 않을 수 있는 것이다.

결과적으로 각 Domain별로 전문성을 갖춘 인력에 대해 인공지능 기술에 대한 교육이 필수적이다. 인공지능에 대한 재교육을 통해 데이터를 바탕으로 어떻게 인공지능 모델을 구축할 수 있는지, 보다 정확한 결과를 내는 인공지능 모델을 개발하기 위해 데이터를 어떻게 수집, 가공, 정제해야 하는지 해당 분야의 전문가가 제시할 수 있어야 한다. 향후에는 실제 데이터의 생산자들이 인공지능 기술의 적용을 염두에 두고 보다 많은 데이터를, 보다 적절한 형태로 디지털화하는 작업을 할 수 있어야 한다. 그래야 진정한 의미의 디지털 전환이 본격적으로 추진될 수 있다. 중장기적으로는 초중고 학생들, 그리고 대학의 모든 재학생들을 대상으로 데이터의 중요성과 데이터를 활용한 인공지능 모델의 개발 역량을 갖출 수 있도록 교육할 필요가 있다. 모든 과정을 직접 개발하고 구축하는 역량을 갖추지 않더라도 데이터의 의미를 이해하고 상용화된 솔루션이나 AI 개발자의 도움을 받아 인공지능 모델 구축을 추진할 수 있는 역량을 갖추면 된다.

많은 국민이 인공지능 역량을 갖출수록 4차 산업혁명 시대에 우리 ICT 산업의 경쟁력, 더 나아가 우리 국가 경쟁력을 높일 수 있을 것이다. 또한 4차 산업혁명의 부작용 중 하나로 지목되고 있는 인공지능 역량 수준에 따른 양극화 현상을 최소화할 수 있는 방법이기도 하다.

3. 디지털 사회 안전망 구축

과거 세 차례 산업 혁명의 시대에서도 그랬듯이 급격한 생산성의 향상은 필연적으로 부의 편중을 불러일으키고 사회적 갈등을 유발할 수 있다. 4차 산업혁명의 시대에 인공지능과 SW 기술은 비단 ICT 산업뿐만 아니라 경제 사회의 모든 분야에 혁신적인 변화를 가지고 오게 된다. 4차 산업혁명의 시기에는 과거 산업혁명의 시기보다 양극화 현상을 더 심화시킬 우려가 있다는 의미이다. 디지털 역량을 갖춘 국민들과 그렇지 못한 국민들 간에 양극화 현상은 장기적으로 우리 ICT 산업과 우리의 국가 경쟁력을 훼손하게 될 우려가 있다.

정부 재정 투입을 통해 대다수의 국민들이 최소한의 디지털 역량을 확보할 수 있도록 교육을 실시하는 한편, 소외 계층을 위한 지원 시스템을 공고히 구축해야 한다. 과거 90년대 전 국민 정보화 교육을 통해 학생부터 노인층까지 어느 정도의 컴퓨터와 인터넷 이용 역량을 갖출 수 있었고 그 결과 우리는 정보화 혁명의 시대 충분한 경쟁력을 갖추었을 뿐만 아니라 양극화 현상도 최소화할 수 있었다.

다시 한 번 전 국민을 대상으로 인공지능, SW 등 디지털 전환 역량을 갖출 수 있도록 정규교육과 전환교육, 재교육 시스템을 마련해야 한다. 교육에서 소외되는 사람들을 위해서는 사회적 안전망의 개념으로 디지털 역량을 갖출 수 있을 때까지 지원하는 시스템을 갖추어야 한다. 기본소득의 개념을 연구하고 이를 위한 재원 마련을 위해 로봇, 인공지능 시스템 등에 대한 과세 시스템의 개념도 마련해야 한다.

산업혁명의 시대는 우리가 겪어 왔던 과거보다 훨씬 더 광범위하고 깊이 있는 변화를 유발하게 된다. 현재 우리가 익숙한 시스템에 기반한 판단 기준으로 새로운 시대를 준비 해서는 안 된다. 과감하고 혁신적인 제도와 정책을 통해서만 새로운 산업혁명의 시대에 우리 ICT 산업, 더 나아가 우리 경제의 경쟁력을 확보할 수 있는 것이다.

참고문헌

이장우·정해식. (2002). 국내 정보통신산업의 성장요인과 향후 전망. 「전자통신동향분석」, 17(6).

유영신·주혜영. (2013). 한국 정보통신산업의 지속가능성장 역량분석과 시사점. 「전자무역연구」, 11(1): 117–139.

과학기술정보통신부. (2021). 「정보통신 산업의 진흥에 관한 연차 보고서」.

박재민·전주용. (2008). 투입산출 구조분해분석을 바탕으로 본 우리나라 정보통신산업의 고용 구조 변화. 「응용경제」, 10(1): 5–29.

최봉현·최경규·박정수. (2002). 정보통신산업의 경제적 파급효과와 정책적 시사점. 「산업경제 분석」.

트랜스휴먼 시대의 사회과학 시리즈 3

복합위기 시대의 국가전략

초판 1쇄 인쇄 2022년 4월 26일
초판 1쇄 발행 2022년 4월 30일

지은이 김태효, 김영한, 홍경준, 이진형, 조민효·양윤주·유정호, 김광수
펴낸이 신동렬
책임편집 신철호
편집 현상철·구남희
마케팅 박정수·김지현

펴낸곳 성균관대학교 출판부
등록 1975년 5월 21일 제1975-9호
주소 03063 서울특별시 종로구 성균관로 25-2
대표전화 (02)760-1253~4
팩시밀리 (02)762-7452
홈페이지 press.skku.edu

ISBN 979-11-5550-537-3 93340

※ 잘못된 책은 구입한 곳에서 교환해 드립니다.